# MAÎT
# LA MONDIALISATION

# MAÎTRISER LA MONDIALISATION

*La régulation sociale internationale*

*sous la direction de*

*Pierre de Senarclens*

PRESSES DE SCIENCES PO

Catalogage Électre-Bibliographie (avant publication)

Senarclens, Pierre de
Maîtriser la mondialisation. – Paris : Presses de Sciences Po, 2000
ISBN 2-7246-0834-8

| | |
|---|---|
| RAMEAU : | mondialisation (économie politique) |
| | politique sociale |
| | organisation internationale |
| DEWEY | 361.1 : Politique sociale. Aide sociale. |
| | Politiques sociales. Aide publique. Questions générales |
| | 337.1 : Économie internationale. Généralités |
| Public concerné : | Professionnel, spécialiste. Niveau universitaire |




*Couverture* : Emmanuel Le Ngoc

## ONT CONTRIBUÉ À CET OUVRAGE

Bertrand BADIE, professeur des Universités à l'Institut d'études politique de Paris.

Laurence BOISSON DE CHAZOURNES, professeur et directrice du département de Droit international public et organisation internationale à la faculté de droit de l'Université de Genève.

Jean-Pierre FAUGÈRE, professeur de sciences économiques à l'Université Paris-Sud, chaire Jean-Monnet, doyen de la Faculté Jean-Monnet de Sceaux.

Michel KOSTECKI, directeur de l'Institut de l'entreprise et professeur à la faculté de droit et des sciences économiques, Université de Neuchâtel.

Francis MAUPAIN, ancien conseiller juridique du Bureau international du travail, actuel conseiller spécial du Directeur général.

François-Xavier MERRIEN, professeur à la faculté des sciences sociales et politiques de l'Université de Lausanne.

Pierre de SENARCLENS, professeur de relations internationales à l'Université de Lausanne.

# TABLE DES MATIÈRES

# *INTRODUCTION*

La mondialisation fait aujourd'hui l'objet de vives controverses. Le concept désigne un processus complexe, de nature multidimensionnelle, parfois contradictoire, manifestant des transformations accélérées de la société internationale, sous l'influence d'une évolution très rapide des modes de production et d'échange capitalistes. On se dispute sur la nature et sur les conséquences de ces changements, mais on admet généralement qu'ils comprennent une interdépendance croissante des économies nationales, favorisée par la forte expansion du rôle des mouvements de capitaux et des entreprises transnationales dans l'économie internationale. Ces transformations de l'économie capitaliste ont influencé, à des titres divers, l'ensemble de la société internationale, d'autant qu'elles ont coïncidé avec la désintégration de l'Empire soviétique et avec d'autres bouleversements politiques affectant les régimes de souveraineté et les frontières politiques. Elles ont eu des incidences – le plus souvent néfastes – sur l'environnement naturel de la planète. La mondialisation est associée à des évolutions matérielles irrépressibles, car elle découle en partie d'innovations scientifiques et techniques qui touchent le champ de la communication, des échanges et de la production. Mais elle obéit également à des choix de politique économique – comprenant une libéralisation des échanges, des investissements, des flux monétaires et financiers.

La mondialisation a déjà suscité une importante littérature. Elle a engendré aussi de vives polémiques, prolongeant les débats traditionnels sur la libéralisation des échanges. Ses partisans affirment qu'elle assure une meilleure allocation de ressources et une hausse de la productivité à l'échelle internationale. En donnant libre cours aux mouvements internationaux de capitaux et en stimulant l'expansion des entreprises transnationales, en limitant les entraves aux échanges de biens et de services, les gouvernements favorisent la productivité et la compétitivité des entreprises, donc la création de richesse. Cette dynamique libérale, associée aux progrès scientifiques et techniques, a déjà assuré la croissance économique de plusieurs pays de l'Asie et de l'Amérique latine. L'ensemble des pays en développement finira par en profiter.

La mondialisation rencontre également des oppositions. Ses critiques, sans nier les progrès économiques qu'elle entraîne, souhaitent endiguer son cours. Ils s'emploient à montrer qu'elle se déploie de manière chaotique et injuste, entraînant des polarisations sociales toujours plus fortes à l'intérieur des pays et dans l'ensemble de la société internationale. Si l'expansion des entreprises transnationales et des mouvements de capitaux a entretenu la croissance de certaines régions, les retombées de ce mouvement ont été relativement limitées en Amérique latine, et surtout en Afrique. Les entreprises et les banques ont investi dans un nombre limité de pays en développement. Par ailleurs, l'augmentation des richesses nationales, dont les indicateurs traditionnels sont une mesure contestable, ne se traduit pas nécessairement en termes de progrès sociaux, comme le montre l'exemple de nombreux pays en voie de développement. En outre, les gouvernements de ces pays sont encore plus tributaires que par le passé des États-Unis, de l'Union européenne et des institutions internationales pour assumer leurs fonctions de régulation sociale. Or, les crises monétaires et financières, qui ont frappé l'Amérique latine et l'Asie du Sud-Est au cours des dernières décennies, ont largement manifesté les défaillances de ce régime libéral, puisque leurs conséquences sociales furent dramatiques. La mondialisation, pour reprendre le langage des économistes, comporte des « externalités » – environnementales par exemple – que ses bénéficiaires refusent d'assumer. Sa dynamique n'est pas étrangère à l'effondrement de certains États de l'hémisphère sud et à la recrudescence des guerres civiles.

Les auteurs de cet ouvrage n'entendent pas résoudre ce débat, dont les fondements historiques sont anciens, d'autant qu'il mobilise des représentations politiques et sociales qui ne sont pas toujours conciliables. Leurs perspectives sont diverses, parfois contrastées, fondées sur des convictions doctrinales et des spécialisations académiques différentes – le droit, la sociologie, l'économie et la science politique. Ils sont conscients des aspects positifs de la mondialisation, mais considèrent que sa dynamique doit être maîtrisée. Ils sont en effet attachés à la conception moderne de la citoyenneté, celle qui confère aux individus des droits économiques et sociaux leur permettant d'assumer leur liberté civile et politique. Ils reconnaissent l'importance des principes universalistes des Nations unies, en particulier ceux contenus dans les instruments relatifs à la protection des droits de l'homme et au développement durable. Or, la mondialisation, avec la compétition débridée qu'elle entretient entre les acteurs économiques, a des aspects déplorables. Les manifestations récentes contre l'Organisation mondiale du commerce (OMC), le Fonds monétaire international (FMI) et la Banque mondiale témoignent d'une crainte grandissante au sein de l'opinion mondiale à l'égard des conséquences sociales et environnementales de la libéralisation des échanges. Comme le souligne un rapport récent du Bureau international du travail (BIT) : « La mondialisation, sous sa forme actuelle, ne profite pas à suffisamment de monde. L'insécurité, la crainte de ne pas progresser sur l'échelle sociale, voire de régresser, nourrissent le mécontentement. Nombreux sont ceux qui reprochent à l'État, au monde des affaires, aux organisations internationales de ne pas entendre véritablement leur voix [1]. »

La problématique de la régulation sociale constitue un des enjeux essentiels de la mondialisation. Régulation ? Le terme est ambigu. Le dictionnaire *Robert* définit la régulation comme « le fait de maintenir en équilibre, d'assurer le fonctionnement correct d'un système complexe ». Dans une perspective économique classique, le marché, grâce à l'action de la « main invisible », serait capable d'atteindre un équilibre régulateur, dont les effets sociaux seraient, en fin de compte, positifs. C'est la conception qui s'est à nouveau imposée depuis les années 1980 au sein des

1. BIT, *Rapport global en vertu du suivi de la déclaration de l'OIT relative aux principes et droits fondamentaux au travail. Votre voix au travail*, Genève, 2000.

pays de l'OCDE et des institutions financières internationales. Depuis l'ouvrage de Karl Polanyi, *La grande transformation* (1944), la critique de cette vision n'est plus à faire. Lorsqu'elle n'est pas endiguée, la dynamique de l'économie libérale favorise les détenteurs de capitaux et ceux qui maîtrisent les innovations techniques au détriment des plus pauvres, même si ces derniers finissent par profiter de la création de richesse.

Pour les auteurs de cet ouvrage, le recours à cette notion de régulation n'exprime aucunement une foi aveugle dans les bienfaits autorégulateurs de la « main invisible » ou leur adhésion à une quelconque démarche technocratique. Dans leur perspective, la régulation signifie les principes, les normes, les procédures juridiques et les pratiques assurant un ordre politique favorable à la sécurité et au bien-être économique et social des individus et des peuples. Ils considèrent que la mondialisation exige l'invention et la mise en œuvre de nouvelles institutions pour combattre les processus de marginalisation, d'exclusion et de paupérisation, pour pallier surtout les défaillances des États à cet égard.

Ces défaillances sont incontestables. Au cours des années 1970, les gouvernements des pays de l'OCDE furent confrontés à la mutation rapide des systèmes de production et à des changements démographiques importants. Ils furent en butte à l'instabilité monétaire et financière engendrée notamment par l'effondrement du régime de Bretton Woods. Ils ne purent empêcher le retour de l'inflation, du chômage et des déficits budgétaires. Leur régime de protection sociale et leurs services publics apparurent comme une entrave aux progrès économiques et firent aussi l'objet de fortes contestations politiques. Sous l'influence des idées néo-libérales propagées en Angleterre par le Premier ministre Margaret Thatcher, et aux États-Unis par le président Reagan, les gouvernements occidentaux s'employèrent bientôt à restreindre leur budget de fonctionnement, à privatiser les entreprises qu'ils contrôlaient, à confier au marché une part des services publics qu'ils avaient assumée depuis la seconde guerre mondiale et à favoriser les mouvements internationaux de capitaux dans l'espoir d'attirer les investissements étrangers.

Dans les pays pauvres du Sud, les mécanismes de protection sociale ont toujours été fragiles ou inadéquats, en tout cas inadaptés aux contraintes de l'économie moderne. Ils reposent avant tout sur des solidarités familiales ou claniques que l'avancée du capitalisme tend à détruire. On avait admis, après la seconde guerre mondiale, qu'il fallait mobiliser l'ensemble des Nations unies pour assurer la croissance économique et le bien-être des peuples nouvellement indépendants ou des nations situées à la périphérie des centres de production et d'échange. Ce projet, qui avait pris un grand essor et rencontré des succès évidents, a connu toutefois une défaveur grandissante dans les années 1980. Le modèle de l'État *développementaliste*, tel qu'il avait été imposé en Amérique latine et en Afrique, était arrivé à bout de course. Les gouvernements autoritaires de ces régions n'avaient pas engagé la réforme agraire, ni favorisé une industrialisation solide. Ils n'avaient pas diminué la pauvreté. Leur populisme économique avait eu des effets négatifs, parfois même catastrophiques, notamment en termes de déficit budgétaire et d'inflation.

La Banque mondiale et le FMI profitèrent alors de la crise de l'endettement pour engager d'importants programmes d'ajustement structurel inspirés par les préceptes de l'orthodoxie néo-libérale. Les gouvernements concernés s'efforcèrent de réduire leur déficit budgétaire, de réformer leur fiscalité, de privatiser leurs entreprises publiques, d'ouvrir leur marché à la concurrence internationale, et parfois de libéraliser les mouvements de capitaux. L'expansion des entreprises transnationales, la libéralisation des échanges commerciaux et des mouvements de capitaux étaient censées constituer le fondement du progrès économique et social.

Dans ce nouveau contexte, les instances internationales ont de plus en plus négligé les problèmes posés par la production et l'exportation des produits primaires – dont dépend la subsistance de la grande majorité des habitants des pays pauvres – problèmes qui avaient été jusqu'alors un enjeu essentiel des débats et des politiques portant sur les stratégies de développement. Les postulats de l'économie néo-classique ont également inspiré les préceptes et les prêts fournis par les institutions financières internationales aux pays de l'Est européen en vue de contribuer à leur transition vers l'économie de marché et la démocratie.

Dans les analyses portant sur la politique internationale, la mondialisation a inspiré au moins deux courants de pensée divergents, qui recoupent des lignes de partage traditionnelles entre les tenants des approches classiques, d'inspiration réaliste, et les adeptes du fonctionnalisme. Les premiers soulignent les rapports de puissance et d'hégémonie marquant le cours de la politique internationale. Ils ne contestent pas l'importance des institutions et des normes, ni le rôle des mécanismes de coopération internationale et la prolifération d'acteurs non étatiques. Ils s'efforcent toutefois de mettre à jour les configurations d'intérêts et les rapports de pouvoir marquant ces évolutions. Dans leur perspective, les États restent les principaux acteurs de la scène internationale. Tout d'abord parce qu'ils assument des fonctions uniques et essentielles en matière d'intégration politique et sociale. Ensuite parce qu'il n'existe aucune instance internationale disposant du monopole de la puissance légitime pour limiter leur prétention de souveraineté. Les gouvernements des grandes puissances ont orienté la dynamique de la mondialisation en encourageant l'expansion des entreprises transnationales, des marchés financiers et du processus de libéralisation des échanges. La mondialisation transforme l'environnement des États, sans toutefois échapper à leur emprise.

Il est vrai que les gouvernements ne peuvent assumer leurs fonctions d'intégration politique et sociale sans tisser d'importants réseaux de coopération internationale. Ainsi le développement de l'État social à l'issue de la seconde guerre mondiale exigea la création de nouveaux régimes de coopération internationale. Les institutions de Bretton Woods (FMI et Banque mondiale), puis le plan Marshall, le processus d'intégration des économies européennes sous l'égide de l'OECE et du Marché commun furent des manifestations de cette réalité. Depuis lors, la croissance des interactions et des interdépendances entre États et entre sociétés n'a fait que renforcer le besoin d'institutions et de régimes de coopération internationale.

La mondialisation a certes conféré un nouveau rôle aux acteurs non étatiques. Aujourd'hui, les entreprises transnationales et les institutions financières privées exercent une influence souvent décisive sur les gouvernements des pays de l'OCDE, sur les organisations de Bretton Woods et les délibérations de l'OMC. Cette évolution est partie intégrante de la mondialisation. Cependant, l'audience des ONG ou des « communautés de base » sur ces instances est généralement plus restreinte. Leur influence reste faible lorsqu'il s'agit d'infléchir le cours de la mondialisation ou la régulation sociale. Il n'empêche que l'histoire n'obéit à aucun déterminisme et que rien n'interdit d'envisager de nouvelles configurations politiques, issues de nouvelles forces sociales, donnant naissance à des institutions et à des régimes endiguant ou limitant les effets pervers de la mondialisation. C'est l'espoir que je formule dans le chapitre 1.

Dans le chapitre 2, Bertrand Badie se réclame d'une approche fonctionnaliste. La mondialisation signifie, selon lui, un changement dans la nature du système planétaire. Il considère que la mondialisation entraîne l'apparition d'un « espace public international ». Le développement de la communication, des échanges internationaux de toutes sortes, des réseaux d'ONG et d'entreprises transnationales affaiblit les logiques « souverainistes » des États, tout en suscitant de nouvelles formes de régulation sociale.

Ainsi les ONG ont marqué l'orientation des grandes conférences organisées par les Nations unies sur les différents enjeux de la régulation sociale. Elles se sont manifestées avec éclat lors des dernières conférences ministérielles de l'OMC ou des institutions de Bretton Woods. Les États et ces organisations ne peuvent plus rester indifférents à leurs revendications. Les processus de socialisation se déploient à l'échelle mondiale sous l'impulsion de ces nouveaux acteurs. L'espace public international gagne en influence politique. Il découle de logiques fonctionnelles, puisqu'il apparaît aussi comme un élément régulateur de l'interdépendance entre les économies et les sociétés nationales. Il s'impose toujours davantage dans la gestion de l'interpénétration croissante entre les économies et les sociétés et donc de l'interdépendance entre les États. L'idée de *gouvernance* traduit une évolution qui contraint les États à développer des conceptions beaucoup plus larges de la sécurité, englobant notamment l'exigence de régulation sociale.

La problématique de l'État est au centre des débats sur la mondialisation. Les gouvernements ont-ils perdu leurs capacités de régulation sociale au profit de forces transnationales ? Une bonne part des ouvrages sur la mondialisation répond positivement à cette question. La condamnation de l'État providence est devenue un des lieux communs de notre temps. Sans adhérer aux idées néo-libérales, on peut néanmoins s'interroger sur la capacité actuelle des États d'assumer pleinement leurs fonctions d'intégration politique et de protection sociale en réalisant une certaine justice distributive entre les individus.

Dans le chapitre 3 de cet ouvrage, François-Xavier Merrien s'inscrit en faux contre cette perspective, montrant la fragilité de ses fondements empiriques. Selon lui, l'État est resté un acteur central de la régulation sociale. Il réfute en particulier la thèse selon laquelle la mondialisation imposerait aux gouvernements de se soumettre aux seules prescriptions néo-libérales et d'abandonner l'essentiel de leur fonction d'intégration politique et sociale. Les gouvernements sont certes devenus tributaires de politiques économiques et sociales qui s'élaborent dans un espace transnational, notamment du fait de l'expansion des entreprises transnationales, des mouvements de capitaux, de l'emprise des grandes puissances, du rôle des institutions financières et des intégrations régionales. Pourtant, l'État social n'est pas mort. Ses acquis restent incontestables, en Europe surtout où il continue de se développer en suivant des trajectoires nationales différentes. En outre, les stratégies libérales préconisées par les institutions financières internationales sont confrontées à des échecs manifestes, en raison de leurs conséquences sociales lamentables. Elles font l'objet d'une remise en cause toujours plus large au sein même de la Banque mondiale et du Congrès américain.

On peut également souligner que la mondialisation n'a pas entraîné une déliquescence des systèmes de régulation internationale. Le nombre des organisations, des traités et des régimes de coopération entre États, entre les grandes puissances surtout, ne cesse de croître. Depuis les années 1970, le FMI a conçu et supervisé des programmes d'ajustement structurel impliquant une centaine de pays. Il s'est en outre employé à surveiller les politiques macroéconomiques de ses États membres et l'évolution de l'économie internationale [1]. Par ailleurs, la prolifération des ONG et des instances privées supervisant les activités des entreprises transnationales, des États et des institutions intergouvernementales pourrait constituer l'embryon d'une nouvelle forme de régulation.

L'instauration de l'OMC a signifié un élargissement des règles et des procédures judiciaires régissant les échanges internationaux. Cette institution doit-elle être dotée de fonctions spécifiques en matière de régulation sociale ? Cette question est un anathème pour les partisans du libre-échange, aussi bien que pour les régimes autoritaires des pays du Sud. Au XIXe siècle déjà,

1. Jan Aart Scholte, « The IMF and Civil Society », dans Edwards et J. Gaventa (eds), *Global Citizen Action*, Boulder (Col.), Lynne Rienner, 2000.

les milieux conservateurs criaient au scandale chaque fois qu'ils étaient confrontés à des revendications sociales. Aujourd'hui, les arguments sont les mêmes : toute forme de régulation sociale est appréhendée par les apôtres du marché comme une atteinte au libre-échange et à la croissance économique.

La constitution de l'Organisation internationale du commerce, qui aurait dû présider au régime de libéralisation des échanges après la seconde guerre mondiale, aussi bien que les statuts des institutions de Bretton Woods, comprenaient des dispositions relatives à la protection des travailleurs ou au plein emploi. Cette question sociale fut à nouveau posée par le président des États-Unis lors de la conférence de Marrakech, alors que s'achevaient les interminables négociations de l'*Uruguay Round*. Elle suscita une ferme opposition des pays en voie de développement, qui y virent – non sans quelques bonnes raisons – l'expression d'une nouvelle manœuvre protectionniste des pays développés.

Ainsi rien n'a été prévu dans les dispositions de l'OMC pour exiger des États qu'ils reconnaissent les droits fondamentaux des travailleurs, et cette lacune est bien évidemment au cœur des débats sur la « clause sociale ». Cette dispute a resurgi en 1996, lors de la conférence des ministres de l'OMC à Singapour. Les représentants des États membres défendirent les « normes internationales du travail internationalement reconnues », tout en affirmant que l'Organisation internationale du travail (OIT) constituait l'« organe compétent » pour établir ces normes et pour s'en occuper. Cette esquive constitua une manière élégante de céder aux pressions des pays en voie de développement et des entreprises transnationales qui refusèrent d'aborder ce dossier. Mais, trois ans plus tard, cette problématique sociale s'est imposée de manière spectaculaire lors de la conférence des ministres de l'OMC à Seattle.

En fait, l'argument des partisans de l'approche sectorielle peut sembler spécieux. L'OMC impose des restrictions au libre jeu du marché, notamment en matière de drogues. Tout en refusant de légiférer sur les conditions de production, elle interdit aussi le commerce de biens fabriqués par des prisonniers. Elle supervise des dispositions reconnaissant la protection de la morale publique ou de la vie animale. En outre, elle considère que la non-reconnaissance des dispositions protégeant la propriété intellectuelle est une atteinte aux règles de la concurrence. Les travailleurs et surtout les enfants ne devraient-ils pas également bénéficier d'une certaine protection de l'OMC ?

Encore faudrait-il bien s'entendre sur la définition de cette clause. Il serait bien évidemment absurde d'exiger des pays pauvres qu'ils offrent à leurs travailleurs des revenus et des systèmes de protection sociale analogues aux conditions qui prévalent à cet égard dans les pays développés. La clause sociale pourrait, en revanche, contenir la reconnaissance de certaines dispositions fondamentales de l'OIT, telles que l'interdiction du travail forcé, du travail des enfants, de la discrimination dans l'emploi et le respect de la liberté syndicale.

Michel Kostecki explique, dans le chapitre 4, les raisons pour lesquelles il juge peu souhaitable que la défense des travailleurs soit intégrée dans le cadre de l'OMC. Il considère que les politiques commerciales ne sont pas l'instrument approprié pour encourager la protection sociale au sein des pays d'exportation. Il voit dans la revendication des syndicats américains en faveur de la clause sociale l'expression de tendances protectionnistes. Les progrès inhérents à la réalisation du libre-échange devraient, à terme, accroître le bien-être des pays en développement. L'OMC, d'après lui, ne saurait assumer son mandat sectoriel en faveur de la libéralisation des échanges en assumant dans le même temps des fonctions de régulation sociale.

Si l'OMC n'est pas en mesure de contribuer immédiatement à la régulation sociale, l'OIT est en première ligne pour prendre le relais. L'OIT est une institution vénérable qui a joué depuis sa naissance un rôle fondamental dans la définition et la promotion de conventions internationales tendant à améliorer la situation sociale des travailleurs. Elle fut créée après la première guerre mondiale pour réaliser ces objectifs, mais également pour favoriser l'expansion des échanges commerciaux. Ses fondateurs souhaitaient en effet harmoniser les disparités de régime de protection sociale, afin que ces divergences ne deviennent pas une entrave au libre-échange. Ses fonctions, mais également la nature tripartite de ses organes constitutifs – où sont représentés les gouvernements, les travailleurs et les employeurs – lui confèrent aujourd'hui encore un prestige incontestable au sein des Nations unies.

La mondialisation confronte l'OIT à de nombreux défis liés aux bouleversements des systèmes de production, à l'extension croissante du secteur informel dans les pays pauvres, à l'érosion du taux de syndicalisation dans les pays industrialisés, au fait que ses nombreuses conventions sont relativement peu ratifiées et que leur mise en œuvre est encore moins satisfaisante. En outre, l'État, qui fut toujours le pilier de cette régulation par les conventions de l'OIT, a été l'objet de vives attaques des milieux néo-libéraux.

Francis Maupain s'emploie à démontrer, dans le chapitre 5, qu'il n'existe pas d'autre instance que l'État pour assurer l'intégration politique et sociale. Les gouvernements doivent en effet remédier aux défaillances du marché, tout en assurant les « biens publics » sans lesquels il n'est pas de progrès économique et social. F. Maupain réfute, en s'appuyant sur des conclusions de l'OCDE, la thèse néo-libérale selon laquelle les « rigidités » dans les législations du travail seraient responsables du chômage.

Il s'interroge néanmoins sur le nouveau rôle des acteurs non étatiques. L'action des ONG ou des associations privées ne serait-elle pas en mesure d'imposer une certaine discipline sociale et environnementale aux entrepreneurs ? On voit en effet proliférer des codes de conduite et des labels sociaux visant à réguler l'action des entreprises. Cette évolution n'est-elle pas le signe avant-coureur de nouvelles formes de régulation d'inspiration privée qui pourraient à la longue se révéler plus efficaces que celle des États et que les conventions de l'OIT ? Ces codes de conduite et ces labels sociaux ne vont-ils pas faire obstacle aux conditions de production inhumaines, en obligeant les entreprises à respecter les droits fondamentaux des travailleurs au risque d'être boycottées par les consommateurs ?

Sans être *a priori* négatif à l'égard de cette évolution, F. Maupain souligne l'extrême hétérogénéité de ces codes et labels et le peu de place qu'ils accordent à des principes, tels que la liberté syndicale, qui sont d'importance fondamentale pour l'OIT. On peut néanmoins penser qu'ils joueront à l'avenir un rôle croissant, surtout si les États ne parviennent pas à définir des mécanismes et des procédures pour lier l'avancée du libre-échange à la garantie des droits fondamentaux des travailleurs.

Il admet également que la mondialisation appelle de nouveaux modes de régulation sociale. Le système de conventions que l'OIT a pour mission de promouvoir n'est pas entièrement satisfaisant. Les États votent et parfois ratifient des conventions, sans manifester la volonté politique ou les capacités de les mettre en œuvre. En outre, ce système a pour effet de fragmenter les questions sociales. Ainsi, l'OIT a adopté la convention n° 122 sur l'emploi, conférant aux gouvernements l'obligation de promouvoir une politique dans ce domaine, mais sans parvenir à définir concrètement les stratégies capables d'atteindre cet objectif. Or, il est de plus en plus évident que les gouvernements ne sont pas toujours en mesure d'encourager de concert la création d'emplois et les garanties de stabilité de l'emploi. En d'autres termes, les instruments traditionnels de l'OIT ne sont pas suffisants pour promouvoir le progrès social.

F. Maupain plaide en faveur d'un modèle « régulationniste » qui définit les objectifs que les États doivent atteindre en matière sociale en leur laissant une marge d'appréciation quant aux stratégies à développer pour les atteindre. Dans cette perspective, la *Déclaration de l'OIT relative aux principes et droits fondamentaux du travail*, adoptée en 1998 par la Conférence internationale du travail, est un instrument non contraignant, mais qui a l'avantage, d'après lui, d'être mieux adapté aux réalités économiques et sociales de la mondialisation. Cette *Déclaration* souligne dans son préambule qu'en adhérant à l'OIT les États ont accepté les principes et les droits énoncés dans les dispositions constitutives de cette organisation, en particulier les dispositions relatives à la liberté d'association et à la reconnaissance effective du droit de négociation collective, à l'élimination de toute forme de travail forcé ou obligatoire, à l'abolition effective du travail des enfants, à l'élimination de la discrimination en matière d'emploi et de profession. Les États sont donc tenus de respecter ces principes, même lorsqu'ils n'ont pas ratifié les conventions de l'OIT qui s'y rapportent. Les États doivent régulièrement faire rapport à l'OIT sur les progrès qu'ils ont accomplis dans la réalisation de cette *Déclaration*. Leur rapport fait l'objet d'un examen par un comité d'experts. Cet instrument a donc pour ambition d'aider de manière souple les pays à progresser dans la mise en œuvre de leurs obligations sociales – en leur permettant d'escompter des appuis de coopération technique de l'OIT tout en impliquant la responsabilité de la communauté internationale.

La régulation sociale doit bien évidemment comprendre les stratégies de développement. Il est en effet absurde d'imaginer que le libre fonctionnement du marché puisse apporter aux États pauvres les ressources dont ils ont besoin pour progresser en matière sociale. Or, ces ressources font largement défaut, d'autant que l'aide publique au développement des pays de l'OCDE tend à baisser.

Comme je le souligne aussi dans le chapitre 1, les institutions financières internationales ne sont pas à la hauteur de leur mandat. Les politiques de stabilisation et d'ajustement structurel qu'elles ont initiées exigent une réduction des dépenses gouvernementales qui affectent généralement les secteurs de la santé et de l'éducation. Elles ont entraîné des baisses de salaire, une augmentation du chômage et une diminution des subventions publiques aux produits de première nécessité. Elles ont aggravé les polarisations entre les riches et les pauvres. Elles ont largement échoué en Afrique, où de nombreux États se sont avérés totalement incapables d'assumer leurs fonctions essentielles en matière de sécurité et de développement économique. En outre, la Banque n'a cessé de financer des projets d'infrastructure obligeant des familles rurales à quitter leur terre et leur village [1]. Les politiques des institutions financières internationales ont également ouvert la voie aux crises monétaires et financières des années 1990, dont les conséquences sociales furent lamentables, frappant particulièrement le Mexique et les pays de l'Asie du Sud-Est.

La Banque mondiale s'est pourtant arrogé, au cours des dernières décennies, une responsabilité grandissante en matière de régulation sociale. En assumant la présidence de cette organisation en 1968, après l'échec de la stratégie qu'il avait préconisée au Viêt-nam en tant que secrétaire à la Défense des États-Unis, McNamara s'efforça d'engager des ressources pour assurer aux pauvres la satisfaction de leurs « besoins essentiels ». Depuis lors, la Banque n'a cessé d'affirmer que la réduction de la pauvreté constituait son principal objectif, bien que sa stratégie à cet égard n'ait pas toujours été convaincante.

Dans les années 1990, sous la présidence de James Wolfensohn, réagissant aux critiques toujours plus vives dont elle était l'objet, la Banque s'est engagée à promouvoir des programmes

---

1. La littérature critiquant les orientations économiques et sociales de la Banque est très importante. On peut notamment se référer à l'ouvrage de Catherine Caufield, *The Bank and the Poverty of Nations*, Londres, Macmillan, 1997. Voir aussi Jo Marie Griegraber et Bernhard G. Gunter, *The World Bank. Lending on a Global Scale*, Londres, Pluto Press, 1996 ; Bruce Rich, *Mortgaging the Earth*, Boston, Beacon Press, 1994.

visant à combattre la pauvreté. Laurence Boisson de Chazournes affirme, dans le chapitre 6 de cet ouvrage, que cette institution fournit toujours plus de ressources à des projets axés sur le développement social, en particulier dans les domaines de l'éducation, de l'urbanisation ou de la santé.

En dépit de l'accent qu'elle met sur l'exigence de bonne *gouvernance* nationale, la Banque peine à développer une pratique sociale consistante. F. Maupain rappelle les réserves que la Banque ne cesse d'exprimer à l'égard des contraintes de la négociation collective qui finit par octroyer à certains groupes de travailleurs des « primes de travail » injustifiées, tout en favorisant une distorsion du marché du travail au détriment des travailleurs qui ne sont pas non syndiqués et qui font souvent partie du secteur informel. F.-X. Merrien le souligne également. Laurence Boisson de Chazournes formule, en revanche, une évaluation plus optimiste des changements en cours au sein de la Banque et des capacités de cette institution à participer à une nouvelle forme de régulation sociale.

Le développement des processus d'intégration régionale est un aspect fondamental de la mondialisation. L'Acte unique, puis le traité de Maastricht ont constitué des étapes importantes de cette dynamique, notamment parce que ces traités ont permis la pleine réalisation du Marché commun, fondé sur la libéralisation des mouvements de biens, de services, des capitaux et de personnes. En réalité, le développement de cette intégration constitue aussi un frein à la mondialisation, puisque les pays de l'Europe occidentale se destinent les deux tiers de leurs échanges commerciaux et 60 % de leurs investissements à l'étranger [1]. Quoi qu'il en soit, la consolidation de l'euro aura d'importantes répercussions politiques, sociales et institutionnelles. La monnaie unique ne va pas seulement susciter une meilleure intégration des marchés financiers européens, elle conférera à l'Europe un poids important dans le débat sur la réforme de Bretton Woods.

Le projet d'Union européenne, comme le souligne Jean-Pierre Faugère, dans le dernier chapitre, a donné davantage de garanties aux milieux industriels et financiers qu'aux travailleurs, premiers bénéficiaires de l'État providence. Les lois régissant la sécurité sociale sont nationales, même s'il existe un dispositif

1. UN Economic Commission for Europe, *Globalization : a European Perspective*, Genève, janvier 2000.

pour faciliter la libre circulation des personnes. Les entreprises ont la tentation de contourner les mécanismes de protection sociale en vigueur, en délocalisant par exemple leur production dans des pays où les conditions de travail peuvent leur conférer des avantages en termes de compétitivité. Ce phénomène est encore limité ; il risque de s'accroître avec la mise en place de l'euro, si rien n'est fait pour harmoniser les fiscalités et les politiques sociales des pays de l'Union.

La monnaie unique obligera vraisemblablement les gouvernements des États membres à l'harmonisation de leur fiscalité, de leur politique économique, voire même de leur politique sociale, conditions d'une véritable citoyenneté européenne. Le traité d'Amsterdam ouvre la voie d'une certaine régulation sociale qui pourrait, à terme, contribuer à changer le cours de la mondialisation, en montrant la voie d'une alternative au déchaînement de violence et d'injustice qui accompagne l'avancée du capitalisme anglo-saxon.

Jean-Pierre Faugère nous rappelle cependant que rien n'est joué à cet égard. L'orientation du traité de Maastricht est d'inspiration néo-libérale et semble freiner toute velléité de retour aux politiques de relance keynésienne. Ce dernier choix reste souvent néanmoins possible au niveau communautaire. Comme le souligne encore J.-P. Faugère, l'émergence d'une Europe sociale est la condition d'une relance de l'intégration politique. Reste bien évidemment le problème de l'élargissement qui semble pour l'heure difficilement compatible avec le développement d'une Europe sociale consistante.

Pierre de SENARCLENS

*CHAPITRE 1*

# LES NOUVEAUX ENJEUX DE LA RÉGULATION SOCIALE

Les historiens du futur jetteront un regard plus assuré que le nôtre sur les mutations structurelles complexes que l'on associe à la mondialisation. Nous manquons de recul pour comprendre tous les aspects de cette dynamique et pour analyser ses incidences politiques et sociales. Elle suscite aujourd'hui des interprétations divergentes qui recouvrent en partie les clivages doctrinaux traditionnels sur la nature d'un bon gouvernement et sur l'essence du bien commun.

Elle est perçue de manière positive par les tenants de l'approche économique néo-classique, puisqu'elle comprend une intégration accélérée de l'économie mondiale et par conséquent des activités d'échange transnationales. Dans leur perspective, elle représente l'avancée de la modernité, soutenue par les innovations scientifiques et techniques, en matière de communication et d'informatique notamment. La croissance des échanges commerciaux, l'expansion des entreprises transnationales, l'essor des marchés financiers et des mouvements de capitaux, les évolutions dans les modes de production, les gains de productivité qui en découlent, favorisent les progrès économiques et sociaux. La mondialisation signifie la réalisation à l'échelle planétaire d'une division internationale du travail efficace, et créatrice d'emplois. En abandonnant les orientations calamiteuses du passé, telles que la voie socialiste ou le protectionnisme, en s'adaptant aux nouvelles donnes de la compétition internationale, en diminuant l'emprise de l'État sur leur économie, en attirant les investissements étrangers, en dérégulant leurs marchés financiers, les pays en développement sont assurés de connaître à terme une prospérité grandissante. Grâce aux entreprises transnationales, ils bénéficient déjà de créations d'emplois, de transferts de technologie, tout en améliorant leur assise fiscale et en diminuant le coût des biens de consommation. En outre, l'avènement d'un marché mondial des capitaux permet une réduction du coût de financement des investissements et favorise une meilleure allocation des ressources entre les pays et les secteurs d'activité. La progression des échanges de biens et de services suscitera un ajustement des salaires mondiaux à un niveau supérieur à celui d'aujourd'hui, en raison de l'énorme augmentation de la production qu'elle entraînera.

Selon les adeptes de cette perspective optimiste, la mondialisation change aussi la nature de la politique internationale, enserrant les gouvernements dans la « toile d'araignée » d'un nombre grandissant d'acteurs transnationaux, tels que les entreprises privées, les organisations internationales, les ONG, les « communautés de base », qui participent à une nouvelle régulation planétaire. Elle crée les fondements d'un « village mondial », reliant les sociétés et les individus par des interactions toujours plus denses. Elle contribue à l'audience des idées libérales et à l'expansion des régimes démocratiques, tout en affaiblissant l'emprise autoritaire des États. Cette évolution représente une nouvelle ère pleine de mutations offrant « des possibilités inédites de bâtir la solidarité sociale [1] ».

Cette perspective néo-libérale est propagée par les organisations internationales, notamment par les institutions financières fondées à Bretton Woods, par les banques régionales de développement et par l'OCDE. Comme tout énoncé idéologique, elle confère une dimension scientifique à un programme d'action politique. Au sein des pays industriels avancés, de prestigieuses institutions universitaires et de nombreux centres de recherche produisent les données chiffrées, les statistiques et les analyses montrant la supériorité du régime inspiré par les postulats du libéralisme économique. Elle trouve également une large audience dans les principaux médias des pays occidentaux.

---

1. PNUD, 1999, p. 28.

Ce discours occulte les rapports de pouvoir et d'hégémonie qui affectent le cours actuel de la mondialisation et qui influencent aussi l'élaboration, l'organisation et la surveillance de la « toile d'araignée ». Il valorise un mode de gestion technocratique des sociétés. Il prolonge les vieilles utopies positivistes ou marxistes en suggérant que « l'administration des choses pourrait remplacer le gouvernement des hommes ». En réalité, les politiques recommandées par les institutions financières internationales ou celles qui découlent des dispositions de l'OMC ne sont pas l'expression d'une théorie économique « scientifique », mais procèdent de choix de régime qui favorisent certains États plus que d'autres et qui avantagent surtout les groupes sociaux qui sont en mesure de tirer le meilleur parti des nouveaux systèmes de production et d'échange.

C'est la raison pour laquelle la libéralisation concerne davantage le commerce des biens et des services dont bénéficient les pays industrialisés que les produits agricoles, alors que la majeure partie des populations pauvres vit en milieu rural ou dans une économie de subsistance. Les dispositions de l'OMC profitent certes aussi aux pays en développement, ou tout au moins aux plus puissants d'entre eux, puisqu'elles comprennent des règles du jeu qu'ils peuvent opposer à leurs partenaires commerciaux. Mais elle soumet aussi les pays les plus pauvres à de lourdes dépendances à l'égard des États industriels avancés [1]. Elle produit des effets négatifs en termes d'emploi et de croissance pour les pays qui n'ont pas les ressources humaines leur permettant de faire valoir un avantage comparatif dans le cadre de la compétition internationale actuelle, alors que leurs infrastructures culturelles – éducation, formation, recherche – sont absolument défaillantes à cet égard. En fait, les orientations de la « science économique » néo-classique font actuellement l'objet de vives controverses ; elles sont contestées par des chercheurs qui n'ont pas moins de valeur que les experts mis en avant par les institutions financières internationales et l'OCDE [2].

---

1. Deepak Nayyar, « Mondialisation et stratégies de développement », document présenté à la Table ronde de haut niveau sur le commerce et le développement lors de la X$^{e}$ CNUCED à Bangkok.

2. Voir notamment l'étude importante de Hugh Stretton, diffusée par le département des Affaires économiques et sociales des Nations unies, *Inefficiencies of Global Capital Markets*, Nations unies, ST/ESA 1998/DP.2.

## LES POLARISATIONS SOCIALES

La mondialisation engendre incontestablement beaucoup de richesses. Les États-Unis ont connu récemment un taux de croissance élevé, fondé en partie sur le développement d'une économie de services, bénéficiant aussi de la suprématie du dollar et de leurs institutions financières, avantages qui les ont dispensés de s'inquiéter du déséquilibre de leur balance commerciale et du faible taux de leur épargne intérieure. Les autres pays de l'OCDE ont également tiré profit du régime de libre-échange, de la dérégulation des mouvements de capitaux et des changements technologiques pour assurer l'expansion de leurs entreprises transnationales. En outre, plusieurs pays du Sud ont joui, durant les dernières décennies, d'une croissance économique soutenue ; ils ont enregistré des progrès significatifs en matière de développement social, mesuré à l'aune des indicateurs du PNUD. De nouveaux pôles de production et de consommation sont apparus en Asie et en Amérique du Sud, de plus en plus intégrés au marché mondial, ce qui entraîne une augmentation rapide des revenus par habitant d'une partie non négligeable de la population mondiale, notamment parce que la Chine bénéficie de cette évolution. La libéralisation permet une hausse relative des salaires des travailleurs des secteurs d'exportation dans les pays en voie de développement. Les détenteurs de capitaux profitent beaucoup de la mondialisation puisqu'elle élargit l'éventail de leurs choix de placement et d'investissement. Il en va de même des gens disposant d'une formation universitaire, de connaissances linguistiques (principalement l'anglais) et de qualifications professionnelles adaptées aux changements économiques en cours.

Malgré ces évolutions positives, les retombées économiques et sociales de la mondialisation sont très inégalement réparties, et la plupart des pays en développement n'ont pas été récompensés des efforts qu'ils ont consentis pour libéraliser leurs échanges commerciaux et pour déréguler leur marché financier. Comme le souligne la CNUCED dans son dernier *Rapport annuel sur le commerce et le développement* en évoquant le cas de ces pays : « Confrontés à de profonds déséquilibres dans les rapports de pouvoir économique au sein des systèmes commerciaux et financiers, les attentes qu'ils avaient de leur intégration au marché mondial en termes de croissance, d'emploi et de réduction de la pauvreté ont été déçues [1]. » Ils continuent, pour la plupart, de connaître une dégradation des termes de l'échange et de leur balance commerciale ; ils sont confrontés à une dépendance toujours plus forte à l'égard de sources de financement extérieures.

Ainsi, malgré des décennies d'ajustement structurel, la croissance annuelle moyenne des pays d'Amérique latine dans les années 1990 est de 3 % inférieure à celle des années 1970. Depuis 1980, le déclin des termes de l'échange pour les pays en développement non producteurs de pétrole a été de 1,5 % en moyenne par année. L'ouverture de leur économie a signifié un accroissement de leurs importations, sans augmentation concomitante de leurs exportations. La libéralisation des mouvements de capitaux, souvent stimulée par la nécessité de combler ces déficits commerciaux, a encore aggravé la situation en suscitant une appréciation et une instabilité de leur monnaie, phénomène qui a contribué au déficit commercial [2]. À la suite de la conclusion de l'*Uruguay Round*, les tarifs moyens imposés par les pays développés aux importations des pays les moins avancés sont de 30 % plus élevés que ceux qu'ils pratiquent entre eux. Alors que le commerce mondial a triplé au cours des deux dernières décennies, les quarante-huit pays les plus pauvres ont vu leurs exportations décliner d'environ la moitié pour représenter 0,4 % du commerce mondial [3].

Une récente étude de la Banque mondiale sur l'Amérique latine met en évidence ce paradoxe : au cours des dernières décennies, les pays de cette région ont fait des efforts remarquables pour engager des réformes macroéconomiques importantes. Ils ont pris des mesures pour libéraliser leur économie, pour l'ouvrir à la compétition internationale en réduisant en moyenne de 50 % en 1985 à 10 % en 1996 leurs tarifs douaniers, pour diminuer ou éliminer leur déficit budgétaire, pour modifier leur politique monétaire, pour libéraliser leur marché financier, pour diminuer leur taux d'inflation et pour réformer leur système de sécurité sociale. Leur taux d'inflation est devenu négligeable. Et pourtant ces progrès, et la croissance qui en a résulté, n'ont pas vraiment contribué à réduire le nombre des pauvres qui, au début des années 1990, a

1. UNCTAD, *Trade and Development Report 1999*, New York, 1999, p. V.
2. *Ibid.*, p. V et suiv.
3. Oxfam, « Loaded against the Poor : World Trade Organisation », 1999.

atteint le chiffre de 150 millions de personnes [1]. En 1998, le taux moyen de chômage était de 15 %, le plus élevé depuis quinze ans, alors que d'innombrables personnes devaient se contenter d'un travail à temps partiel et de rejoindre le secteur informel [2].

La Commission économique pour l'Afrique évalue à quelque 350 millions le nombre de personnes vivant dans la pauvreté, donc confrontées à la faim, à la maladie, à la malnutrition, au manque de logement. Une bonne partie de cette population n'a pas d'emploi productif et s'avère incapable de faire face à ses besoins les plus essentiels en termes d'éducation, de santé et d'hygiène [3]. Elle estime que les deux tiers de la population active travaillent dans le secteur informel.

La notion de mondialisation est donc en partie illusoire : la diffusion des biens, des services, des capitaux et des technologies ne bénéficie guère aux pays pauvres où vit la plus grande partie de la population mondiale. La majorité de ces pays reste en marge des principaux pôles de production et d'échange. Les entreprises transnationales et les banques se gardent d'y investir, sauf pour y exploiter quelques ressources minières. Leurs flux d'investissement requièrent des conditions – économiques, sociales, culturelles et politiques – qui, par définition, leur font défaut. Les États de l'OCDE conservent des atouts institutionnels à cet égard qui expliquent les avantages qu'ils tirent de la mondialisation. En 1997, les pays du Sud ont reçu quelque 150 milliards d'investissement direct étrangers, mais 80 % de ces flux se sont dirigés vers une douzaine d'entre eux, alors que le reste, à savoir quelque 136 pays en développement, se répartissait 30 milliards, moins que les investissements étrangers dont bénéficiait la Grande-Bretagne [4]. Récemment, une étude de la Commission économique pour l'Europe des Nations unies mettait en cause la notion même de mondialisation en soulignant une évolution vers la régionalisation de l'économie mondiale. Elle souli-

1. Shahid Javed Burki, Guillermo Perry, *The Long March. A Reform Agenda for Latin America and the Caribbean in the Next Decade*, Washington, La Banque mondiale, 1997.

2. UNRISD, *Visible Hands. Taking Responsibility for Social Development*, Genève, 2000, p. VIII.

3. *African Economic Report*, 1998.

4. « Media briefing », *Panos*, mai 1999.

gnait en particulier que les pays de l'Europe occidentale commerçaient de plus en plus entre eux et que leurs échanges avec le reste du monde, surtout avec les pays en développement, avaient tendance à décliner [1].

La mondialisation a coïncidé avec une concentration énorme du pouvoir économique. Les entreprises transnationales contrôlent une part significative de la production mondiale. Jamais, dans l'histoire de l'humanité, des entreprises privées n'ont possédé tant de capacités de production et d'échange, mobilisé tant de ressources technologiques et de moyens financiers en disposant d'une marge de manœuvre aussi large en matière d'obligations sociales. Cette concentration du pouvoir ne cesse de croître par les fusions et les acquisitions. Les Nations unies produisent régulièrement des rapports importants sur l'évolution des entreprises transnationales. On y découvre, dans le plus récent, *World Investment Report 1999*, que les entreprises transnationales contrôlent 25 % de la production mondiale et deux tiers du commerce international, dont un tiers serait un commerce interne à ces entreprises. Elles passent des alliances stratégiques entre elles ou avec des entreprises locales, ce qui peut altérer les règles de la concurrence [2].

Les firmes transnationales et les institutions financières privées ont bien évidemment une forte influence sur l'évolution des conditions sociales. On constate une mobilité des capitaux sans précédent par rapport à celle des travailleurs, d'autant que les États placent d'importantes restrictions à la migration de ces derniers. Il n'est pas rare qu'elles délocalisent ou soustraitent leur production vers des pays où la main-d'œuvre n'est pas défendue et faiblement payée et vers des régions où l'environnement naturel est mal protégé par les législations et les administrations nationales. Les entreprises peuvent jouer les gouvernements les uns contre les autres en établissant des sièges sociaux, parfois fictifs, dans les pays où les impôts sont moins élevés ou dans des paradis fiscaux exotiques. Elles peuvent obtenir des avantages des pouvoirs publics qui s'efforcent

---

1. « Globalization : a European Perspective. A Note Prepared by the Secretariat of the United Nations Economic Commission for Europe for the Interactive Debate with Heads of UN Regional Commissions at the UNCTAD X Meeting, Bangkok, February 2000 », Genève, UN/ECE, janvier 2000.
2. United Nations, Genève, 1999.

d'attirer leurs investissements ou empêcher leur délocalisation.

Cette politique est facilitée par l'affaiblissement des organisations syndicales, par la mobilité des facteurs de production et par l'abondance de l'offre de travail dans les secteurs requérant une faible qualification. Les syndicats gardent un ancrage local ou régional et s'organisent difficilement à l'échelle internationale. Ils peinent à faire prévaloir des positions politiques communes face aux entreprises transnationales en raison de la grande disparité de conditions de vie et d'intérêts entre les travailleurs des pays du Nord et ceux du Sud. Cette perte d'influence est aussi liée à la transformation des modes de production, à l'essor d'une économie où les services jouent un rôle prédominant, à la nouvelle division internationale du travail, aux phénomènes de la sous-traitance et de la flexibilité du travail [1].

Les entreprises transnationales créent relativement peu d'emplois. Selon les Nations unies, l'ensemble des entreprises transnationales emploierait 86 millions de personnes, dont une vingtaine dans les pays en développement, alors que l'ensemble de la force de travail de ces pays serait de 2,3 milliards de personnes [2]. On peut doubler ce chiffre en tenant compte des emplois induits par les activités de sous-traitance engagées par ces firmes. En règle générale, elles offrent des conditions sociales et des salaires supérieurs à ceux des producteurs locaux, mais elles détruisent aussi des modes de production traditionnels, car elles disposent de ressources technologiques, de moyens financiers, de capacités de production et d'échange sans égal. Les mesures de libéralisation accélérées par la création de l'OMC minent également l'assise de nombreux groupes sociaux, ceux dont les ressources économiques proviennent d'activités productives ruinées par l'avancée des entreprises transnationales. Les petits paysans subissent en plusieurs régions du monde la concurrence des grandes entreprises agricoles, utilisant des méthodes de production intensives fondées sur les engrais et la mécanisation.

Pour la plupart des travailleurs des pays de l'OCDE, il n'est

1. BIT, *Le travail dans le monde 1997-1998. Les relations professionnelles : démocratie et cohésion sociale*, Genève, 1997.

2. *World Investment Report 1999, op. cit.*

plus question de pouvoir compter sur un emploi durable ou sur la croissance régulière du salaire. Les activités requérant une main-d'œuvre abondante et surtout peu qualifiée se raréfient. Les progrès technologiques pénalisent les travailleurs qui n'ont pas les capacités de s'adapter aux nouvelles contraintes technologiques. Ainsi les revenus et la protection sociale des travailleurs sans grande qualification professionnelle baissent, à moins qu'ils n'appartiennent à des secteurs faiblement affectés par la mondialisation ou protégés par l'État. Compte tenu de l'immense réservoir de main-d'œuvre assuré par la croissance de la population mondiale, la tendance à la baisse des salaires devrait être dominante dans les pays développés pour les emplois peu qualifiés, mais également pour les cadres techniques soumis à une concurrence étrangère toujours plus forte [1].

On constate en conséquence la persistance et même l'aggravation des écarts socio-économiques entre différentes régions du monde, comme à l'intérieur des pays en développement, même si la géographie de ces clivages s'est beaucoup modifiée depuis la seconde guerre mondiale. Dans son *Rapport sur le commerce et le développement dans le monde* de 1997, la CNUCED soulignait que la mondialisation avait coïncidé avec un accroissement des inégalités entre le Nord et le Sud. En 1965, le revenu moyen par habitant dans les pays du G7 était vingt fois celui des pays les plus pauvres, alors qu'il était trente-neuf fois plus élevé en 1995. Il est vrai que les économies de certains pays asiatiques ont réussi à se hisser au niveau de celles des pays riches, mais le groupe de pays en développement qui amélioraient pendant la même période leurs conditions de vie s'est restreint. « Dans presque tous les pays qui ont libéralisé leur commerce, les inégalités de salaire ont augmenté, le plus souvent dans un contexte de déclin de l'emploi des travailleurs peu qualifiés et de baisse de leurs salaires, baisse qui a atteint de 20 à 30 % dans certains pays d'Amérique latine [2]. » Presque partout, affirmait le rapport de la CNUCED lors de sa 10e session à Bangkok, « la libéralisation et la mondialisation sont allées de pair avec une détérioration dans la distribution des revenus ». En

1. Pierre-Noël Giraud, *L'inégalité du monde. Économie du monde contemporain*, Paris, Gallimard, coll. « Folio », 1996.

2. UNCTAD, *Trade and Developement Report*, Genève, 1997.

fait, dans la majorité des pays, les inégalités se sont creusées depuis 1980 [1].

Le PNUD souligne également, dans ses *Rapports sur le développement humain*, l'aggravation continuelle des polarisations sociales à l'échelle planétaire. Il considère que le nombre de personnes vivant dans le dénuement absolu atteint environ 1,5 milliard, dont 840 millions souffrent de malnutrition. Il y aurait 850 millions d'adultes qui se sauraient ni lire ni écrire, et plus de 260 millions d'enfants qui ne sont pas scolarisés, alors qu'ils devraient l'être. Dans la même veine, le directeur général de la Banque mondiale affirme que 3 milliards de personnes disposent de moins de 2 dollars par jour pour vivre [2].

Juan Somavia, directeur général du BIT, le rappelait récemment à l'occasion de la conférence de l'OMC à Seattle : des centaines de millions de travailleurs et leur famille restent en marge des marchés du travail des pays pauvres et ne participent en rien à la croissance de l'économie mondiale [3]. Le phénomène toujours plus préoccupant de l'exclusion sociale, caractérisée par la croissance du nombre des sans-abri, des jeunes sans emploi, des chômeurs de longue durée et de gens vivant dans la misère la plus extrême à la périphérie des grandes villes, a coïncidé avec l'avancée de la mondialisation.

Les marchés financiers, dominés par un nombre limité de grands investisseurs, peuvent être très volatils et perméables aux phénomènes de contagion « irrationnels », quelle que soit la solidité des « fondamentaux [4] ». Les turbulences monétaires et financières en Thaïlande ont entraîné tous les « marchés émergents » d'Asie et d'Amérique latine, créant une énorme crise sociale dans les pays en question. En quelques jours, des États, que les institutions de Bretton Woods louaient pour les progrès miraculeux de leur économie, ont connu une montée énorme du chômage, de la pauvreté, associée à une baisse des

1. Francis Stewart, « Répartition des revenus et développement », document établi par la CNUCED pour la Table ronde de haut niveau sur le commerce et le développement, Bangkok, 12 février 2000, TD (X) RT 1/1.

2. PNUD, *Rapport annuel sur le développement humain*, New York, 1999.

3. « Decent Work for All in a Global Economy : An ILO Perspective », www.ilo.org.

4. Riordan Roett, Russell Crandall, « The Global Economic Crisis, Contagion and Institutions : New Realities in Latin America and Asia », *International Political Science Review*, 20 (3), 1999, p. 271-283.

revenus, à une augmentation de l'inflation, à une détérioration rapide des services de santé et d'éducation. D'après les estimations des Nations unies, la proportion des pauvres en Indonésie est passée de 11 % en 1997 à 40 % une année plus tard, affectant ainsi des dizaines de millions d'individus [1]. Cette crise aurait eu pour effet de mettre entre 20 et 25 millions de personnes au chômage, tout en affectant des masses de gens vivant du secteur informel. Comme le rappelait le PNUD, elle a signifié encore plus concrètement des interruptions de traitement pour des patients hospitalisés, des émeutes et des pillages, une baisse de fréquentation des écoles [2].

## LES INSTANCES DE RÉGULATION

### *Le rôle des États*

La pauvreté a des origines multiples. Elle traduit en particulier une carence des rapports de solidarité et par conséquent une fragilité des systèmes d'intégration politique. Elle est causée par les défaillances des pouvoirs publics et par des procédures de participation politique. Dans les pays en voie de développement, elle implique aussi parfois l'affaiblissement des structures communautaires traditionnelles. Les pauvres n'ont généralement pas accès au pouvoir de décision, ni aux ressources sociales et culturelles leur permettant de maîtriser les facteurs de production, notamment celles de l'éducation et de la formation.

À l'ère de la mondialisation, *la question sociale* est incontestablement influencée par des réalités de nature transnationale, avant tout par la libéralisation des flux financiers. Dans les pays de l'OCDE, la plupart des gouvernements sont désormais tenus de modérer leur déficit budgétaire et de défendre la valeur de leur monnaie pour réduire leur taux d'inflation et attirer les investissements étrangers. Or, en visant un objectif de stabilité monétaire dans un contexte de libéralisation financière, ces gouverne-

1. E/1997/17.

2. *Rapport mondial sur le développement humain 1999*, Paris, De Boeck & Larcier, 1999, p. 97.

ments limitent leurs possibilités d'intervention pour défendre l'emploi. Ils sont par ailleurs moins à l'aise que par le passé pour utiliser la fiscalité à des fins redistributives, notamment en raison de la mobilité des entreprises et des individus disposant de revenus élevés. Ils se font concurrence à cet égard, dispensant les non-résidents des impôts sur les revenus de l'épargne. Ils peuvent encore être tentés d'assouplir leur système de protection sociale pour attirer les firmes transnationales ou éviter leur délocalisation. Ainsi il deviendrait impossible de poursuivre simultanément le plein emploi, la progression des salaires, la continuation des transferts sociaux et le développement des services publics.

Linda Weiss a eu pourtant raison de dénoncer le « mythe de l'État impuissant [1] ». La dynamique des marchés n'interdit pas aux pays développés de protéger les chômeurs et d'assumer leurs fonctions de sécurité sociale. Dans les pays de l'OCDE en particulier, les conditions de travail, la protection que les États assurent aux malades, aux invalides, aux pauvres, aux personnes âgées et aux chômeurs sont aujourd'hui de nature et d'importance très diverses. Malgré les incidences des processus d'intégration régionale et de la mondialisation, les États gardent d'importants leviers d'intervention dans les domaines des revenus, de la fiscalité, des orientations budgétaires. Ils guident également les politiques en matière de commerce, d'investissement et d'industrie. Ils sont maîtres de leur politique d'éducation, de formation, de recherche, d'emploi, d'hygiène et de santé. Ils assument une part décisive dans la réalisation de conditions favorables à la protection de l'environnement.

L'annonce de la mort ou de la « privatisation » des États dans les pays en voie de développement semble également très exagérée [2]. La désintégration de certains États en Afrique ne doit

---

1. Linda Weiss, *The Myth of the Powerless State. Governing Global Economy in a Global Era*, Oxford, Polity Press, 1999 ; voir aussi Geoffrey Garrett, *Partisan Politics in the Global Economy*, Cambridge, Cambridge University Press, 1998.

2. C'est la thèse de Béatrice Hibou, qui souligne notamment dans son ouvrage intitulé *La privatisation des États* (Paris, Karthala, 1999) le rôle de la SGS (société générale de surveillance) dans la prise en charge des services douaniers de certains États en Afrique. En réalité, le phénomène n'est pas nouveau. En outre, la SGS a perdu plusieurs de ses contrats gouvernementaux les plus importants au cours des dernières années, en particulier au Pakistan, en Indonésie et aux Philippines, au point qu'elle a dû restructurer une bonne part de ses activités dans ce domaine.

pas être interprétée comme l'expression d'une érosion générale de la puissance publique dans les pays en voie de développement. En fait, le retrait de l'État, lorsqu'il se produit, n'est pas la conséquence de la mondialisation, mais de choix politiques délibérés, même lorsqu'ils sont recommandés par des bailleurs de fonds étrangers. Il n'est pas rare que les gouvernements jouent un rôle d'autant plus important en matière de régulation sociale qu'ils soutiennent une politique de libéralisation commerciale et financière.

En réalité, les budgets des États sont en voie ascendante, car leur intervention est indispensable à l'expansion des marchés. Selon un rapport récent de la Banque mondiale, le poids économique et social de l'État a doublé dans les pays industrialisés de 1960 à 1995 et rien n'indique que cette tendance soit en passe de se renverser [1]. La Banque souligne que ces derniers ont une responsabilité prédominante, non seulement pour assurer les conditions de droit et de sécurité nécessaires au développement des marchés, mais aussi pour développer les infrastructures publiques favorisant la croissance économique et le bien-être social. Les différences de conditions économiques et sociales entre les pays reflètent également d'importantes disparités dans la nature des institutions et les mécanismes de régulation politique.

Il convient de rappeler dans ce contexte que la mondialisation n'est pas seule responsable des inégalités sociales et de la pauvreté, qui tiennent aussi, et parfois même surtout, à des réalités politiques et culturelles nationales. Le phénomène concerne également certains pays industrialisés, tels que les États-Unis. D'après le Center on Budget and Policy Priorities, 1 % de la population américaine dispose en 1999 d'autant de revenus, déduction faite de leurs retenues fiscales, que les 100 millions d'Américains (38 %) aux revenus les plus modestes, écart qui a plus que doublé depuis 1977 [2]. Le président Fernando Henrique Cardoso aurait affirmé que le Brésil n'était pas un pays pauvre, mais un pays injuste. On doit admettre que cet aphorisme caractérise la réalité sociale de nombreux États.

Les mécanismes de protection sociale de nature publique sont par définition fragiles ou inadéquats dans les pays en développe-

---

1. Banque mondiale, *Rapport sur le développement dans le monde 1997. L'État dans un monde en mutation*. Washington, 1997.
2. *Le Monde*, 7 septembre 1999.

ment et les solidarités traditionnelles y sont insuffisantes. Ainsi, comme le rappelle un ouvrage récent du BIT, plus de la moitié de la population mondiale (les travailleurs et leurs dépendants) ne bénéficie d'aucun système légal de protection sociale. En Afrique subsaharienne et en Asie du Sud, seuls 5 à 10 % des travailleurs profitent d'un tel régime [1]. En outre, toujours d'après le BIT, les neuf-dixièmes de la population mondiale seraient dépourvus d'un régime de retraite [2]. La plupart des gouvernements d'Asie et d'Afrique n'ont ni les moyens ni la volonté de pallier l'érosion des mécanismes de protection traditionnelle emportés par l'évolution rapide des structures socio-économiques, par les processus d'urbanisation et les évolutions culturelles. Ces carences sont apparues de manière criante lors de la crise asiatique, qui affecta des pays qui n'étaient pas dotés de système d'assurance chômage, hormis la Corée qui disposait d'un mécanisme embryonnaire et de portée dérisoire [3]. Elles reflètent des pratiques de gouvernement autoritaires, peu favorables aux exigences de justice distributive.

Les dirigeants des nouveaux pays industrialisés ou de la Russie portent également une lourde responsabilité dans le déclenchement des crises financières récentes, dont les conséquences sociales continuent d'être dramatiques. Dans la plupart de ces pays, il existe des liens forts entre les banques, les entreprises et les détenteurs du pouvoir étatique. Ces rapports sont apparus comme un aspect important des politiques d'ajustement structurel, telles qu'elles ont été acceptées par les élites dirigeantes d'Amérique latine au cours des années 1980. Elles furent également un aspect central de la récente crise asiatique. Ainsi, pour accélérer leur intégration au marché mondial, les gouvernements de plusieurs pays émergents ont décidé d'éliminer les contrôles de change. Cette dérégulation rendit possible l'utilisation de capitaux à court terme pour financer des investissements de longue durée et le déficit de la balance des paiements courants. Elle entretint aussi la spéculation immobi-

---

1. Wouter van Ginneken (ed.), *Social Security for the Excluded Majority*, Genève, BIT, 1999, p. 1.

2. Lætitia Van Eeckhout, « La retraite, un privilège de pays riches », *Le Monde*, 6 juin 2000.

3. Eddy Lee, *La crise financière asiatique. Les enjeux d'une politique sociale*, Genève, BIT, 2000, p. 49.

lière et boursière. Après avoir profité de cette libéralisation, ils sont devenus très vulnérables aux aléas de l'économie internationale, notamment aux fluctuations monétaires et aux mouvements erratiques de capitaux spéculatifs. Les pays « émergents » d'Asie ont montré à l'occasion de la crise monétaire et financière de 1997-1998 que leurs institutions politiques et bancaires n'étaient pas en mesure de gérer convenablement cette dérégulation, notamment en raison de la corruption, des rapports de clientélisme politique et de l'incompétence des sphères dirigeantes – dont l'Indonésie du président Suharto fut un exemple particulièrement saisissant.

Les États les plus pauvres de l'hémisphère sud souffrent de défaillances institutionnelles particulièrement graves et leurs capacités d'intégration politique sont précaires. Leurs gouvernements ne sont pas en mesure d'assurer la satisfaction des besoins fondamentaux de la population, de faire face à la progression du chômage et du secteur informel, aux changements démographiques, aux mouvements migratoires, à la détérioration de l'environnement. Leur bureaucratie est imprévisible, instable, arbitraire et corrompue. Dans ce type d'État, la justice, la police et l'armée sont souvent aux mains d'un parti unique dominé par des groupes ou des mouvements politiques à composante ethnique, par des clans ou par des familles [1]. Les dirigeants politiques et les fonctionnaires utilisent leur position pour s'approprier une rente qu'ils déposent souvent à l'étranger au lieu de l'utiliser pour des investissements profitables à leur pays. Récemment, un rapport des Nations unies affirmait que l'Afrique enregistrait des fuites massives de capitaux qui auraient totalisé 22 milliards de dollars entre 1982 et 1991. Il mettait en cause nombre de hauts responsables africains qui entretiennent des comptes en devises énormes à l'extérieur, fruits de la maximisation de la rente et de la corruption.

Les institutions de Bretton Woods ont longtemps soutenu des politiques de stabilisation et d'ajustement structurel qui exigeaient « moins d'État ». Toutefois, il est apparu que cette perspective était sans issue et que l'expansion des marchés exigeait, non pas le démantèlement de l'État, mais au contraire davantage

1. Kalevi J. Holsti, *The State, War, and the State of War*, Cambridge, Cambridge University Press, 1996.

de régulation étatique, d'une nature certes différente de celle qui s'était imposée à la faveur des politiques de développement d'après-guerre. Ainsi, après avoir longtemps défendu le libre jeu du marché et de la « main invisible », les institutions internationales ont affirmé, au cours des années 1990, que les gouvernements devaient jouer un rôle décisif dans la création d'un environnement favorable au progrès économique et social.

Selon le FMI et la Banque mondiale, la prévention des crises financières exige en effet des changements internes aux États. Ces organisations mettent l'accent sur un renforcement des systèmes financiers et bancaires nationaux, impliquant en particulier une amélioration de la supervision prudentielle des banques, afin de créer les conditions d'une meilleure intégration de ces pays au marché mondial. La crise asiatique a également mis en évidence les défaillances dans la gestion des entreprises, dont les comptes étaient mal tenus et qui s'étaient endettées de manière imprudente vis-à-vis de l'étranger.

Les institutions financières accordent par conséquent une place toujours plus importante à la bonne gestion des affaires publiques, notamment à la consolidation d'instances judiciaires honnêtes et compétentes, pour assurer la croissance économique. Ainsi, la Banque interaméricaine de développement a dépensé récemment plusieurs centaines de millions de dollars pour réformer et moderniser les États d'Amérique latine, notamment leur appareil judiciaire. Selon Eddy Lee, du BIT, le « renforcement des institutions démocratiques est l'élément central du nouveau modèle économique à mettre en place ». Cette réforme n'exige pas seulement des élections libres et régulières, la liberté d'expression et des espaces de débat public, mais également de « conférer davantage d'équité sociale au processus de développement » en assurant la promotion des droits des travailleurs, par le biais de la liberté syndicale en particulier, et en établissant de véritables systèmes de protection sociale [1]. La Banque mondiale est en passe de revaloriser le rôle des pouvoirs publics dans ses programmes de lutte contre la pauvreté. Le PNUD demande aux gouvernements qu'ils développent des « plans nationaux » pour promouvoir l'éducation, les soins de santé de base, l'amélioration de la condition des femmes et la protection de l'envi-

1. Eddy Lee, *op. cit.*, p. 63 et suiv.

ronnement, dénonçant « la séparation artificielle qui existe entre les politiques économiques et les politiques sociales [1] ».

## *Les défaillances des institutions internationales*

Les structures de l'économie internationale pèsent sur le devenir des États, notamment sur les plus pauvres d'entre eux, sans toujours trouver de contrepoids politique et institutionnel. Le problème de la régulation sociale ne peut donc plus rester du seul ressort des États, mais doit impliquer l'ensemble des institutions internationales. Au lendemain de la première guerre mondiale, les puissances victorieuses avaient admis qu'elles ne pouvaient plus réaliser leurs principales fonctions d'intégration politique sans développer leurs rapports de coopération internationale. La création de l'Organisation internationale du travail (OIT), en 1919, visait à internationaliser la gestion de la question sociale, et cet effort de régulation était étroitement lié au projet de libéralisation des échanges. Le développement du commerce exigeait donc une certaine harmonisation des conditions de travail et de protection sociale.

Les fondateurs de l'ONU avaient un projet beaucoup plus large. Ils étaient convaincus que le chômage et la misère étaient une des causes fondamentales de la seconde guerre mondiale. Ils étaient persuadés que les États ne pourraient combattre la pauvreté et promouvoir le développement sans établir des institutions internationales contribuant à une gestion concertée de l'économie mondiale. Ils savaient que l'interdépendance toujours plus forte des sociétés nationales appelait l'instauration de nouveaux mécanismes de coopération internationale. Pour empêcher le retour au protectionnisme, il ne suffisait pas d'harmoniser les conditions de travail et les systèmes de protection sociale ; il était nécessaire aussi d'assurer la convertibilité et la stabilité des monnaies et de promouvoir les flux d'investissement productif.

Ce projet de coopération internationale fut inscrit dans les constitutions des institutions de Bretton Woods et des autres organisations spécialisées de l'ONU. Il avait pour objectif priori-

1. *Rapport du PNUD sur la pauvreté 2000. Vaincre la pauvreté*, PNUD, New York, 2000.

taire la création du plein emploi. Il fut également centré sur les progrès économiques et sociaux des pays pauvres. Il était alors très largement admis au sein des Nations unies que le libre fonctionnement du marché ne permettrait pas à ces pays de sortir de leur sous-développement. Il fallait donc que les États riches et les institutions internationales leur accordent une assistance particulière, sous forme d'aide technique, de prêts ou de dons et que les gouvernements déploient des stratégies volontaristes pour tirer le meilleur profit des investissements et pour assurer l'amélioration du bien-être, garant d'un certain ordre politique.

Après la seconde guerre mondiale, stimulés par la confrontation Est-Ouest, les États-Unis et leurs alliés ont amplement renforcé leur coopération internationale, tissant entre eux des liens d'interdépendance très forts, soutenus par des interactions constantes entre leurs gouvernements et leurs administrations, encouragés par un ensemble d'institutions de nature diverse qui imprimèrent à leur politique un haut degré de convergence. Ce processus d'intégration s'est beaucoup développé au sein de l'Europe occidentale, avec la mise en place des institutions communautaires surtout. Les principales puissances économiques ont également établi des systèmes de concertation réguliers – notamment dans le cadre du G7 depuis les années 1970 – pour coordonner leurs politiques monétaires et pour prévenir les crises financières.

Si les pays de l'OCDE ont développé entre eux des liens économiques et politiques complexes, qui impliquent d'importants changements dans les régimes de souveraineté pour ce qui est des États membres de l'Union européenne, la société internationale, appréhendée dans son ensemble, reste caractérisée par la faiblesse de ses régimes de coopération, par la fragilité de ses liens de solidarité et par l'hétérogénéité de ses espaces politiques et culturels. Les défaillances des États pauvres sont d'autant plus profondes que leurs institutions de coopération régionale n'ont rien de comparable à celles qui ont favorisé l'intégration économique et politique des pays industrialisés.

Le système des Nations unies n'a pas été en mesure d'assumer pleinement son mandat en matière de développement économique et social. Certes, l'ONU et ses principales agences spécialisées ont joué un rôle considérable dans la définition des principes de légitimité politique à vocation universelle, dans la conceptualisation des stratégies de développement, dans l'élaboration et la promotion des normes juridiques. Elles n'ont toutefois pas reçu les ressources politiques et financières pour conduire des activités de grande envergure et pour réaliser concrètement les projets qui étaient formulés dans leurs enceintes. Les représentants des pays pauvres s'efforcèrent d'exiger au sein des Nations unies l'altération des structures économiques internationales pour contrer la dégradation des termes de l'échange entre les États industrialisés et les pays pauvres. Malgré l'institutionnalisation de la Conférence des Nations unies sur le commerce et le développement (CNUCED), ce projet échoua.

Les États-Unis et leurs alliés se sont efforcés de promouvoir le développement des pays pauvres dans le cadre de rapports bilatéraux ou par l'intermédiaire d'organisations qu'ils contrôlent, tels que les institutions de Bretton Woods et le GATT. Ils ont notamment utilisé ces organisations dans les années 1980 pour « gérer » la crise de la dette, en invitant les pays concernés à mettre en œuvre des programmes de stabilisation et d'ajustement structurel d'inspiration libérale. Ces programmes furent une étape importante de la mondialisation. En contrepartie de nouveaux crédits leur permettant de traverser leur tourmente financière, ils durent abaisser leurs barrières douanières protectionnistes, modifier leurs lois nationales sur les investissements étrangers, libéraliser les dispositions concernant le rapatriement du capital, des profits et des dividendes. Le FMI et la Banque mondiale les poussèrent à diminuer le rôle économique et social de l'État dans le but d'encourager la dynamique d'un marché marqué par l'avancée des entreprises transnationales. Ils recommandèrent un ensemble de réformes économiques, toujours identiques, impliquant des dévaluations, un contrôle rigoureux de la masse monétaire, une forte diminution de leurs dépenses budgétaires, une réforme de leur fiscalité, une restriction des salaires des fonctionnaires, le démantèlement des secteurs publics.

La nature et l'orientation de ces stratégies ont donné lieu à de vifs débats idéologiques portant notamment sur l'articulation entre l'État et le marché, sur le rôle de la planification et des entreprises publiques, sur l'utilité du protectionnisme et du contrôle des changes, sur l'importance de la fiscalité et des équilibres budgétaires. Il semble néanmoins incontestable que les programmes d'ajustement et de stabilisation recommandés par les institutions de Bretton Woods ont eu trop souvent pour effet de déprimer l'emploi et les conditions de travail, de limiter aussi les investissements et la croissance, sans diminuer l'endettement et favoriser les exportations. Ces programmes n'ont pas réussi à sortir les pays pauvres – en Afrique subsaharienne surtout – de leur marasme économique. Vers la fin des années 1990, le fardeau de leur dette restait exorbitant, alors que leur dérive par rapport aux principaux pôles de développement se poursuivait.

Le FMI, toujours sous l'égide du département du Trésor américain, a de surcroît encouragé les pays en développement à libéraliser les mouvements de capitaux alors qu'ils n'avaient pas les mécanismes et les règles pour assumer ce fardeau. Cette politique a favorisé une croissance incontestable, mais elle a également suscité, dans les années 1990, des crises financières de grande ampleur, en attirant des capitaux spéculatifs hautement volatils, sensibles aux mouvements de panique qui peuvent s'emparer des places boursières. Dans le cas de la crise asiatique (1997-1998), le FMI semble avoir aggravé la crise en proclamant *urbi et orbi* que les pays touchés par ces turbulences monétaires et financières souffraient de problèmes structurels importants tout en imposant des programmes d'austérité inadéquats.

## SOUTENIR LES PAUVRES OU CHANGER DE STRATÉGIE ?

Les Nations unies et la Banque mondiale ont produit depuis quelque temps un discours d'orientation charitable pour dénoncer la misère grandissante régnant au sein des pays en développement. Le FMI et l'OMC se sont associés plus récemment à ce concert. Au lieu d'agir sur les facteurs – économiques, sociaux, culturels et politiques – qui engendrent les inégalités et le dénuement, ces institutions proposent des programmes pour « alléger la pauvreté » par des actions spécifiques et fragmentées, ciblant certaines populations démunies en prétendant leur assurer des « filets de sécurité ». Cette stratégie humanitaire comprend une offensive contre les systèmes de protection sociale traditionnels. Selon les institutions de Bretton Woods, les États devraient mettre en place des mécanismes de protection sociale destinés exclusivement aux indigents, tout en confiant au marché la gestion des caisses de pension et une part croissante de leurs services publics. Elles recommandent aux gouvernements de diminuer, lorsqu'il y a lieu, les charges que doivent assumer les employeurs en matière de protection sociale, tout en facilitant leur liberté de licenciement [1].

La Banque mondiale prétend certes vouloir remettre en cause certains aspects de son orthodoxie économique. Elle a même fait amende honorable, en admettant qu'elle s'était fourvoyée dans l'orientation des politiques d'ajustement structurel qu'elle a si longtemps recommandées. Joseph Stiglitz, le vice-président et l'économiste en chef de la Banque mondiale, a reconnu que les institutions de Bretton Woods avaient envisagé la privatisation et la libéralisation du commerce comme des fins en soi, au lieu de les concevoir comme des moyens pour un développement durable et équitable. Il a souligné qu'elles n'avaient pas pris en compte l'importance des institutions nationales pour le fonctionnement du marché en soutenant un processus de libéralisation prématuré des mouvements de capitaux, en particulier des capitaux à court terme. Il a par ailleurs dénoncé les conditions imposées aux pays endettés, en affirmant qu'elles entravaient les progrès économiques et sociaux, puisque le développement exige un processus interne aux sociétés concernées, fondé sur la participation politique.

On doit toutefois se souvenir que la Banque mondiale a fréquemment changé de cap au cours de son histoire, et rien n'indique que son nouvel *aggiornamento* sera plus consistant que ceux du passé, surtout lorsqu'on sait que la contestation de Stiglitz fut suivie de sa démission. En dépit de sa nouvelle rhétorique « sociale », elle ne remet pas en cause les sacro-saints principes néo-classiques fondés sur l'ouverture des marchés de biens, de services et de capitaux. La problématique de la régulation internationale est largement escamotée par la Banque. Elle ne se soucie guère de la dégradation des termes de l'échange, de la production et de l'exportation des produits de base, de la fluctuation des prix de ces produits, phénomènes qui affectent le bien-être de la grande majorité des habitants des pays en développement. Après tout, les institutions de Bretton Woods

---

1. Shahid Javed Burki, Guillermo Perry, *The Long March…*, *op. cit.* ; voir aussi dans la même veine, Nancy Birdsall et al., *Beyond Trade Offs*, Washington, Inter-American Development Bank, 1998.

restent *de facto* sous le contrôle des États-Unis dont les sphères dirigeantes ne semblent pas désireuses d'abandonner leur orientation néo-libérale.

Et pourtant, certains économistes américains paraissent toujours plus sceptiques sur le fonctionnement du FMI. En novembre 1998, le congrès des États-Unis a mis sur pied une Commission consultative sur le financement des institutions internationales, dirigée par l'économiste Allan H. Meltzer, qui a conclu ses travaux par une évaluation très critique de cette organisation. Elle a reproché en particulier au FMI de prodiguer de mauvais conseils aux États et de répondre de manière inadéquate aux crises financières qu'il a pour mission de prévenir. « En devenant une source de prêts conditionnels à long terme, le FMI a placé les pays pauvres dans une situation de dépendance croissante à son égard, lui conférant une influence sur la politique de ces États qui n'a pas de précédent dans l'histoire des institutions multilatérales. [...] Les programmes qu'il a proposés n'ont pas favorisé les progrès économiques de ces pays. Ils ont miné leur souveraineté et ont souvent gêné le développement d'institutions responsables et démocratiques, capables de corriger leurs propres erreurs en répondant aux changements d'environnement extérieur. » La commission Meltzer reproche surtout au FMI d'avoir protégé les créanciers sans leur faire assumer le poids de leur responsabilité dans les crises financières récentes. Le cas du Mexique est, à cet égard, exemplaire. Grâce au FMI, le département du Trésor américain et les créanciers ont été remboursés, mais au prix de conséquences terribles pour le Mexique qui aurait perdu 20 % de son PNB annuel. Le revenu par habitant en 1997 dans ce pays était égal à celui de 1979. Les travailleurs les plus pauvres ont vu leur revenu fondre de moitié depuis 1985 [1].

1. http ://phantom-x.gsia.cmu.edu/IFIAC.

## LA COHÉRENCE INSTITUTIONNELLE ET LA GESTION

Les stratégies pour garantir une certaine régulation sociale souffrent d'une absence de convergence entre les institutions internationales. La Banque mondiale affirme que la lutte contre la pauvreté et l'exclusion exige des stratégies nationales cohérentes. Elle demande une approche holistique. Le PNUD recommande également aux gouvernements de se doter de véritables plans d'action, impliquant une approche multisectorielle mobilisant l'ensemble des ministères et des administrations concernées. Mais ce projet se heurte à des contraintes politiques et institutionnelles importantes, par exemple celle liée au déclin constant de l'aide publique au développement des pays de l'OCDE. Ces derniers n'ont pas de stratégies convergentes pour lutter contre la pauvreté.

On doit ajouter que le système des Nations unies forme un ensemble d'institutions internationales poursuivant des fonctions à la fois générales et spécialisées. Les capacités d'action de ces organisations sont disparates ; elles n'ont pas vraiment les moyens de répondre de manière concertée aux conséquences néfastes pour les groupes sociaux défavorisés des changements dans les modes de production, de la libéralisation des échanges et de la dérégulation financière. Elles contribuent faiblement à résoudre les problèmes inhérents à la fragilité des États pauvres. Le Conseil économique et social des Nations unies (ECOSOC) n'a jamais pu coordonner les activités des institutions du système des Nations unies, alors que tel est son mandat.

Les États dont l'économie est importante, qu'ils soient du Nord ou du Sud, n'ont pas de raison d'utiliser l'ONU pour harmoniser leur politique économique et pour définir des stratégies convergentes en matière de développement économique, compte tenu de l'hétérogénéité politique de cette organisation et de la lourdeur de son processus de décision. C'est la raison pour laquelle l'ONU assume de plus en plus des tâches qui relèvent de l'aide humanitaire et que ses programmes opérationnels de développement diminuent.

L'OMC a reçu un mandat très large en matière de libéralisation des biens et des services. Elle est devenue la première institution globale disposant d'un mécanisme juridictionnel obligatoire, dont les États membres doivent en principe respecter les décisions arbitrales. Elle n'a toutefois aucune compétence pour s'occuper des implications sociales de cette libéralisation. Les États ne peuvent interdire l'importation de produits fabriqués par des enfants, puisque les dispositions de l'OMC condamnent les discriminations de traitement sur la base des modes de production nationaux, sauf pour ce qui est du travail des prisonniers.

La majorité des gouvernements s'est opposée aux pressions des milieux syndicalistes, soutenus de manière épisodique par le gouvernement américain, d'introduire dans le cadre de l'OMC un mécanisme de protection des droits des travailleurs, craignant les dimensions protectionnistes de ces initiatives sociales. Dans cette logique, les progrès économiques assurés par le libre-échange devraient améliorer, à plus ou moins long terme, le sort des travailleurs. Alors que les dispositions constitutives de l'OMC assurent une certaine protection à l'environnement ou aux aspects commerciaux de la propriété intellectuelle, les travailleurs sont tenus à l'écart de ses effets régulateurs [1].

Le BIT, soutenu par les syndicats et de nombreuses ONG, a bien tenté d'endiguer le processus de libéralisation des échanges en proposant la mise en place d'un mécanisme favorisant le respect des droits les plus fondamentaux des travailleurs, droits inscrits dans les conventions relatives à l'interdiction du travail forcé et du travail des enfants, à la liberté d'association, au droit de s'organiser et au droit de négociation collective, au principe de la non-discrimination dans l'emploi et sur l'égalité de traitement pour un travail de valeur égale. Mais ces efforts ont suscité une opposition politique si forte, en particulier des sphères dirigeantes des pays en développement, que ces efforts de régulation sociale ont échoué [2]. Les conventions relatives à ces droits fondamentaux sont pourtant parmi les plus largement ratifiées de l'OIT et leur respect effectif éviterait les principales formes d'exploitation, sans supprimer les avantages comparatifs des pays en développement.

---

1. Hughes Steve, Rorden Wilkinson, « International Labour Standards and World Trade Organization : No Role for the World Trade Organization ? », *New Political Economy*, 3 (3), 1998, p. 375-389.
2. Michel Hansenne, *Un garde-fou pour la mondialisation. Le BIT dans l'après-guerre froide*, Genève, Éditions Zoe, 1999.

On ne voit donc pas se dessiner une stratégie de régulation sociale cohérente entre le FMI, la Banque mondiale et les agences spécialisées de l'ONU. Cette cohérence est d'autant plus improbable que les États-Unis, l'Union européenne et les principaux États du Sud ne partagent pas de projets communs à cet égard. En outre, la gestion des organisations internationales n'obéit pas vraiment aux critères de régulation démocratique et de transparence qu'elles s'emploient à promouvoir dans les pays en développement. La logique technocratique des institutions internationales n'a pas cessé d'être dénoncée. Le FMI, comme le soulignait en 1998 P. Alston, le président du Comité des droits économiques, sociaux et culturels, « décide de l'avenir économique de populations entières sans avoir de comptes à leur rendre ». Il exige des États « la plus grande transparence sur les politiques monétaires qu'ils entendent mettre en œuvre, alors que lui-même élabore les mesures d'ajustement structurel dans le plus grand secret [1] ». La commission Meltzer lui fait des reproches analogues. Ces critiques sont valables pour l'OMC, puisque l'influence des entreprises transnationales sur les processus de négociation reste prédominante. Les représentants des pays pauvres n'ont en outre pas les moyens de participer effectivement aux négociations de l'*Uruguay Round*, restant à l'écart des principales délibérations et prises de décision affectant la libéralisation des échanges, puisqu'elles mobilisent avant tout les experts et les diplomates des États-Unis, du Canada, du Japon et de l'Union européenne.

Les mécanismes de surveillance des institutions internationales sont déficients et leurs instances dirigeantes sont assurées d'une forme d'impunité qui les met à l'abri d'une démission forcée – quelles que soient les fautes qu'elles peuvent commettre. Le recrutement des secrétariats découle en partie de logiques politiques, ce qui mine l'idéal d'une administration publique internationale indépendante et affaiblit le niveau général de compétence des fonctionnaires. Il est vrai que les institutions de Bretton Woods exigent de leurs fonctionnaires un haut degré d'expertise, mais ils sont recrutés parmi des gens provenant d'un même moule idéologique, issus des mêmes centres de formation académique, essentiellement des universités anglo-

1. E/C.12/1998/SR.20 (30 juin 1998).

saxonnes. De même qu'il est impossible de gravir la hiérarchie du Vatican en doutant de l'Immaculée Conception, les secrétariats et surtout les sphères dirigeantes de ces organisations doivent manifester une foi inébranlable dans les bienfaits et les fonctions autorégulatrices du marché. Elles ont par ailleurs un réseau de consultants dont les analyses et les évaluations reflètent leur orthodoxie. Le FMI n'a accepté que tout récemment de soumettre ses programmes de stabilisation à une évaluation extérieure. Le PNUD affirme l'exigence de la diversité culturelle, mais ses rapports sur le développement dans le monde sont fondés sur des travaux, des sources et des références bibliographiques qui proviennent d'un cercle restreint d'institutions et de chercheurs anglo-saxons.

## LE RÔLE DES ACTEURS NON GOUVERNEMENTAUX

Le terme de *gouvernance* s'impose de plus en plus pour signifier des mécanismes informels qui seraient investis d'après les partisans de cette notion d'une légitimité égale ou parfois supérieure à celles des gouvernements démocratiques. Les fonctions de commandement et d'arbitrage politique seraient désormais assurées par un large éventail d'instances non gouvernementales contribuant à de nouvelles formes de régulation. Dans cette perspective, les représentants de la « société civile » – terme dont la définition n'est au demeurant pas très claire – participeraient toujours plus activement à la *gouvernance* mondiale, notamment par les positions qu'ils prennent à l'égard des États et des institutions internationales, par les engagements qu'ils assument en matière de régulation économique et de développement. Il s'agit d'une nébuleuse d'acteurs non étatiques, très disparates par leur nature, leurs moyens et leurs objectifs, dont la légitimité est loin d'être assurée.

Le directeur du FMI a proposé une participation du secteur privé à la prévention et à la solution des crises financières. En certaines circonstances, les détenteurs de créance pourraient avoir intérêt à s'entendre pour limiter les conséquences d'une panique financière et notamment pour fournir des liquidités qui s'avèrent nécessaires lors de turbulences financières et monétaires. En janvier 1999, le secrétaire général des Nations unies, Kofi Annan, a proposé aux représentants du monde des affaires réunis à Davos un « contrat mondial » fondé sur des valeurs et des principes communs visant à donner un visage humain au marché mondial, en leur suggérant « d'embrasser, de promouvoir et de faire respecter une série de valeurs fondamentales touchant les droits de l'homme, les conditions de travail et l'environnement [1] ».

Par ailleurs, certaines ONG et associations de consommateurs, les organisations de travailleurs ou d'employeurs, certaines entreprises privées aussi jouent un rôle de plus en plus décisif en matière de régulation sociale en exigeant la maîtrise des forces du marché, en s'employant à définir et à réaliser des codes de conduite, des labels sociaux. Le PNUD défend l'idée des codes de conduite pour obliger les transnationales à prendre leur responsabilité sociale au sérieux [2]. Il appelle également les transnationales à se soumettre à des audits sociaux. En réalité, de nombreux organismes privés opèrent déjà dans le domaine d'une régulation informelle, contribuant à la production de règles et de pratiques convergentes. Il existe en particulier des tribunaux *ad hoc* qui assument un rôle grandissant dans le règlement des litiges entre entreprises et institutions financières privées.

L'aspect positif de cette évolution est évident : ces acteurs sont en mesure d'utiliser les moyens de communication les plus modernes pour exiger, au niveau national et international, le respect de certaines normes sociales ou environnementales. Ainsi, plusieurs entreprises transnationales ont accepté d'assumer des codes de conduite traduisant des engagements en matière sociale ou d'environnement. Il est vraisemblable que ces pratiques vont se développer. L'idée d'un observatoire des droits sociaux agissant en liaison avec le BIT a été lancée [3].

Tout en se félicitant des préoccupations sociales qui sont à l'origine de ces initiatives, le BIT a néanmoins critiqué l'absence d'uniformité dans la définition des principes qui sous-tendent la recherche de meilleures pratiques sociales, leur caractère sélectif

1. Communiqué de presse, SG/SM/6881.
2. *Rapport mondial sur le développement humain 1999*, *op. cit.*, p. 97 et suiv.
3. Denis Horman, *Une clause sociale pour l'emploi et les droits fondamentaux ?*, Bruxelles, Éditions Luc Pire, 1996.

et le manque de transparence et de participation des bénéficiaires supposés de ces initiatives. Il a relevé qu'un tiers seulement des codes de conduite proposés par ces acteurs non gouvernementaux fait référence aux normes internationales du travail ou aux principes énoncés dans les conventions ou recommandations de l'OIT. Les labels sociaux opèrent avant tout dans les marchés d'exportation et visent certains créneaux, notamment les vêtements, les chaussures et l'alimentation. Le BIT a également souligné que les initiatives non gouvernementales pouvaient avoir des effets difficiles à supporter pour les PME des pays en voie de développement [1].

On peut regretter la nature sélective et aléatoire de ces initiatives régulatrices. Ainsi la compagnie Shell fut soumise à un boycott, en Allemagne notamment, parce qu'elle se proposait de couler certaines de ses plates-formes pétrolières en mer du Nord. Et pourtant, aucune action d'envergure n'a été proposée par les ONG lorsqu'une commission d'enquête de l'OIT est arrivée, en 1998, à la conclusion que le Myanmar (la Birmanie) utilisait le travail forcé et une répression massive des droits de la personne pour créer les infrastructures servant des entreprises pétrolières américaine, coréenne et française, dont la compagnie Total. En fait, les ONG luttant pour la promotion des droits de l'homme sont habituées à protester contre la violation des libertés individuelles et les atteintes graves à la dignité de la personne dont les gouvernements sont responsables, mais elles n'ont pas encore développé de stratégie concertée pour mettre en cause les entreprises privées lorsque ces dernières s'avèrent complices de ces violations.

## VERS DE NOUVELLES INSTITUTIONS INTERNATIONALES

Lorsqu'elle n'est pas contenue, la compétition entre les acteurs économiques en vue du profit risque de détruire tout principe d'organisation politique et sociale. La dynamique du

1. Groupe de travail sur la dimension sociale de la libéralisation du commerce international, Genève, novembre 1998, GB. 273/WP/SDL/1 (Add.1).

marché se déploie aujourd'hui avec une ampleur nouvelle, emportant ou minant les digues institutionnelles et politiques qui avaient été érigées après la seconde guerre mondiale pour assurer la réalisation d'une certaine justice distributive au sein des États et à l'échelle internationale.

Les processus d'intégration régionale se renforcent. Ils sont, *a priori*, mieux à même de soutenir les États dans la défense de systèmes de régulation sociale conformes à leurs spécificités culturelles, économiques et politiques. Les intégrations régionales peuvent aussi constituer un frein aux excès de la mondialisation. Plus des deux tiers des échanges commerciaux et 60 % des investissements directs à l'étranger des pays de l'Europe occidentale se font au sein de cet espace économique [1]. Il est probable que l'euro et les politiques de convergence en matière monétaire appelleront la mise en place d'une politique communautaire de l'emploi et de la protection sociale, fondée non seulement sur une meilleure harmonisation fiscale entre les États membres, mais aussi sur le transfert à la Commission de nouvelles ressources budgétaires. Cette expérience d'intégration n'est probablement pas exportable, mais les choix de l'Europe à cet égard, s'ils devaient se concrétiser, pourraient contribuer à maîtriser la dynamique des marchés.

Au niveau global, il semble nécessaire d'engager une réforme de l'architecture financière internationale. Pour l'heure, les propositions de réforme sont encore modestes. Compte tenu de la responsabilité écrasante du FMI dans le développement et les conséquences sociales des dernières crises, la réforme de l'architecture financière mondiale implique une transformation du rôle et de la conduite de cette institution. On évoque fréquemment l'idée de lui conférer la fonction de « prêteur en dernier ressort » qui aurait pour mandat de prévenir les crises monétaires et financières de grande ampleur, de réduire, le cas échéant, la contagion des turbulences et aussi d'atténuer leurs conséquences sociales.

L'argument des économistes néo-classiques contre cette proposition n'est pas sans valeur. L'existence d'une telle institution favoriserait encore davantage de laxisme des investisseurs ou des

1. « Globalization : European Perspective », étude préparée par la Commission économique des Nations unies pour l'Europe pour la Xe CNUCED (UN/ECE, janvier 2000).

spéculateurs, donnant aux créanciers imprudents une nouvelle assurance d'être remboursés. De toute façon, les pays du G7, de concert avec le FMI et la Banque mondiale, fonctionnent de fait comme des prêteurs en dernier ressort, ainsi que le montrent les mesures qu'ils ont prises pour juguler les crises financières récentes, des turbulences mexicaines en 1995 à celles des pays d'Asie en 1998 au cours desquelles des dizaines de milliards de dollars ont été mobilisées en peu de temps [1]. Dans les circonstances actuelles, une institution ayant les capacités de jouer le rôle de banque centrale supranationale serait nécessairement sous le contrôle des États-Unis et un instrument de leur hégémonie.

La création d'une nouvelle autorité monétaire internationale, disposant de moyens de surveillance et d'intervention plus importants que ceux du FMI, moins directement soumise à l'influence de ses principaux bailleurs de fonds, serait néanmoins souhaitable à l'avenir. Cette institution pourrait reprendre à son compte les conceptions initiales de John Maynard Keynes sur des mécanismes d'ajustement structurel, afin qu'ils n'affectent pas exclusivement les pays déficitaires [2]. Elle devrait être capable de surveiller les politiques macroéconomiques des États et les règles prudentielles des institutions financières privées. Elle disposerait aussi des réserves suffisantes pour enrayer le développement de certaines crises financières et monétaires irrationnelles. Cette autorité serait donc chargée de contrôler les flux de capitaux à court terme ; elle serait également dotée de moyens adéquats pour assurer aux pays pauvres des flux d'investissement réguliers. Ses ressources et ses fonctions de régulation pourraient être liées à la gestion d'un système de taxation internationale.

Dans l'immédiat, on pourrait souhaiter que le FMI élargisse sa mission et qu'il cesse de se préoccuper exclusivement de la stabilisation des marchés financiers et de la lutte contre l'inflation pour assumer des objectifs plus larges, tels que le développement durable et l'emploi. Dans cette logique, les programmes de stabilisation et d'ajustement structurel qu'il recommanderait aux

1. Kenneth Rogoff, « International Institutions for Reducing Global Financial Instability », *Journal of Economic Perspectives*, 13, automne 1999.

2. Norman Girvan, « A Perspective from the South », *New Political Economy*, 4 (3), 1999, p. 415-419.

gouvernements confrontés à des problèmes de balance des paiements auraient une autre finalité, en tenant compte en particulier des conditions de vie des pays concernés [1]. Il est en effet urgent d'intégrer la politique sociale aux stratégies de développement, car les progrès des pays pauvres ne sauraient être mesurés à l'aune des critères de la libéralisation des échanges et des flux de capitaux ou de l'efficience de leur marché dans la concurrence mondiale.

Il faudrait en outre accélérer la recherche de solutions au phénomène de l'endettement massif des pays les plus pauvres. Le PNUD propose de lier les programmes nationaux de lutte contre la pauvreté à des stratégies internationales visant à réduire leur endettement extérieur et à promouvoir leurs exportations, ce qui implique d'agir pour « rendre les règles du jeu international plus équitables [2] ». Dans cette perspective, il serait nécessaire d'accélérer la révision des règles et des pratiques contribuant à freiner les exportations des pays en développement vers ceux de l'OCDE et la dégradation de leurs termes de l'échange.

Le PNUD et de nombreuses ONG ont suggéré de surcroît la mise sur pied d'un fonds d'investissement mondial ayant pour fonction principale d'aider les pays pauvres, et dont les ressources seraient obtenues sur la base de nouvelles formes de taxation internationale, sur les transactions en devises par exemple. L'économiste américain James Tobin, prix Nobel d'économie, a proposé une taxe internationale de 0,05 % sur ces transactions, qui aurait pour effet de diminuer la spéculation sur les monnaies, et par conséquent les fluctuations de change et même les taux d'intérêt, sans pénaliser les opérations commerciales et les investissements productifs [3]. Un certain contrôle des mouvements de capitaux à court terme a de nombreux partisans. Si les pays européens et le Japon sont en faveur d'une certaine régulation financière, les États-Unis s'opposent actuellement à tout mécanisme international susceptible d'endiguer ces flux financiers déstabilisateurs. Mais si le principe de ce fonds spécial était un jour accepté, il resterait à définir les modalités de son

1. Robert A. Blecker, *Taming Global Finance. A Better Architecture for Growth and Equity*, Washington, Economic Policy Institute, 1999, p. 117.

2. PNUD, *Vaincre la pauvreté*, New York, 2000, p. 11.

3. Bruno Jetin, « Contrôler les flux de capitaux, c'est possible ! », dans *Attac contre la dictature des marchés*, Paris, VO éditions, 1999, p. 55-62.

contrôle politique et de ses orientations stratégiques. De toute évidence, il conviendrait d'innover à cet égard, en évitant aussi bien le modèle pseudo-démocratique des Nations unies que celui des institutions de Bretton Woods qui sont dominées par un groupe limité de pays riches.

Les États pourraient aussi prendre des mesures pour empêcher les entreprises transnationales d'échapper à leur emprise fiscale légitime [1]. Ils devraient en outre exiger d'elles qu'elles respectent certains des droits fondamentaux des travailleurs dans leurs filiales à l'étranger [2]. Le PNUD a proposé que l'OMC reçoive un nouveau mandat pour superviser l'activité de ces firmes dont la tendance à la concentration de type monopolistique est une menace pour la concurrence, d'autant qu'elles dominent la production et le commerce mondial [3]. La CNUCED n'encourage pas seulement les pays en voie de développement à assumer une meilleure régulation des mouvements de capitaux et de leur politique de change, mais les pousse à renouer avec des politiques visant à protéger leurs industries naissantes [4].

On évoque, depuis plusieurs années, le projet d'un *Conseil de sécurité économique* où seraient débattues, au niveau ministériel, les grandes questions de la coopération économique internationale. Ce Conseil pourrait définir des stratégies de *développement durable*, tout en s'employant à coordonner les activités des organisations spécialisées des Nations unies, des institutions de Bretton Woods et de l'OMC. Il pourrait également avoir pour fonction de dénoncer, voire de sanctionner, des entreprises et des gouvernements coupables de violations massives des droits de l'homme et d'atteintes particulièrement flagrantes aux dispositions fondamentales de l'OIT.

Pour l'instant, les réformes institutionnelles d'envergure au niveau international semblent encore lointaines. Les organisations internationales assument leur fonction de régulation d'une

1. Dani Rodrik, « Negotiating an international convention to restrict international firms'ability to evade taxation via foreign investment would constitute a more ambitious effort, but one that would have a greater chance of making a difference. » (*Op. cit.*, p. 81.)

2. Bod Deacon, *Global Social Policy. International Organizations and the Future of Welfare*, Londres, Sage Publications, 1997, p. 204.

3. *Rapport mondial sur le développement humain 1999*, Paris, De Boeck & Larcier, 1999, p. 110 et suiv.

4. UNCTAD, *Trade and Development Report, 1999*, Genève, 1999.

manière qui reflète des rapports de puissance et d'hégémonie politiques. Il est peu vraisemblable que les États-Unis acceptent d'abandonner leur prépondérance au sein des institutions financières internationales, aussi longtemps qu'ils tireront des bénéfices aussi substantiels de leur suprématie monétaire et financière et qu'aucune crise systémique majeure n'ébranlera leur avantage économique et politique.

De toute manière, la réforme et les changements d'orientation des institutions internationales ne surgiront pas de propositions normatives abstraites, mais refléteront l'apparition de configurations idéologiques et politiques différentes de celles qui ont dominé le système capitaliste depuis les années 1980. Ces transformations institutionnelles découleront vraisemblablement de nouvelles turbulences financières et des conflits engendrés par l'expansion anarchique de la mondialisation. Elles impliqueront un changement de paradigme économique.

On voit en effet se développer un peu partout différentes formes de contestation politique contre l'emprise exagérée et non maîtrisée du marché. Elles prennent consistance dans le nouvel espace public transnational qui s'élargit en tirant parti de la mondialisation. Les sociétés européennes semblent en particulier toujours plus réfractaires aux excès du modèle libéral américain et manifestent de diverses manières leur refus des « contraintes » de la mondialisation. Ces protestations trouvent leur légitimité et leur audience dans l'idée que les États doivent garder une certaine maîtrise de leur destinée et que les mécanismes et procédures de la démocratie ne sont pas obsolètes. Il devient de plus en plus évident que la croissance économique, dont le principe est la quête individuelle de profit matériel, ne saurait constituer un principe d'organisation politique et sociale durable. Le développement doit avoir d'autres finalités, surtout si ce projet se veut compatible avec la protection de l'environnement.

Les espaces et les régimes de souveraineté ne sont pas immuables. Dans les années 1950, les pays industrialisés ont accepté de perdre une part de leur autonomie en matière de défense pour renforcer leur sécurité. En outre, les pays membres de la Communauté européenne ont renoncé progressivement à poursuivre des politiques commerciales et monétaires indépendantes pour relever leur niveau de vie. Dans la mesure où ces politiques d'intégration jouissaient d'un soutien populaire et qu'elles étaient assumées dans le cadre de régimes démocratiques, elles ne furent pas appréhendées comme un abandon de souveraineté, puisqu'elles tendaient à renforcer les droits des citoyens des États membres. On voit aujourd'hui s'affirmer, dans le cadre de l'Union européenne, des formes institutionnelles et politiques hybrides qui pourraient un jour déboucher sur une nouvelle fédération. Ce projet politique pourrait toutefois échouer si les dirigeants de l'Union s'avéraient incapables d'instaurer des institutions protégeant leurs citoyens, en particulier leurs droits économiques, sociaux et culturels.

Quelle que soit l'évolution de l'Europe, il est vraisemblable que les États resteront encore longtemps les principales instances d'intégration politique et sociale. Il n'existe en effet pas d'autre source d'autorité pour maintenir la cohésion des sociétés, pour arbitrer ou atténuer leurs conflits internes, pour maîtriser la dynamique des marchés, pour procéder à une redistribution des richesses par le biais de la fiscalité, pour assurer la protection des groupes vulnérables, pour maintenir des infrastructures favorables à la production, aux échanges et à la répartition de biens et de services, pour empêcher aussi la dégradation de l'environnement.

Une chose est sûre : il ne peut pas exister d'ordre politique dans un monde où les gouvernements doivent se plier aux intérêts des entreprises transnationales ou aux contraintes erratiques des mouvements de capitaux spéculatifs. Il n'est pas non plus de sécurité politique lorsque les conditions les plus élémentaires de l'équité, de la justice et de l'intégration sociale ne sont pas respectées, lorsque la compétition débridée entre les acteurs économiques, la frénésie d'enrichissement individuel et la soif de consommation sapent les valeurs de solidarité et contribuent à la dégradation rapide de l'environnement. Pour pallier le déficit de régulation sociale inhérent à cette dynamique de la mondialisation, les gouvernements devront en conséquence renforcer leur coopération internationale et créer de nouveaux mécanismes institutionnels afin de se réapproprier les attributs d'une souveraineté garantissant les droits et la liberté de leurs citoyens. Ils devront inventer en même temps de nouveaux mécanismes de contrôle des organisations internationales.

Pierre de SENARCLENS

*CHAPITRE 2*

# LA RÉGULATION SOCIALE AU-DELÀ DE LA SOUVERAINETÉ DES ÉTATS

Le concept de régulation est par définition étranger à la théorie classique des relations internationales. Dans une vision réaliste pure, il est vrai aujourd'hui minoritaire, mais longtemps dominante, la scène internationale n'était que le lieu de rencontre d'États souverains, en situation de perpétuelle rivalité, voire de conflit permanent. La recherche d'un équilibre précaire de puissances s'imposait comme la seule régulation envisageable. Il est important de rappeler que deux facteurs privilégiés ébranlèrent peu à peu cette construction classique : des éléments de nature doctrinale et normative qui, à travers notamment le wilsonisme, proclamaient la finalité morale d'un ordre international au service de l'humanité ; des éléments de nature matérielle, tenant à la transformation du monde, au progrès de l'interpénétration des États et des économies, à la découverte empirique des bienfaits pratiques de la solidarité, et donc de l'utilité pour les États de concevoir leur action en fonction de biens communs à promouvoir, par-delà les souverainetés nationales. C'est bien dans cet esprit qu'a été créée l'OIT dont la naissance, aux lendemains de la première guerre mondiale, atteste bien l'extension rapide des biens communs de l'humanité à l'ensemble des domaines de la vie sociale, y compris ceux qui n'apparaissent pas derechef comme des fondements impératifs d'un ordre international de pacification interétatique.

C'est pourtant le multilatéralisme forgé aux lendemains de la seconde guerre mondiale qui marqua avec le plus d'éclat la véritable amorce de l'idée de régulation internationale. L'initiative venait du principal vainqueur qui lui donna l'essentiel de son inspiration en forçant certains traits de sa pré-histoire : le wilsonisme revenait, mais plus chargé que jamais des présupposés libéraux ; quant à l'interpénétration des États, plus vraie que jamais à mesure que se dessinait la mondialisation, elle était d'abord économique et ne devait se traduire par aucune cession de souveraineté qui aurait pu mettre à mal la superpuissance naissante. Aussi les institutions qui dérivèrent de cette construction, à l'instar de celles de Bretton Woods et du GATT, comme de la constellation onusienne, se voulurent-elles d'abord intergouvernementales, conférant une place décisive à la puissance, faite en même temps de pouvoirs de blocage et de contrôle, assimilant la régulation à la définition institutionnelle et négociée d'un ordre international de paix, de stabilité et d'un libre-échange qui se devait conforme aux intérêts des plus puissants [1].

On admettra que, conformément à cette vision, la régulation sociale se fît discrète. Ingérence ou aide sollicitée, elle n'apparaissait pas au nombre des priorités affichées, mais tout semblait favoriser son exclusion : les souverainetés étaient suffisamment réaffirmées pour que les États frappés de retard en ce domaine ne fussent pas inquiétés, tandis que le libéralisme triomphant s'accommodait mal de cette référence. Ni le GATT, ni son successeur, l'OMC, ne reprirent les dispositions relatives au droit social qui apparaissaient dans la charte de La Havane, dont les États-Unis précisément ne voulurent pas. Quant au FMI et à la Banque mondiale, ils n'eurent de cesse, en s'emparant des questions de développement, d'affirmer une politique d'intervention qui se traduisit d'abord par des plans d'ajustement socialement ravageurs. Nul ne s'étonnera, en résumé, qu'en dehors même des références idéologiques au libéralisme, les modes de régulation

1. Sur la problématique globale de la régulation en relations internationales, voir notamment, J. Rosenau, E. Czempiel, *Governance without Government*, Cambridge, Cambridge University Press, 1992 ; P. Diehl (ed.), *The Politics of Global Governance : International Organizations in an Interdependent World*, Boulder (Col.), Lynne Rienner, 1997. Sur les aspects précisément sociaux, Y. Moreau et al. (dir.), *La régulation sociale : le rôle des organisations européennes et internationales*, Institut d'études politiques de Paris, 1997.

interétatique s'exercèrent presque mécaniquement au détriment des considérations sociales : tour à tour instrumentalisées à des fins protectionnistes ou de dumping social, sacrifiées à l'urgence de construire une « économie mondiale », les questions sociales restaient le perpétuel otage d'un ordre de souveraineté et de domination.

Les choses pourtant tendent à changer : la Banque mondiale ne cesse de réévaluer la part du social dans son action ; l'OMC commence à être saisie de questions sociales ; de grandes conférences onusiennes viennent à s'en emparer, à l'instar de la conférence de Copenhague sur le développement social, celle du Caire sur la démographie, de Pékin sur les droits de la femme, d'Istanbul sur l'habitat. Derrière ces mutations, une triple constatation s'impose : l'interétatique est harcelé par la construction progressive d'un espace public international qui retire aux États le monopole des agendas ; les logiques d'interpénétration accèdent à un seuil nouveau d'intensité ; les États modifient leur jeu en trouvant aussi des avantages à faire du social un enjeu international.

L'espace public international reproduit, d'une certaine manière, l'histoire qu'Habermas avait analysée pour rendre compte de la constitution d'espaces publics nationaux qui firent peu à peu contrepoids à l'absolutisme [1]. Le sociologue allemand montrait comment des formes plus intenses de communication favorisaient l'essor de débats qui enlevaient en même temps aux souverains absolus le monopole de la connaissance et de la définition des enjeux : l'avènement d'une vie politique nationale trouvait aussi sa source dans cette œuvre de publicité qui disséminait la fonction politique parmi des acteurs de plus en plus divers et nombreux. La comparaison avec l'ordre international contemporain fait sens : la mondialisation favorise en même temps le développement de la communication, la libération des acteurs sociaux du contrôle étatique, leur fonctionnement en réseau, l'échange actif (à leur initiative) ou passif (par le truchement des médias) d'informations de plus en plus nourries, leur faculté de débattre de l'ensemble des questions qui les concernent sur une scène mondialisée. Dans ce contexte, les ONG se font de plus en plus actives, dans la conduite notamment d'actions visant à

1. Jürgen A. Habermas, *L'espace public*, Paris, Payot, 1978.

dénoncer les manquements les plus graves à la justice sociale, puis à appeler éventuellement à des actions de boycott. Le rôle des médias est loin d'être négligeable : de même qu'il n'y a plus d'intimité souveraine pour les dictateurs cédant aux formes les plus violentes de répression, le travail des enfants, le traitement inégal réservé aux femmes, l'atteinte aux libertés syndicales les plus élémentaires ont des chances fortes d'acquérir la visibilité qui en fera un thème de discussion non plus seulement (ni principalement) dans le cadre feutré des chancelleries, mais aussi entre de nombreux acteurs privés et jusqu'à l'opinion publique internationale. C'est dans ce contexte que le nombre des ONG transnationales a été multiplié par dix depuis 1960 et que les pays en développement voient proliférer le nombre de leurs organisations nationales qui s'intègrent à leur tour dans des réseaux transnationaux [1].

On se gardera certes de toute conclusion hâtive. Nombre de ces ONG disposent de ressources faibles, tandis que d'autres, plus puissantes, s'inscrivent dans le prolongement – direct ou caché – d'États dont elles relayent bien souvent les choix politiques ou les orientations de puissance. Si d'autres accèdent, en revanche, à une autonomie réelle, force est d'admettre que, par le biais de ces nouveaux acteurs, la politique internationale change cependant de style et surtout fait naître des lieux et des intérêts nouveaux, des besoins réels de se distinguer des logiques d'État afin d'exister et de pouvoir s'affirmer. Cette innovation pèse sur la scène internationale, en modifie les agendas et les modes d'énonciation : elle suscite des espaces nouveaux d'expression et de débat. Pour subsister ou prospérer, les ONG doivent impliquer davantage la société civile mondiale, ses intérêts pluriels, voire catégoriels, dans le système international. En bref, elles sont l'interface entre la politique des États et l'espace public international, comme l'étaient autrefois les associations, clubs, ancêtres de partis et de syndicats lorsque chancelait l'État absolutiste.

L'OMC elle-même a dû en tenir compte : à l'instar d'autres organisations internationales, elle a été progressivement conduite à considérer ces nouveaux acteurs. Les ONG furent ainsi présentes lors de la conférence tenue à Singapour en décembre 1996 pour discuter de la clause sociale. Près de huit

1. J.A. Scholte, R. O'Brien, M. Williams, « The WTO and Civil Society », *CSRG Working Paper*, Warwick, 14, 1998, p. 4.

cents étaient représentées à Seattle (novembre 1999), tandis que se déployait un mouvement social transnational sans précédent qui démontrait qu'une négociation internationale de cette nature ne pouvait pas isoler le jeu politico-diplomatique de ses substrats sociaux. Comme institution, l'OMC apportait ainsi la preuve qu'elle ne pouvait pas fonctionner hors de l'espace public international. Les confédérations syndicales, comme la Confédération internationale des syndicats libres ou la Confédération syndicale mondiale, exercent une pression constante sur l'OMC pour qu'elle intègre les principales conventions édictées par l'OIT : le rapprochement entre les deux organisations internationales va d'ailleurs, comme nous le verrons, en se concrétisant. Il convient également de mentionner le rôle croissant des ONG qui se consacrent au développement et qui, à l'instar d'Oxfam, mènent une campagne soutenue pour réformer l'OMC : la création d'un Comité pour le commerce et le développement, au sein même de celle-ci, suggère que les activités de pression n'ont pas été totalement inefficaces... Des organisations de défense des droits de l'homme, comme Solidar, et des institutions spécialisées dans le développement, comme IBASE ou l'Institut Nord-Sud d'Ottawa ont agi dans le même sens [1].

À ce premier niveau, se dessine ainsi un modèle bien connu qui reproduit, à l'échelle internationale, l'opposition entre le public et le privé ainsi que la dualité entre l'État et la société civile. La régulation sociale internationale serait alors comme le résultat d'une œuvre de pression dont l'efficacité serait pourtant limitée par la modicité des ressources dont disposent les acteurs privés transnationaux : ceux-ci sont dépourvus en même temps du vote, des instruments les plus courants de l'activité de pression exercée sur les gouvernements nationaux (grève, manifestation...), des modes institutionnalisés de représentation ; en outre, ils ne jouissent pas d'une présence suffisante au sein des différentes organisations internationales encore fortement dominées par le dogme souverainiste.

En fait, la puissance de cet espace public international dépend, pour beaucoup, de sa fonctionnalité : il s'impose de plus en plus comme un élément régulateur de l'interpénétration croissante entre les économies et les sociétés et donc de l'interdé-

1. *Ibid.*, p. 10.

pendance entre les États. Nous sommes dans un monde où l'intégration minimale des économies est recherchée à peu près par tous, si on en juge par la façon dont le Tiers Monde a évolué du souverainisme sourcilleux de Bandoeng au discours du droit à l'aide de la Charte des 77, par l'insistance de la Chine à frapper à la porte de l'OMC et par celle de la Russie d'obtenir la manne du FMI. Quel qu'en soit le substrat hégémonique, ces comportements de plus en plus rétifs à l'autarcie et aux choix nationaux débouchent clairement sur l'obligation de se ressembler au moins partiellement. Ce que la pression frontale n'obtient pas de façon sûre, les logiques de mimétisme et de « frottement » tendent à l'acquérir de manière au moins progressive. Ce processus d'amalgame préféré à la contrainte s'apparente déjà à la méthode suivie par l'OIT pour universaliser progressivement des régimes de droit social par le biais des conventions. Dans la conduite de cette œuvre, la constitution d'un espace de débat et de publicité joue évidemment un rôle de catalyseur. Le droit et la norme, négociés et sanctionnés par les États, s'effacent ainsi devant des modes de régulation plus informels.

Mimétisme et « frottement » correspondent à des processus sociaux simples, voire élémentaires, que la sociologie des relations internationales a déjà intégrés dans ses analyses. Le XIX$^{e}$ siècle a jadis révélé comment le modèle du puissant était presque inévitablement intégré par le plus faible, voire le vaincu. Tour à tour, la technologie, la bureaucratie, puis le droit forgés en Occident ont été adoptés par l'Empire ottoman, par l'Égypte qui était à ses marges, par la Perse, par l'Inde à la faveur de la colonisation, par le Japon du Meiji et, plus tard, par la Chine, surtout celle du Kuomintang, sans compter l'Amérique latine, il est vrai culturellement et socialement moins éloignée. Ces emprunts étaient certes souvent formels, reconstruits et n'ont que très imparfaitement et très partiellement reproduit le droit social qui, peu à peu, prenait forme sur le Vieux Continent. Cette œuvre, qui connut une nouvelle étape décisive avec la décolonisation, a néanmoins contribué à poser aussi, par le biais de la mondialisation, les bases d'un universalisme minimal qui intègre dans sa toile les idées de droit social, de syndicat, de mouvement social, de grève… En même temps, chacun sait que ce mimétisme était sélectif et intégré dans une chaîne de pouvoirs qui, en amont, le soumettait à la puissance hégémonique et, en aval, à un État autoritaire qui, notamment par le biais du syndicalisme officiel qu'il contrôlait, en faisait un instrument d'autoritarisme. Cette histoire n'est pas finie et pérennise fort bien son équivoque [1].

Les logiques de *frottement* sont d'une nature quelque peu différente : il ne s'agit pas tant d'imiter, par une démarche sélective et volontaire, que de s'ajuster à un modèle avec lequel on coexiste et auquel on est plus ou moins « condamné » à s'intégrer en respectant donc une logique implicite de puissance. On pressent qu'ici le paradigme souverainiste tend à régresser davantage pour laisser la place à la mécanique d'intégration ou de « socialisation aux normes internationales [2] ». La grave crise sociale que connut la Corée du Sud entre décembre 1996 et le printemps suivant en est une illustration exemplaire. On sait que le 26 décembre, à l'aube, et en dix minutes, fut votée une série de lois bousculant certains privilèges syndicaux, facilitant les licenciements, introduisant la flexibilité du travail et restreignant le droit de grève. Rien n'y fit : des grèves très dures, des manifestations violentes tournant à l'émeute, la dénonciation forte d'une répression plus que musclée. Pourtant, la république de Corée avait adhéré à l'OCDE deux mois auparavant ; il a suffi à celle-ci de considérer publiquement, en s'appuyant sur les recommandations de l'OIT, que ce dispositif législatif « ne répondait pas pleinement aux engagements sociaux » pris par le nouveau venu pour que le gouvernement batte en retraite et révise en profondeur la loi votée. Les processus d'intégration régionale sont familiers de ces pratiques, tant au moment où se négocient les adhésions nouvelles, à l'instar des fameux « critères de convergence » propres à l'Union européenne, que dans la quotidienneté de la coexistence, où on parlera plus volontiers d'« harmonisation ». Le phénomène n'est ni essentiellement ni même prioritairement institutionnel : il répond à cette double mécanique qui aligne le modèle du plus faible sur celui du plus fort et qui confère aux acteurs de la société la moins bien dotée les ressources symboliques leur permettant de revendiquer avec succès des avantages nouveaux. Les réformes socio-économiques dans les PECO, l'essor d'un mouvement syndical respecté dans

1. Voir Bertrand Badie, *L'État importé*, Paris, Fayard, 1992.
2. Voir T. Risse, K. Sikkimk, *The Socialization of International Human Rights Norms into Domestic Practices : Introduction*, Cambridge, Cambridge University Press, 1999.

certains pays d'Asie de l'après-crise s'inscrivent, semble-t-il, dans cette perspective.

Celle-ci a évidemment ses limites : ces logiques de « frottement » dessinent des zones d'intégration qui restent limitées et circonscrites aux économies les plus avancées. La régulation sociale qui s'y opère reste ainsi sélective, même si son effet d'entraînement ne saurait être négligé. À un niveau mondial, l'épisode de la clause sociale de l'OMC en montre la complexité et même, d'un certain point de vue, la perversité. L'effet de frottement apparaît clairement en première lecture : ses défenseurs affirment avec véhémence que le commerce international ne saurait s'accommoder du décalage qui sépare le droit social des économies occidentales de celui, embryonnaire, laxiste et très peu protecteur, des économies émergentes ; en aucun cas, un avantage commercial ne saurait dériver d'une exploitation de l'homme : le dumping social ne doit pas être récompensé. Le zèle dont firent preuve les États-Unis pour défendre ce projet a pu cependant paraître suspect, surtout lorsqu'on sait qu'ils n'étaient soutenus pratiquement que par des pays à économie développée. La sainte alliance qui réunit, dans le même camp, les délégations américaine et européenne, le patronat et les syndicats (dont la CGT) ne peut que troubler. Les arguments de la coalition opposée n'étaient pas négligeables, faisant valoir, pêle-mêle, les avantages unilatéraux que le plus puissant pouvait retirer de cette amorce de régulation sociale, et un passé plus ou moins lointain, au cours duquel les puissances d'aujourd'hui avaient construit leur décollage économique sur un droit social rudimentaire. Cuba, l'Inde, le Brésil et Singapour firent ainsi usage de l'argument souverainiste pour l'opposer à une mondialisation servant les intérêts des plus forts : l'alliance était tout aussi hétérogène que celle qui lui faisait face, conduisant à une dénonciation plus ou moins explicite, mais unanime, des prétentions impérialistes de la superpuissance.

Cet épisode appelle deux remarques. Il révèle d'abord l'ambiguïté des logiques de « frottement » comme mode de régulation sociale. D'une part, parce qu'on ne peut pas les dissocier du jeu temporel qui se prolonge aussi de considérations historiques et culturelles : l'universalisation du droit social heurte de plein fouet tout ce que la sociologie juridique nous a appris sur la création de la norme et sa réception par les acteurs sociaux. L'aporie de cette forme de régulation sociale ne fait que reproduire les illusions nourries naguère sur l'universalisation de la démocratie occidentale et sur les dogmes naïfs de la « transitologie ». D'autre part, parce que le « frottement » lui-même n'est pas neutre et s'inscrit clairement dans une logique de domination. On peut plaider que la « ficelle » de la clause sociale était un peu trop grosse, mais, sans tomber dans les errements du développementalisme et, d'une certaine manière, du néo-libéralisme, il faut bien admettre que la projection non contrôlée d'institutions et de pratiques sociales exogènes sur des sociétés qui leur étaient étrangères crée des désordres qui régalent les rivaux les plus forts. Cette évidence conduit à une autre : ce type de régulation sociale suppose la médiation d'acteurs stratèges, du moins si on exclut la vieille hypothèse de la « main invisible ». L'ordre international contemporain confère aux États, directement, ou par l'intermédiaire des organisations internationales que contrôlent les plus puissants d'entre eux, l'essentiel de cette fonction médiatrice, du moins lorsqu'il s'agit d'action institutionnelle. On peut difficilement envisager que, dans ces situations, les États se fassent le bras séculier et impartial d'une justice internationale redistributive. Très clairement, un décalage fort vient séparer les fonctions redistributives de l'État au plan national, de celles qu'il prétend exercer sur la scène internationale. Même si la thèse d'un État agissant chez lui au nom de l'intérêt général est quelque peu naïve, force est d'admettre l'intérêt de tout gouvernant à agir pour promouvoir un ordre social intérieur dont la justice serait la garantie de sa stabilité et de sa légitimité. En action sur le plan international, l'État est conduit à se comporter en fonction de paramètres d'une autre nature : sa légitimité et sa capacité dépendent d'abord de sa propension à fournir à sa propre communauté nationale des avantages unilatéraux. L'ordre social international est aujourd'hui encore trop illusoire ou idéologique pour qu'il en fasse un référent privilégié de son action. Ainsi la médiation souverainiste vient-elle neutraliser, déformer ou bloquer tout progrès substantiel de la régulation sociale internationale.

Dans ces conditions, celle-ci devient solidaire des énonciations post-souverainistes. Deux scénarios peuvent alors se dessiner. L'un, minimal, nous ramène à l'espace public international et dessine les conditions d'un bricolage mêlant action publique et action privée pour construire les éléments minimaux d'une régulation épisodique ou partielle. L'autre, plus ambitieux, dérive d'un changement de lecture de la notion d'ordre international par les États ou, du moins, de la certitude acquise que les progrès de l'ordre social interne sont indissociables d'un ordre social international. On se rapproche alors d'une problématique de la responsabilité.

Le premier scénario se retrouve au fil des actions contemporaines. À l'initiative des acteurs privés, il se traduit par des campagnes de médiatisation, des enquêtes, des activités de plus en plus nombreuses de dénonciation, de boycott, d'information du public débouchant parfois sur des pratiques de labellisation des produits fabriqués dans des conditions qui défient les exigences élémentaires du droit social. Autant d'œuvres qui relèvent effectivement du jeu banal de tout espace public, mêlant activement publicité et débats. Portée par des réseaux d'ONG humanitaires, d'associations de consommateurs, de syndicats, parfois aussi de collectivités locales, cette entreprise acquiert ainsi un minimum de récurrence, voire d'efficacité et de crédibilité. Elle est relayée aussi par le jeu complexe des acteurs publics, et notamment des États qui sont amenés, directement ou indirectement, à intégrer ces séquences de régulation sociale dans leur jeu propre. La clause sociale en était un bon exemple : la contre-offensive de ceux qui lui étaient hostiles en est un autre, encore plus édifiant, lorsqu'on sait que, pour tenir l'OMC à l'écart de toute prétention régulatrice des relations du travail, ils affichèrent un soutien actif à l'OIT qu'ils avaient jusque-là tendance à ignorer ou à dénigrer. À l'instar aussi de l'appel plus ou moins explicite que lancèrent plusieurs États de l'Asie du Sud-Est à cette même organisation pour les aider à contenir le vent de contestation faisant suite à la grave crise de 1997. Les organisations internationales elles-mêmes, dans ce jeu complexe d'interactions, sont amenées à s'inscrire dans le même mouvement : le succès du concept de bonne gouvernance traduit la prise de conscience de l'inéluctable intégration des paramètres sociaux dans la réussite d'une politique de développement. La réorientation de l'action de la Banque mondiale en témoigne clairement, notamment dans les sociétés meurtries par la guerre, comme le Mozambique ou l'Éthiopie pour lesquels fut mis en place un programme assez réussi de « démobilisation et réintégration ». La même évolution se retrouve avec le PNUD, convertissant peu à peu le concept d'*institution-building* en celui d'*institution-strengthening* pour parvenir à celui d'*institutional development* qui intègre explicitement les paramètres sociaux, rendant clairement la conviction à laquelle sont parvenues les organisations internationales qu'aucun développement ne saurait être promu s'il n'est bâti sur un socle de progrès social.

Ces évolutions réelles ne méritent ni l'indifférence ni l'émerveillement. Elles traduisent déjà une tendance, une réévaluation sensible des enjeux sociaux sur la scène internationale : alors qu'il serait naïf de les attribuer à l'essor de sentiments philanthropiques parmi les décideurs internationaux, on peut les interpréter comme des effets d'ajustement faisant suite à des expériences négatives et à des effets de composition de microstratégies intégrant de plus en plus la demande sociale dans les politiques de développement. Les « États périphériques » eux-mêmes, rompus aux pratiques des dépenses somptuaires et du patrimonialisme, donnant naguère la préférence aux dépenses d'équipement lourd et de prestige, découvrent, surtout avec l'urbanisation croissante, qu'un minimum d'action sociale devient la garantie incontournable de leur stabilité mise à rude épreuve par les plans d'ajustement les plus brutaux et les « émeutes FMI » qui en dérivaient...

Il faut pourtant bien admettre que tous ces effets jouent à la marge. Là où leurs résultats sont les plus probants, on a généralement affaire à des opérations de sauvetage, plus proches de l'action humanitaire que de la régulation sociale. Ailleurs, les effets sont davantage incrémentaux que l'expression d'un système intégré de régulation sociale. En fait, dans ce scénario « bricolage », trois caractéristiques viennent à émerger. Le jeu de l'espace public en formation peut être apprécié comme un moyen de contenir les excès unilatéraux, privant l'intimité souveraine de toute impunité. Sur les questions sociales, comme à propos des droits de l'homme, les États et les princes qui les dirigent ne peuvent plus se livrer à n'importe quelle pratique sans risquer d'être dénoncés, stigmatisés, voire obligés de s'amender. L'attitude contrevenante reste certes possible, mais devient plus coûteuse, surtout pour les États faibles : c'est cette modification du rapport coût/gain qui s'impose ainsi comme la réalisation la plus probante de ce nouveau climat international. Le choix individualiste, en devenant onéreux, perd de son attraction.

Par ailleurs, ces processus interactifs créent, par leur complexité, une situation de lissage minimal (certes le minimum est très bas) qui s'impose comme la condition élémentaire de toute gouvernance. Se crée ainsi en quelque sorte le seuil de « mauvaise conscience » de la communauté internationale que les tableaux de PNUD (indice de « développement humain ») et l'information délivrée par les ONG tendent à mettre en évidence et à diffuser, organisant notamment les débats au sein de l'espace public international.

Enfin et surtout, apparaît le caractère quelque peu chaotique ou, du moins, composite de l'ensemble de ces actions. Provenant, d'une part, d'un espace public international dont nul ne coordonne l'action et, d'autre part, des stratégies de réponse des États et des organisations internationales, l'œuvre de régulation sociale apparaît davantage comme l'addition de microstratégies ou de « petites décisions », que comme l'effet d'un plan d'ensemble qui n'existe aujourd'hui, à la rigueur, que sous une forme purement verbale. Ce caractère chaotique tient en particulier sinon à l'incapacité, du moins au malaise des États face au besoin de coordonner leurs actions avec celles des acteurs privés et de penser également une œuvre de régulation qui soit partiellement privatisée [1].

Ce besoin d'ordre est au fondement même d'une attitude nouvelle de la part des États, atténuant ou équilibrant le sacro-saint principe de souveraineté par celui de responsabilité. Au premier qui postule que les États disposent de la puissance ultime et qui articule donc celle-ci à la satisfaction des intérêts nationaux, s'oppose de façon de plus en plus courante l'hypothèse que les États sont contraints par une obligation à l'égard de la communauté internationale dans son ensemble. À première vue, ce glissement peut correspondre à une vision morale, à une option normative qui relèveraient de certaines rhétoriques sans pour autant engager à une sociologie des pratiques internationales. Discours certes abondamment présent dans les manifestes humanistes, fort prisé par les ONG ainsi que par de nombreux mouvements d'inspiration religieuse, la référence à la responsabilité tient néanmoins sa crédibilité d'une découverte empirique progressivement effectuée par les États eux-mêmes : l'intérêt de chaque partie est, dans un contexte de mondialisation, de plus en plus dépendant de la stabilité de l'ordre global et, partant, de la pro-

---

1. Sur le rôle des ONG, voir T. Weiss, L. Gordenker (eds), *NGOs, the United Nations and Global Governance*, Boulder (Col.), Lynne Rienner, 1996.

motion des biens communs de l'humanité, ceux-là mêmes dont chacun est dépositaire pour la survie de tous. La conférence de Copenhague sur le développement social présentait celui-ci en même temps comme une « responsabilité nationale » et comme un objectif qui ne pouvait pas être atteint sans « l'engagement et les efforts collectifs de la communauté internationale ». On y affirmait alors, entre autres buts, « l'élimination de la pauvreté », « le droit au plein emploi », à « l'intégration », à « l'égalité entre hommes et femmes », à « l'accès à l'éducation », au « développement économique » [1].

Même si les bonnes résolutions l'ont emporté sur les actions concrètes, la conférence de Copenhague, comme celle d'Istanbul sur l'habitat ou celle de Pékin sur les droits de la femme révèlent des changements d'attitude de la part des États qui non seulement affichent une restriction de leur souveraineté (que certains États du Tiers Monde acceptent difficilement), mais la doublent d'un accueil explicitement réservé aux ONG et aux collectivités locales dont ils recherchent la coopération pour promouvoir efficacement un nouvel ordre social. À ce titre, il s'agit bien d'une double reconnaissance d'une société civile qui se mondialise et dont les États se tiennent pour partiellement responsables. À la base, c'est la perspective hobbesienne qui se trouve renversée, par l'hypothèse empiriquement démontrée que la sécurité intérieure n'est plus dissociable de la sécurité extérieure, et que celle-ci n'est plus intégralement dépendante du bon usage de la force et donc du recours à la puissance militaire [2]. En ce sens, les principes fondateurs du multilatéralisme classique se trouvent bousculés : d'un rapport entre États, on glisse vers une conception plus inclusive que rend bien l'idée de gouvernance en intégrant des acteurs privés de plus en plus nombreux et diversifiés ; d'un ordre fondé sur la coopération multilatérale institutionnalisée, on glisse vers des pratiques plus empiriques construites en fonction de l'évolution des enjeux, de la volonté et de la capacité d'y faire face. D'où le succès des grandes conférences thématiques, d'où aussi le rôle pilote exercé par certaines questions, au premier rang desquelles figure la protection de l'environnement.

1. Voir Y. Daudet (dir.), *Les Nations unies et le développement social international*, Paris, Pedone, 1996.
2. Voir B. Buzan, O. Waever et al., *Identity, Migration and the New Security Agenda in Europe*, Londres, Pinter, 1993.

Le concept de responsabilité, ainsi défini, reste largement infra-juridique. Il n'est, de ce fait, assorti ni de critères stricts, ni de sanction, ni de contrôle [1]. Sa crédibilité tenant aux besoins bien compris des États, ceux-ci tendent à en faire un usage sélectif qui réintroduit au moins partiellement la référence à l'intérêt national. Seul un solide effet d'entraînement est en mesure de faire évoluer l'idée encore floue de responsabilité : l'espace public international y contribue, en jouant le rôle de caisse de résonance, en découvrant les problèmes les plus saillants, en mobilisant l'opinion et en alertant sur les effets de seuil que nous avons définis ; l'entraînement par l'espace public international agit ainsi comme révélateur des enjeux les plus sensibles et donc comme facteur de récurrence de la responsabilité. Mais il est clair que seule une institutionnalisation de celle-ci pourra créer les conditions optimales de son efficacité. Pour l'heure, le principe de responsabilité ne fait que décrire les conditions d'une dissociation croissante et incontournable de la politique internationale d'un État et de sa référence au binôme souveraineté-intérêt national. Ou, plus exactement encore, les conditions d'un abandon fonctionnel des égoïsmes nationaux.

On notera que le terrain social n'est pas le plus favorable à ce jeu. Par rapport au domaine du développement économique, il souffre de plusieurs décennies de retard. Par rapport à celui des droits de l'homme, il pâtit d'un degré inférieur et moins dramatique d'urgence et de médiatisation. Par rapport aux questions d'environnement, il apparaît moins directement porteur de problèmes globaux susceptibles d'engager la survie de l'humanité. C'est pour ces raisons aussi que les effets d'entraînement risquent de demeurer limités et que l'internationalisation des problèmes sociaux tend à donner prise à des manipulations politiques par les États particulièrement vigoureuses.

C'est, au total, une contractualisation de la scène internationale qui pourra seule mettre en place les conditions d'une véritable régulation sociale. À l'instar de cette recomposition de la clause sociale qui pourrait prévoir que les États du Sud devraient modifier et amender leur droit social *à mesure* que se renforcerait leur capacité économique. Cette hypothèse ébauchée pourrait s'étendre à d'autres thèmes et à d'autres secteurs jusqu'à

1. Sur cet usage, voir Bertrand Badie, *Un monde sans souveraineté*, Paris, Fayard, 1999.

conduire à repenser l'idée même de conditionnalité de l'aide. Encore faut-il qu'à la souveraineté des États ne se substitue pas trop vite celle des experts et que soit définie clairement la nature des acteurs qui seraient les parties prenantes et les garants de cette contractualisation.

Bertrand BADIE

*CHAPITRE 3*

# NOUVEAU RÉGIME ÉCONOMIQUE INTERNATIONAL ET DEVENIR DES ÉTATS PROVIDENCE

L'idée que la globalisation économique impose la réorganisation et l'affaiblissement des États providence est presque unanimement partagée par les élites politiques des pays développés comme des pays en voie de développement. Pour la très grande majorité des auteurs, c'est dans l'économique qu'il faut lire la condamnation de l'État providence. L'accélération de la globalisation de l'économie rendrait caduc le rêve d'un État social. Les transformations des États providence seraient de l'ordre de la nécessité [1]. Les experts de l'OCDE, du FMI ou de la Banque mondiale dessinent un portrait négatif des États providence. Le social est devenu une charge pour l'économie et pour la société tout entière. Il mine la compétitivité internationale des nations avancées et constitue un prélèvement inacceptable de richesse. La protection sociale n'est plus la réponse adéquate aux problèmes du monde contemporain, c'est devenu le problème lui-même. En d'autres termes, les États doivent choisir entre le marché libre créateur d'insécurité mais aussi d'emplois, ou le maintien de la protection sociale au détriment

1. L'hebdomadaire *Business Week* titre : « Adieu Welfare State » (en français dans son édition du 25 novembre 1995). De son côté, dans une libre opinion retentissante publiée dans le journal *Le Monde*, le professeur Gary Becker, prix Nobel d'économie, prend à parti les politiques sociales de l'État français qui doivent être reconnues pour ce qu'elles sont « une maladie grave qui affecte dangereusement le marché du travail » (jeudi 28 mars 1996).

de l'emploi [1]. Économiquement, la seule option possible est l'orientation vers un modèle résiduel et libéral d'État providence. Il n'y a d'autres solutions que de démanteler l'État social, de privatiser les activités traditionnelles, d'introduire davantage de flexibilité dans le marché du travail et, par conséquent, d'accepter le développement d'emplois à bas salaires, une augmentation des inégalités de revenus, quitte à constituer un filet de sécurité de protection sociale pour les pauvres assujettis dans le même temps aux obligations de *workfare* [2].

Au nom de la globalisation, économistes et experts internationaux proposent un programme économique et social implacable : des politiques monétaristes anti-inflationnistes, la diminution de la pression fiscale et des charges sociales, une plus grande flexibilité du marché du travail. Sur le versant social, les recommandations ont pour noms : privatisation, ciblage des prestations sociales, association des acteurs publics et privés, amaigrissement de l'État providence, libération des énergies individuelles. Ils affirment finalement que les pays qui se sont engagés dans cette voie ont obtenu des résultats significatifs, tandis que les autres s'enfoncent dans la crise. Les réformes des États providence de ces dernières décennies semblent montrer en effet que les gouvernements, quelle que soit la majorité politique au pouvoir, se montrent dans l'obligation de réduire leur budget social, ou même de s'orienter dans le sens des recommandations d'inspiration néo-libérale. La plupart des pays européens ont entrepris de réduire le niveau des dépenses sociales. Le mode de calcul des prestations (en matière de pensions de retraite par exemple) est moins favorable que par le passé, un grand nombre d'allocations n'est plus accordé que sous condition. Plus encore, des gouvernements travaillistes comme en Australie et en Nouvelle-Zélande, ou des gouvernements sociaux-démocrates comme en Suède et au Danemark, ont adopté nombre de réformes appartenant au répertoire néo-libéral, tandis que la troisième voie, préconisée par Tony Blair puis par Gerhard

1. Du « Welfare without work » pour reprendre les termes de Esping-Andersen dans Gösta Esping-Andersen, *Welfare States in Transition*, Londres, Sage, 1996.

2. Pour une analyse et une évaluation de ces tendances récentes en matière de politique sociale, voir Neil Gilbert (ed.), *Targeting Social Benefits*, New Brunschwig, Transaction Publishers, 2000.

Schröder, consiste à renier l'héritage du passé et propose un nouvel agenda social qui prend en compte les nouvelles réalités internationales. Les réformes de ces dernières décennies mettent en évidence le renoncement aux politiques keynésiennes expansionnistes, l'adoption des politiques économiques d'inspiration monétariste et la réduction des droits sociaux et des droits des salariés. Les faits semblent donc donner raison aux théoriciens de la globalisation.

Néanmoins, l'argument de la globalisation et de l'impossible souveraineté sociale des États modernes mérite d'être examiné de manière plus précise.

En premier lieu, il ne faut pas mésinterpréter la relative convergence que l'on peut noter dans les politiques sociales des différents pays. Elle ne résulte pas d'une contrainte économique externe s'imposant de manière inéluctable à tous les pays. Une part importante des mesures prises a été rendue nécessaire à la suite des transformations internes des régimes productifs : réduction de l'économie industrielle et développement de l'économie de service, passage d'un système de production fordiste à un régime de production flexible, etc. D'autres, enfin, sont à inscrire au compte de la conversion des élites politiques au programme néo-libéral. Enfin, nombre de mesures de politique sociale, adoptées depuis une vingtaine d'années, résultent peu ou pas de contraintes économiques, mais de pures contraintes structurelles internes (vieillissement de la population, instabilité des structures familiales, etc.).

En second lieu, et pour en venir au cœur du problème, il convient de distinguer clairement les domaines auxquels la nouvelle économie internationale laisse peu de marges de manœuvre des domaines au sein desquels celles-ci existent encore. En d'autres termes, le nouveau régime économique international limite l'autonomie des États en matière de politiques macroéconomiques. Cette autonomie réduite ne signifie pas que les États doivent mettre à bas l'édifice de protection sociale édifié depuis la fin de la seconde guerre mondiale. En revanche, il n'est possible de continuer à promouvoir des politiques de protection sociale qu'à condition de maintenir les équilibres budgétaires. Dans certains cas, des politiques sociales « recalibrées » avec le soutien des syndicats peuvent être les conditions du succès économique. Les cas des Pays-Bas, du Danemark et de la Suède illustrent cette tendance. Inversement, la poursuite d'une libéralisation continue de la société passant par l'abandon rapide des protections sociales n'aboutit pas nécessairement au miracle économique. La Nouvelle-Zélande en est l'exemple le plus achevé.

Rendre compte de ces deux points implique de reconstituer sommairement les conditions macroéconomiques et sociales qui ont rendu possible l'édification des États providence développés dans les années 1960 et 1970. À cette condition, il devient possible de prendre la mesure de ce qui est profondément nouveau dans la situation actuelle, et de mesurer l'évolution réelle des contraintes externes sur les politiques sociales des États.

## L'ÂGE D'OR DES ÉTATS PROVIDENCE

Pour comprendre les données du problème actuel, il est indispensable de commencer par la mise en évidence de ce qui a permis l'épanouissement des États providence sous le régime international de Bretton Woods.

Pendant près de trente ans, les pays de l'OCDE ont connu une période historique exceptionnellement heureuse : la croissance conjuguée de l'économie comme de l'emploi et la réduction relative mais régulière des inégalités sociales. Trois éléments rendent compte de cette réussite : le régime économique international défini par les accords de Bretton Woods en premier lieu, la nouvelle complémentarité de l'économique et du social dans les politiques keynésiennes qui dominent dans les pays développés en second lieu, les conditions structurelles, démographiques, sociales, et culturelles qui fondent le développement d'États sociaux généreux en dernier lieu.

On peut considérer que les États providence qui vont connaître une expansion considérable à partir des années 1950 illustrent la thèse de la « grande transformation » avancée par Karl Polanyi [1]. Après la grande crise et la guerre, l'idée de protection nécessaire contre les risques est admise par tous. Sous l'égide du régime de Bretton Woods et de la déclaration de Philadelphie, les États sont légitimement autorisés à constituer des systèmes économiques productifs et sociaux nationaux, échap-

1. Karl Polanyi, *La grande transformation*, Paris, Gallimard, 1983.

pant partiellement aux évolutions erratiques des marchés. Les pays prennent le contrôle de leur économie et de leur monnaie et peuvent poursuivre à leur manière leurs politiques de modernisation. L'intervention de l'État dans l'économie est forte. Les secteurs économiques protégés (agriculture et services notamment) sont nombreux. Le système de changes fixes permet les réajustements nécessaires.

Prenant le contre-pied de la doctrine classique du laissez-faire autrefois dominante, l'intervention de l'État est désormais déclinée sous la forme impérative. Le keynésianisme devient l'idéologie économique qui justifie les options économiques passablement antilibérales et pro-interventionnistes des modernisateurs [1]. La notion d'économie mixte est le maître mot des temps nouveaux. La réalisation de ce modèle d'action keynésien peut être mesurée à l'importance du secteur nationalisé, au rôle essentiel des investissements publics directs ou indirects, à l'utilisation de politiques conjoncturelles de stabilisation, à la pénétration de la bureaucratie publique au sein du monde de l'économie [2]. Les politiques conjoncturelles de l'État vont dans le même sens que les actions plus structurelles. L'intervention de l'État dans le circuit économique change de nature. En matière de théorie des dépenses publiques, on passe de la notion traditionnelle de finances saines à la notion de finances publiques fonctionnelles exerçant un rôle essentiel dans le processus de stabilisation conjoncturelle et de répartition des revenus. Partant de l'hypothèse keynésienne de la demande effective, et donc de la possibilité d'un équilibre de sous-emploi, l'État intervient de manière très directe pour favoriser la croissance en stimulant l'investissement direct (directement *via* les investissements publics, indirectement par la politique des taux d'intérêt et sa politique fiscale) et en favorisant le maintien d'une consommation élevée par une politique des revenus (principe du multiplicateur). La croissance est tirée par une consommation en hausse constante et produit, au surplus, un effet stabilisateur sur l'économie. Le troisième volet de modernisation concerne le domaine

1. Y compris aux États-Unis. Il suffit de relire l'ouvrage de Andrew Shonfield, *Le capitalisme moderne*, Paris, Gallimard, 1967.

2. Une lecture néo-libérale de cette histoire commune dans Daniel Yergin et Joseph Stanislaw, *La grande bataille. Les marchés à l'assaut du pouvoir*, Paris, Odile Jacob, 1998.

social ou, plus précisément, la capacité à intégrer les forces sociales dans l'œuvre de modernisation. Une part de ce projet trouve à se réaliser de manière mécanique comme conséquence normale des politiques d'inspiration keynésienne. Partant de l'hypothèse de la plus forte propension à consommer des classes populaires, toute relance conjoncturelle revient en fait à améliorer les revenus relatifs des classes laborieuses. La seconde partie du projet se réalise *via* les politiques de protection sociale. Avant la guerre, la protection sociale est totalement orientée vers les groupes cibles : les indigents ou les ouvriers en dessous d'un certain plafond de revenus. Après la guerre, la protection sociale s'étend progressivement à toutes les couches de la population, salariés d'abord, non salariés ensuite. C'est la mise en œuvre de la sécurité sociale. Durant toute cette période, les différents États providence ont en commun de viser à la mise en place d'une couverture sociale toujours plus étendue. Mais leurs efforts continuent de se déployer sur la base des principes institutionnalisés dans le passé, de sorte que, malgré des emprunts aux autres systèmes, ils n'en continuent pas moins à se caractériser par des traits distinctifs qui font référence à cette histoire. La division centrale étant celle qui oppose une logique d'assurance sociale (système bismarckien), fondant la protection sociale sur la solidarité professionnelle, à une logique de solidarité nationale (système beveridgien) dont le but final est de fournir à tout individu le droit à un minimum vital indépendamment de toute référence à une activité salariée [1].

Dans tous les pays développés, les citoyens attendent une part croissante de leur bien-être et de leur revenu de prestations indépendantes de leur activité sur le marché, et qui leur sont servies

1. « La distinction entre les deux grandes logiques, bismarckienne et beveridgienne, est un lieu commun de la littérature spécialisée. Elle oppose :

– une logique bismarckienne d'assurance sociale adossée au travail salarié (et depuis peu non salarié) fondant la protection sociale sur la solidarité professionnelle ;

– une logique beveridgienne de solidarité nationale qui abandonne toute référence à une activité professionnelle et dont le but final est de fournir à tout individu le droit à un minimum vital.

Dans le premier modèle, l'activité professionnelle fonde la protection sociale (cotisations sociales) et les prestations représentent généralement un pourcentage du revenu professionnel. Dans le second modèle, le droit découlant de la citoyenneté (financement par l'impôt), tout le monde bénéficie des mêmes prestations. » (François-Xavier Merrien, 1997, p. 87.)

en raison de l'appartenance à la communauté nationale, du nombre des enfants, ou des incapacités temporaires ou définitives. Les politiques de protection sociale deviennent des éléments essentiels de dispositifs macroéconomiques de nature keynésienne. Malgré tout, ces éléments s'intègrent dans des philosophies différentes de la solidarité et s'incarnent dans des régimes d'États providence [1]. Les États providence scandinaves s'appuient sur le principe d'égalité et de justice sociale, tandis que les États providence continentaux privilégient le respect des droits acquis par le travail.

D'un point de vue démographique, économique et culturel, les conditions sont particulièrement favorables. L'économique et le social sont en phase. Gösta Esping-Andersen [2] le met en évidence : les familles sont stables et la natalité forte, les hommes travaillent la plus grande partie de leur vie, les femmes assurent les tâches ménagères, le salaire masculin suffit à faire vivre la famille. La demande de force de travail et la croissance rapide de la productivité offrent un emploi à temps complet à tous. Même les ouvriers peu qualifiés peuvent facilement trouver des emplois bien rémunérés dans la construction ou sur les chaînes d'assemblage des entreprises de type « fordiste ». Les emplois à durée indéterminée sont la norme. La demande soutient l'offre. Les générations nombreuses de l'après-guerre sont avides des nouveaux biens de consommation industriels. Les revenus des familles croissent régulièrement et rapidement. Dans le même temps, les coûts sociaux sont moindres. Les années de retraite sont courtes et le nombre d'inactifs bien inférieur à celui des actifs. Les assurances sociales, fondées sur les cotisations d'actifs jeunes et toujours plus nombreux, versent des prestations toujours plus généreuses, conférant une légitimité accrue à la sécurité sociale. Durant toute cette période, la protection sociale est pensée dans une logique extensive de généralisation et de mutualisation des risques. Personne ne cherche à connaître réellement qui en sont précisément les bénéficiaires et les contributeurs.

1. Gösta Esping-Andersen, *Les trois mondes de l'État providence*, Paris, PUF, 1999.

2. Gösta Esping-Andersen, *Social Foundations of Postindustrial Economies*, Oxford, Oxford University Press, 1999.

L'idée de solidarité légitime totalement le système des flux financiers et des flux de prestations.

Cet État social ne se contente pas d'être un État-protecteur (vieillesse, maladie). C'est également un État-redistributeur et un État-stabilisateur des rapports sociaux. L'une des thématiques essentielles est celle de la réduction des inégalités sociales, de la redistribution du surplus national, de l'importance essentielle de l'équilibre et de l'intégration sociale. Et les résultats sont au-delà des attentes. Depuis la fin de la seconde guerre mondiale, les États providence ont constamment élargi la palette des risques couverts, ont amélioré les prestations versées, ont rendu plus souples les conditions d'accession aux droits. La plupart des pays industrialisés ont connu la modernisation économique, la croissance du pouvoir d'achat, la réduction relative des inégalités sociales, ainsi que la diminution progressive de la pauvreté.

## LA FIN DE L'ÂGE D'OR : LES RÉFORMES SOUS CONTRAINTE INTERNATIONALE

Le bilan social des Trente Glorieuses est remis en cause au cours des années 1970, de manière timide dans un premier temps, puis de manière beaucoup plus radicale.

Les changements internationaux de première importance vont rapidement ébranler les configurations édifiées au cours des Trente Glorieuses. Le premier choc, exogène, est constitué par l'effondrement du système monétaire de Bretton Woods qui rend les pays beaucoup plus sensibles aux mouvements de capitaux sur lesquels ils n'ont aucune prise [1]. Le second est la résultante de la première puis de la seconde crise pétrolière qui crée une forte poussée inflationniste en même temps qu'une crise de la demande intérieure. Les politiques traditionnelles de stabilisation deviennent impuissantes face à la croissance simultanée

1. Voir Gerald Epstein, « International Capital Mobility and the Scope for National Economic Management », dans Robert Boyer, Daniel Drache (eds), *States Against Markets. The Limits of Globalization*, Londres, Routledge ; et Beth Simmons, « The Internationalization of Capital », dans Herbert Kitschelt et al. (eds), *Continuity and Change in Contemporary Capitalism*, Cambridge, Cambridge University Press, 1999.

du chômage et de l'inflation. Les politiques keynésiennes de relance par la consommation ou l'investissement produisent des effets pervers en matière d'inflation, de chômage ou de déséquilibre de la balance des paiements. Les gouvernements doivent progressivement admettre que l'évolution économique mondiale est dépendante d'acteurs économiques dont les décisions échappent à la sphère d'influence de l'État.

L'ouverture économique internationale se traduit pour tous les pays par une grande vulnérabilité face aux mouvements internationaux de capitaux. Il n'est plus possible de mettre en œuvre des politiques économiques keynésiennes expansionnistes, synonymes de déficit budgétaire accru et porteuses de risque inflationniste, sans être rapidement sanctionné par les marchés internationaux. L'extrême mobilité des capitaux à court terme compromet la possibilité de mener des politiques négativement appréciées par les investisseurs, telles une politique budgétaire laxiste, une augmentation de la pression fiscale ou des charges sociales ou encore des politiques sociales généreuses[1]. La perte de confiance a pour effet immédiat une fuite des capitaux et, par conséquent, une chute de la monnaie, une augmentation des taux d'intérêt à court terme et de l'endettement public. Tôt ou tard, les gouvernements sont contraints de prendre des mesures pour rétablir la confiance, et ces mesures vont nécessairement dans le sens contraire de celui des intérêts des salariés.

Deux cas sont particulièrement illustratifs des contraintes imposées par le nouveau contexte international : celui de l'expérience socialiste française du début des années 1980 et celui de la crise suédoise du début des années 1990.

1. Récemment, la chute de l'euro (décembre 1999) peut vraisemblablement être attribuée à l'intervention du chancelier allemand Schröder, afin que les banques interviennent pour sauver de la faillite le « numéro un » du bâtiment et travaux publics en Allemagne, la firme Philipp Holzmann AG. L'*International Herald Tribune* commente l'événement en ces termes : « Departing from the usual circumspect language of central bankers, Wim Duisenberg, the ECB'president complained of the "fallout to the image of Europe" in the wake of M. Schroeder's government-led bailout for Philipp Holzmann AG, a 150 year-old company and germany's second-largest builder... As M. Duisenberg spoke, the Euro was falling to a record low. The European Union's competition commissionner, Mario Monti, directly linked M. Schroeder to the Euro's slump. » (J Schmidt, « Euro : Schroeder is Blamed for a Loss of Confidence in Currency », *The International Herald Tribune*, 3 décembre 1999, p. 1, 4.)

## *Le cas français*

En 1981, après vingt-trois ans dans l'opposition, les socialistes français accèdent au gouvernement sur la base d'un programme de gouvernement keynésien de gauche. Les grandes lignes de force de ce programme sont la relance de la consommation, la poursuite et l'approfondissement d'une politique industrielle et de nationalisation préconisés dans un but de reconquête du marché intérieur. S'y ajoute une politique sociale et salariale très favorable aux salariés. Sur le plan économique, le gouvernement entreprend un vaste programme de nationalisations et une politique d'investissements lourds dans la recherche industrielle. Sur le plan social, les mesures prises en 1981 et en 1982 incluent une augmentation des allocations familiales et du salaire minimum, une augmentation des allocations-logement et des pensions de retraite, et la réduction de la semaine de travail de 40 à 39 heures sans réduction de salaire. Mais, très rapidement, cette politique trouve ses limites. Le franc français doit être dévalué de 3 % en octobre 1981, de 5,75 % en juin 1982, puis encore de 2,5 % en mars 1983. En outre, le Deutsche Mark est réévalué de 15 %. La balance des paiements devient lourdement déficitaire, l'endettement externe insupportable. En 1983, le gouvernement français doit abandonner cette politique et se ranger à des politiques monétaristes d'austérité donnant une priorité absolue à la lutte contre l'inflation.

## *Le cas suédois*

Le cas suédois est tout autant, sinon plus, exemplaire. La raison tient à ce que, pendant plus de dix ans, la Suède a semblé pouvoir assumer une politique sociale généreuse sans pour autant en subir les conséquences en termes d'emploi et de croissance. La crise de la fin des années 1980 met fin à cette espérance.

Jusqu'à cette période, l'évolution suédoise a paru donner raison aux théoriciens [1], démontrant que des structures néo-cor-

1. Ph. Schmitter, « Interest Intermediation and Regime Governability », dans S. Berger (ed.), *Organizing Interests in Western Europe*, Cambridge, Cambridge University Press, 1981 ; D. Cameron, « Social Democracy, Corporatism, Labour Quiescience, and the Representation of Economist Interests in Advanced Capitalist Societies », dans Goldthorpe (ed.), *Order and Conflict in Contemporary Capitalism*, Oxford, Oxford University Press, 1984.

poratistes fortes influencent très favorablement les performances économiques. En effet, selon la démonstration classique de Garrett et Lange [1], les gouvernements socialistes, soutenus par des syndicats puissants et fortement organisés, peuvent mettre en œuvre des politiques fiscales expansionnistes favorables à l'emploi, tout en contrôlant les pressions inflationnistes puisqu'en contrepartie d'augmentations faibles de salaires réels, les syndicats sont en mesure de contrôler les réactions de leur base qui n'a pas la possibilité de passer dans les rangs d'organisations plus radicales.

La politique d'égalité salariale des décennies 1970 et 1980 est un éclatant succès : le taux de chômage suédois se stabilise aux alentours de 2 %, quand il atteint 9 % dans les autres pays développés. Mais ce succès n'est qu'apparent. En réalité, durant toute cette période, le plein-emploi n'est maintenu que grâce à une politique très expansive d'emplois publics. Entre 1971 et 1986, le nombre des salariés du secteur public double, atteignant plus d'un tiers de la force de travail [2]. Dans ce contexte, la compétitivité de l'économie suédoise repose de plus en plus sur le recours à des dévaluations compétitives. Il est vrai que celles-ci permettent, un temps, de compenser les effets inflationnistes des augmentations de salaires. Toutefois, il ne peut s'agir d'un instrument de long terme. En effet, au début de la décennie 1990, la Suède connaît une grave crise d'insolvabilité. La couronne suédoise est attaquée sur les marchés financiers. À l'instar des autres pays européens, le gouvernement est contraint de rompre avec sa politique antérieure. Les salaires sont gelés, les grèves interdites pour un temps et le gouvernement opte pour une politique monétaire stricte. La couronne est rattachée au mark allemand, la stabilité des prix affichée comme objectif numéro un. La Banque centrale est rendue totalement indépendante. Mais l'option est prise à un très mauvais moment, celui de la grande récession internationale, le PNB chute de 5 % entre 1991 et 1994 et devient totalement négatif. Le chômage passe de 1,6 % en 1990 à 9,5 % en 1993, puis à 10,3 % en 1997. En 1994, le déficit budgétaire s'élève à 14 % du PIB [3], le taux de chômage monte à 13 %.

1. G. Garrett, P. Lange, « Internationalization, Institutions and Political Change », *International Organizations*, 49 (4), 1995, p. 627-655.
2. Pour l'OCDE, la moyenne est inférieure à 15 %.
3. Rappelons que le traité de Maastricht prévoit un déficit maximal de 3 %.

Dans les deux pays considérés, les gouvernements n'ont pu échapper aux nouvelles règles du jeu international qu'ils avaient sous-estimées. Il est vrai que le contexte international est profondément différent de celui qui prévalait encore au début des années 1970. La dérégulation continue des marchés financiers a rendu le capital toujours plus mobile dans sa recherche d'opportunités. En outre, sur le plan commercial, les négociations du GATT puis de l'OMC ont largement diminué les barrières tarifaires aux échanges. La concurrence sur le marché international des biens est accrue. D'un point de vue analytique, la globalisation des échanges peut être assimilée à un mouvement de réduction internationale du prix des biens. La concurrence internationale produit un prix mondial et, en l'absence de protections nationales (protections douanières, quotas...), favorise la division internationale du travail conformément au modèle de Ricardo revu par Hecksher, Ohlin et Samuelson. Les pays ne peuvent que s'opposer marginalement à ce mouvement sauf à en subir les effets pervers (coût pour les consommateurs, déficits de la balance commerciale, perte de parts de marchés, faillites...). La concurrence internationale accrue, renforcée par une baisse rapide des coûts des transports et des communications, a permis l'entrée dans la compétition économique des pays à bas niveaux de salaires. Ces derniers sont capables de produire à moindre coût les objets manufacturés à forte intensité en travail.

Dès le milieu des années 1970, la croissance industrielle, qui avait été le moteur du développement économique des pays de l'OCDE, devient négative. Elle se traduit par des pertes massives d'emplois. En quatre ans seulement, 1977-1980, la France perd 700 000 emplois industriels. Entre 1970 et 1993, pour ne prendre que deux exemples, la Suède perd 35 % de ses emplois industriels, la Grande-Bretagne, 50 % [1]. Les secteurs les plus exposés à la concurrence internationale comme les charbonnages, la sidérurgie, les chantiers navals et le textile connaissent une crise sans précédent. Les taux [2] de chômage des pays de la Communauté européenne, inférieurs en moyenne à 3 % en 1974 (2,8 %), s'élèvent à 6 % en 1980, puis à 9,9 % en 1985 et jusqu'à 10,2 % en 1995, en dépit d'une embellie entre 1987 et 1991.

1. Soit 5 millions d'emplois.
2. Tous ces chiffres sont extraits de *Labour Force Statistics, 1977-1997*, Paris, OCDE, 1998.

## LE DILEMME DES POLITIQUES SOCIALES EN ÉCONOMIE OUVERTE

L'un des problèmes essentiels auxquels doivent faire face tous les gouvernements est de savoir comment maintenir une discipline budgétaire, monétaire et fiscale, exigée par l'économie internationale tout en continuant à financer les droits sociaux acquis et à faire face aux dépenses sociales suscitées par l'état de crise (chômage, pauvreté, exclusion). Au moment même où les ressources ont diminué de manière drastique et où il n'est plus possible de recourir au déficit budgétaire, les États providence sont obligés de financer massivement les mesures d'adaptation, d'intervenir pour faciliter les départs à la retraite anticipée, d'aider aux reconversions industrielles, de favoriser la formation professionnelle et le recyclage des travailleurs, d'assurer un revenu minimal aux plus défavorisés. Dans le même temps, la faible natalité, l'entrée de plus en plus tardive dans la vie active et le vieillissement de la population posent de redoutables problèmes. Un nombre croissant de pensions des retraites doit être financé. Les coûts de santé augmentent avec le vieillissement de la population. Cependant, le nombre d'actifs se restreint. En d'autres termes, les États providence développés se trouvent confrontés à un double impératif : assurer le financement d'un système de protection sociale en déséquilibre structurel (les cotisations des actifs permettant de moins en moins bien d'assurer les prestations aux inactifs), et financer sur leur budget les dépenses d'accompagnement social, alors que leurs marges de manœuvre budgétaires et fiscales sont extraordinairement restreintes. Les contraintes économiques réelles sont si fondamentales que Fritz Scharpf conclut : « À la différence des trois décennies de l'après-guerre, il n'existe plus aujourd'hui de stratégie keynésienne plausible, susceptible de permettre, dans un pays, la pleine réalisation d'objectifs sociaux-démocrates, sans enfreindre les impératifs fonctionnels de l'économie capitaliste. Il n'est plus possible d'obtenir simultanément le plein-emploi, l'augmentation des salaires réels, des transferts sociaux importants, et davantage de services publics... Dans le futur, la social-démocratie n'a une chance d'influencer la politique économique que si elle accepte pleinement les conditions imposées par l'économie mondiale et les contraintes sur les options politiques nationales [1]. »

Mais la contrainte économique sur les options sociales des gouvernements n'est peut-être pas aussi majeure que l'annonce Scharpf. La question de l'inéluctabilité de la fin du social est aussi l'objet de luttes symboliques intenses qu'il faut reconstituer avant de s'intéresser aux trajectoires concrètes des États providence.

## LE TOURNANT NÉO-LIBÉRAL DES POLITIQUES SOCIALES

Dès le début des années 1980, la scène internationale devient un champ de mission des experts néo-libéraux. La globalisation est utilisée comme un argument fort dans la lutte symbolique pour justifier des analyses et des propositions qui placent au premier plan la croyance dans les vertus des marchés et des associations volontaires, et qui affirment dans le même temps la place résiduelle que doivent occuper l'État et la politique sociale. Le succès de cette interprétation doit beaucoup à l'engagement dans cette lutte de grandes organisations internationales (Banque mondiale, FMI, OCDE), d'experts internationaux, d'organisations non gouvernementales (ONG) engagées dans la promotion de politiques néo-libérales à l'échelle internationale.

La première cause majeure qui a rendu possibles le développement et la domination des nouveaux discours est incontestablement liée à la crise du modèle économique keynésien de la fin des années 1970. La prise de conscience d'anomalies persistantes, tels l'échec des objectifs économiques, la détérioration de l'investissement productif, les déficits élevés, l'inflation chronique, le chômage croissant, produit tout à la fois une crise de confiance dans les mécanismes de régulation mis en place après la seconde guerre mondiale et offre une fenêtre d'opportunités aux *outsiders* néo-libéraux. Cette crise du paradigme keynésien remet à l'honneur la théorie classique libérale renouvelée. Les

1. Fritz Scharpf, *Crisis and Choice in European Social Democracy*, New York, Cornell University Press, 1991, p. 274-275.

économistes mettent en évidence les effets pervers de l'action de l'État contrecarrée par le jeu des acteurs privés (développement de l'économie souterraine, désincitation au travail, effets d'éviction, etc.). D'autres vont au-delà en s'attaquant aux fondements mêmes de l'intervention de l'État : loin de répondre à des impératifs d'intérêt général, l'action de l'État répondrait davantage aux intérêts de la « classe bureaucratique » ou de la « classe politique [1] ».

Dès les années 1970-1980, la notion de crise de l'État providence trouve un écho international. L'expression fait référence à deux éléments : la crise financière et la crise de légitimité, ce second terme étant celui qui compte le plus. Les critiques émanent tout d'abord des experts des grands *think tanks* conservateurs tels l'Heritage Foundation, le Fraser Institute, le Political Economy Research Center aux États-Unis, le Centre for Policies Studies, l'Institute of Economics Affairs et l'Adam Smith Institute, en Grande-Bretagne, pour ne citer que les plus connus. Le titre du rapport de l'OCDE de 1981, *La crise de l'État providence*, donne le ton des publications. Pour une majorité d'économistes, les États providence doivent être condamnés. Ils produisent des effets pervers, minant le sens des responsabilités, de la famille et de l'effort. Les propositions des experts sont clairement orientées : il faut diminuer le poids de l'État, déréguler l'économie, supprimer les obstacles aux échanges internationaux, renforcer le sens des responsabilités sociales, réduire la place de la protection sociale.

Dans les pays occidentaux, les idées économiques, mettant l'accent sur la nécessité de la dérégulation des circuits économiques et des effets négatifs de l'État social sur la croissance économique, prennent un poids croissant tout au long des années 1980 et 1990 [2]. Dans la majorité des pays, la « boîte à idées » néo-libérale est la source des innovations en matière de politique économique, financière ou sociale [3]. Parce que les

1. Le développement de la théorie du *Public Choice* fondée sur l'hypothèse d'un comportement rationnel et égoïste des bureaucrates renverse le paradigme de service public (le haut fonctionnaire guidé par l'intérêt général) et contribue peu à peu à déligitimer l'action étatique.

2. Voir les rapports de l'OCDE, *La réforme des régimes publics de pensions*, Paris, 1988 ; *The Future of Social Protection ; La nouvelle politique sociale*, Paris, 1994.

3. Bruno Jobert (dir.), *Le tournant néo-libéral*, Paris, L'Harmattan, 1996.

recettes de politiques héritées du passé ne fonctionnent plus, les gouvernants sont conduits à rechercher des solutions nouvelles pour sortir de l'impasse. La voie de la dérégulation et de la déréglementation est ardemment préconisée par les coalitions d'entrepreneurs qui disposent désormais d'une influence grandissante. En effet, la globalisation entraîne une modification du rapport de force entre grands acteurs sociaux qui n'est pas dénuée d'effets sur les politiques gouvernementales [1]. La levée des barrières douanières et réglementaires aux échanges confère un avantage aux acteurs sociaux mobiles (firmes industrielles, capital financier) par rapport aux acteurs sociaux relativement peu mobiles que sont les salariés et leurs organisations. La menace de l'*exit* [2] de la part des possesseurs de capitaux volatils est désormais plus influente que la « voix » des citoyens ou des syndicats. En outre, la globalisation accroît l'importance relative du secteur exposé par rapport au secteur protégé. Les nouvelles préférences des acteurs et un rapport de force toujours plus favorable au capital modifient complètement les règles du jeu politique sur la scène intérieure. Les coalitions syndicales et sociales pèsent d'un poids moindre que celui des firmes dont dépendent l'emploi et les revenus budgétaires. Les premiers peuvent déplacer leurs centres d'activité, exercer un chantage au départ ou imposer une réduction globale des coûts de production, tandis que les seconds (syndicats) sont réduits à une position strictement défensive. Les États sont sommés de mettre en œuvre un cadre économique attractif : faibles charges sociales, fiscalité faible, droit du travail souple et peu contraignant. Néanmoins, en dépit de l'attrait intellectuel des nouvelles propositions et des pressions en ce sens des coalitions patronales, les gouvernements occidentaux ont le choix du type d'arrangements à prendre. Et, dans la majorité des cas, les nouvelles politiques n'empruntent que partiellement à ce répertoire d'action néolibéral.

1. Keohane et Milner (eds), *Internationalization and Domestic Politics*, Cambridge, Cambridge University Press, 1996.

2. L'économiste Hirschman distingue trois stratégies possibles lorsque des individus ou des groupes se trouvent insatisfait : l'*exit* (la sortie, par exemple changer de fournisseur), la *voice* (la protestation) et enfin la *loyalty* (c'est-à-dire le maintien du choix antérieur en fonction de considérations normatives ou émotionnelles).

Il en va tout différemment dans les pays en développement. En Amérique latine, la crise sévère des années 1980 provoque un réexamen complet des politiques développementalistes poursuivies depuis les années 1960. Le déficit dramatique de la balance des paiements, les déficits budgétaires, les déficits des systèmes de sécurité sociale et des taux d'inflation considérables signifient la fin du modèle de développement étatique-industrialiste-développementaliste des décennies précédentes. Cette crise confère une influence considérable aux organisations prêteuses internationales comme le FMI, la Banque mondiale, et l'Inter American Development Bank qui, avec l'appui de groupes sociaux internes à ces pays, imposent tout d'abord un programme économique d'ajustements structurels : des mesures d'austérité extrêmement sévères, une réorientation de la production vers l'exportation et un programme de dérégulation et de privatisation des activités étatiques [1]. Ces politiques brutales d'ajustement provoquent des effets dramatiques sur les plans économiques et sociaux : une chute de l'activité économique, une baisse de l'emploi dans le secteur public, une augmentation considérable du prix des biens de consommation (découlant tout à la fois de l'importance des dévaluations et de la suppression des subventions) [2]. Le taux de chômage s'élève très rapidement et les taux de pauvreté, déjà forts, atteignent de nouveaux sommets. Dans le même temps, la réduction des budgets publics conduit à une détérioration de la situation des services publics (écoles, hôpitaux). Les déficits des régimes de pension s'accroissent. En définitive, les effets immédiats de ces politiques sont la destruction d'emplois, l'augmentation du chômage, la baisse du niveau de vie, l'accroissement des inégalités sociales, le développement de l'exclusion et de la pauvreté à grande échelle.

C'est dans ce contexte que les grandes organisations internationales promeuvent une révolution libérale en matière de protection sociale [3]. À partir de 1994, la Banque mondiale, profi-

1. Il faut se souvenir que jusqu'alors la Banque mondiale (comme l'IADB ou ADB) a essentiellement financé de larges programmes de reconstruction (le plan Marshall en Europe) et d'investissements en infrastructures lourdes.

2. Voir R. Thorp, *Progress, Poverty and Exclusion. Au Economic History of Latin America*, Washington DC, IADB, 1998.

3. Voir Bob Deacon, *Global Social Policy*, Londres, Sage, 1997.

tant de son rôle de prêteur international, devient l'organisation phare en matière de politique sociale [1]. Les politiques publiques de protection sociale des travailleurs défendues par l'Organisation internationale du travail sont l'objet d'une intense campagne de délégitimation. La Banque mondiale souligne leur inefficacité, leur incapacité à faire face aux défis démographiques, leurs effets anti-économiques. Elle propage mondialement un nouveau programme de politique sociale [2]. Les points forts en sont : la privatisation des régimes de pensions (le Chili devient le modèle à suivre), une moindre sécurité sociale pour les classes moyennes et le ciblage de la protection sociale au bénéfice des plus démunis. Les pays en voie de développement et les ex-pays communistes deviennent un laboratoire d'expérimentation des réformes de la protection sociale. L'objectif redistributif, préconisé traditionnellement par le BIT et les professionnels de la sécurité sociale, est abandonné au profit d'une politique d'épargne individuelle accompagnée de politiques sociales ciblées sur les plus pauvres [3]. En matière de pensions de retraite, les grandes organisations prônent la suppression des régimes publics de pension. Le modèle préconisé est celui des trois piliers. Un premier pilier minimal, obligatoire et financé par l'impôt, un second pilier privatisé et capitalisé, et enfin un troisième pilier reposant sur l'épargne volontaire. Le changement d'orientation est radical et traduit la perte d'influence du BIT sur la scène internationale et la montée en puissance de la Banque mondiale, s'appuyant sur un programme social libéral novateur. Le passage d'un système de pension par répartition (*pay as you go*) à un système par capitalisation pose des problèmes techniques

1. World Bank, *Assistance Strategies to Reduce Poverty*, Washington DC, 1991 ; *The East Asian Miracle*, 1993 ; *Averting the Old Age Crisis. Policies to Protect the Old and Promote Growth*, 1994 ; *From Plan to Market : Assessing Aid : What Works, What Does'nt and Why ?*, 1996. Très rapidement, l'Inter-American Development Bank emboîte le pas à la Banque mondiale. Le rapport de 1994, *Social Security Systems in Latin America* (Washington DC, IADB), préconise le modèle Banque mondiale.

2. Malgré les déclarations de neutralité affichées par la Banque mondiale, les prêts sont conditionnés par l'adoption des nouvelles politiques. En ce sens, il faut se demander si la Banque mondiale ne contredit pas sa charte de non-intervention politique (Deacon, 1997).

3. N. Birdsall, C. Graham, R. Sabot (eds), *Beyond Trade Offs. Market Reform and Equitable Growth in Latin America*, Washington DC, IADB/Brooking Institution Press, 1998.

réels [1]. Il eût été bien plus simple d'introduire une réforme en profondeur du système antérieur pour mettre fin aux abus, mais les pressions des organisations internationales et le support des nouvelles élites économiques font que – à l'exception du Brésil qui refuse cette voie – cette option a peu été prise en considération. Les experts de l'Organisation internationale du travail soulignent, dès le départ, les risques de réformes qui pèsent sur les individus, mais, dans un premier temps, ces critiques ne sont pas entendues [2].

En matière de santé [3], sous l'influence de la Banque mondiale et du FMI, de nombreux pays abandonnent l'approche universaliste en matière de santé défendue par l'OMS. C'est tout d'abord l'Unicef qui rompt avec le programme fondateur pour se rallier à la nouvelle thèse, ne laissant guère d'autre possibilité à l'OMS que de se rallier, à terme, à la nouvelle thématique de la politique sociale. Les nouvelles politiques mettent l'accent sur la nécessité de privatiser les prestations de santé présentées comme particulièrement coûteuses et bénéficiant principalement aux classes moyennes. L'effort des gouvernements doit se restreindre à fournir les ressources à la santé publique et aux politiques destinées aux plus pauvres. La nouvelle problématique de la politique de santé privilégie la contractualisation des prestations de santé (selon les principes du *New Public Management*) offrant de la sorte une place importante au secteur privé et aux organisations non gouvernementales.

Durant la majeure partie des années 1980 et 1990, les grandes organisations internationales deviennent les meilleurs défenseurs des analyses néo-libérales en matière de protection sociale aussi bien qu'en matière de politique de santé. Dans les deux domaines, cet alignement idéologique les conduit à une analyse excessivement critique des politiques publiques (*state*

---

1. Les difficultés sont de trois ordres : d'une part, les actifs doivent continuer à financer les retraites des inactifs tout en constituant leur propre capital vieillesse ; d'autre part, les perspectives de rendements futurs sont très aléatoires ; enfin, tous les risques pèsent sur les individus. Nous ajouterons que la cotisation patronale disparaît.

2. Voir Roger Beattie et Warren McGillivray, « A Risky Strategy : Reflections : on a World Bank Report », *International Social Security Review*, 48, 1995, p. 5-22.

3. M. Koivusalo, E. Ollila, *Making a Healthy World*, Londres, Zed Books, 1997.

*failures*), à sous-estimer les effets pervers des politiques de marché (*market failures*), le tout les conduisant à préconiser des stratégies risquées de privatisation, de contractualisation et de ciblage.

Aujourd'hui, et à la suite notamment des effets sociaux désastreux des crises asiatiques et latino-américaines de la fin de la décennie, le consensus de Washington tend à s'effriter [1]. Le tout-marché n'est plus la doctrine dominante. Les responsables des grandes organisations sont obligés de reconnaître l'importance du cadre institutionnel sans lequel il n'est pas de marché possible. Les organisations internationales reconnaissent désormais la nécessité de renforcer les politiques sociales et de lutter plus efficacement contre la pauvreté. Il n'en demeure pas moins que la nouvelle doctrine défend toujours un modèle résiduel de politique sociale dont les effets stigmatisants sont connus.

Lorsqu'on examine les effets combinés du nouveau régime économique international et du poids croissant des communautés épistémiques d'inspiration néo-libérale, on fait apparaître deux cas de figures distincts. Les pays « sous-développés » se trouvent dans l'obligation d'adopter de nouvelles politiques. Les pays développés gardent une marge d'autonomie bien plus considérable. Cependant, cette comparaison n'est que partiellement pertinente. Il est difficile de mettre sur le même plan les pays développés de l'OCDE et les pays en voie de développement. Avant la crise, les seconds ne connaissent guère qu'une protec-

---

1. Les controverses entre les organisations internationales et au sein même des organisations internationales sont croissantes. En témoignent les remises en cause des politiques purement économiques et monétaristes du FMI en Asie et en Russie par les dirigeants de la Banque mondiale en 1998, mais aussi les divergences internes à la Banque mondiale sur les politiques sociales à mettre en œuvre en Europe centrale et orientale entre ceux que Deacon (1997) nomme avec humour les *Brighton boys* et les *Californian girls*. Depuis le début des années 1990, et suite aux échecs des années 1980, les politiques sociales préconisées par la Banque sont moins ardemment néo-libérales. Depuis peu, la privatisation du secteur des pensions n'est plus jugée comme une nécessité (Stiglitz, 1999). La Banque met désormais en avant la nécessité de renforcer les structures institutionnelles et étatiques avant de mettre en œuvre des politiques économiques de libéralisation. On assiste, bien que plus tardivement à une évolution similaire au sein du FMI et de l'OCDE et d'autres organisations régionales telles l'IADB ou l'ADB qui désormais placent la lutte contre la pauvreté au nombre des objectifs prioritaires.

tion sociale très peu développée. Les premiers se caractérisent au contraire par l'importance des droits sociaux.

Cette comparaison ne nous éclaire pas sur le degré et la nature des marges de manœuvre qui demeurent à la disposition des États providence développés en matière de protection sociale. Pour répondre à cette question, il est indispensable de quitter le niveau agrégé pour s'intéresser en premier lieu aux formes spécifiques de contraintes que posent les configurations nationales d'États providence et, en second lieu, aux trajectoires d'adaptation suivies par les différents pays.

De ce point de vue, l'examen des trajectoires d'État providence met en lumière deux phénomènes majeurs. Le premier est de l'ordre d'une relative convergence non seulement des politiques macroéconomiques, mais aussi des politiques sociales dans le sens d'une moindre générosité. Le second est le maintien de divergences reflétant partiellement les trajectoires héritées et, partiellement, les choix politiques opérés, en période de crise.

## TRAJECTOIRES

Tout d'abord, il faut admettre que, depuis une quinzaine d'années, tous les gouvernements occidentaux se sont trouvés dans l'obligation de mettre en œuvre – ou de tenter – des politiques de rationalisation ou de réduction des dépenses sociales. Les politiques d'austérité, de réduction des allocations (chômage, maladie, invalidité), mais aussi de durcissement des conditions d'accès aux droits sociaux (en matière de retraite, de chômage...) se retrouvent, à un titre ou un autre, dans tous les pays européens, aussi bien qu'aux États-Unis, au Canada, en Australie ou au Japon.

### *Convergences relatives*

De toute évidence, la majorité des réformes, ou des tentatives, puise dans le même répertoire néo-libéral. Au nom de la compétitivité, la majorité des pays a entrepris de libéraliser les économies, de réformer profondément les services publics [1], d'infléchir le droit du travail et de la protection sociale dans le sens d'une moindre protection, d'introduire des incitations au travail pour les chômeurs et les bénéficiaires de l'aide sociale. L'ensemble de ces réformes dessine une volonté de réorientation [2] qui va bien au-delà d'une adaptation pragmatique aux problèmes rencontrés. En effet, des mesures d'inspiration similaire sont adoptées dans des pays traditionnellement attachés aux droits sociaux comme les pays nordiques aussi bien que dans ceux de tradition libérale. Pour s'en convaincre, il suffit de prendre en considération l'évolution des politiques sociales en Suède sous le gouvernement social-démocrate élu en 1994 [3]. La restriction des dépenses sociales fait partie des premières mesures adoptées : diminution des taux de remplacement des indemnités de chômage et de retraite (de 90 % dans les années 1980 à 75 % en 1995), modification des critères d'éligibilité aux prestations, augmentation des contributions sociales et réduction des prestations sociales en matière de santé. La réforme la plus importante concerne le domaine des retraites puisque, pour bénéficier d'une pension de retraite complète, il faut désormais avoir travaillé pendant quarante ans. Le montant de la retraite représente la moyenne des revenus de toutes ces années et non, comme auparavant, celle des meilleures années. Les retraites ne sont plus financées par les seules contributions des employeurs, mais par des contributions à parts égales des employeurs et des salariés. Afin de réduire le chômage, la Suède recourt pour la première fois à la politique de pré-retraites. Des services privés apparaissent dans des domaines qui ressortissaient autrefois au

---

1. H. Schwartz, « Public Choice Theory and Public Choices : Bureaucrats and State Reorganization in Australia, Denmark, New Zealand, and Sweden », *Administration & Society*, 26 (1), 1994, p. 48-77 ; C. Hood, « A Public Management for all Seasons », *Public Administration*, 69, 1991, p. 3-19. ; F.-X. Merrien, « La nouvelle gestion publique : une mythologie », *Politique et lien social*, juillet-août 1999, p. 33-58.

2. Pas seulement en matière de politiques sociales. Les politiques universitaires présentent également un très bel exemple de ces évolutions. Voir Dietmar Braun et François-Xavier Merrien, *Towards a New Governance for Universities ? A Comparative Perspective*, Londres, Jessica Kingsley, 1999.

3. H. Kitschelt, *The Transformation of European Social Democracy*, Cambridge, Cambridge University Press, 1994 ; E. Huber, J. Stephens, « Internationalization and the Social Model », *Comparative Political Studies*, juin 1998, p. 353-397.

monopole de l'État : santé, enfance, personnes âgées. Des réformes s'inspirant clairement des méthodes du *New Public Management* sont également introduites dans la gestion des services publics [1]. Une loi de 1992 permet et encourage les municipalités qui disposent d'une large autonomie à expérimenter de nouvelles formes de gestion. Les expériences de « management par résultats », de mandats de prestations, d'introduction de « vouchers [2] » et autres innovations inspirées des recettes libérales en matière de gestion publique sont particulièrement nombreuses et offrent beaucoup de similarités avec celles mises en œuvre en Grande-Bretagne ou aux Pays-Bas.

En définitive, parce que les recettes de politiques économiques et sociales héritées du passé ne fonctionnent plus, les gouvernants sont conduits à puiser dans cette « boîte à idées ».

Tout se passe comme si, à quelques exceptions près, les gouvernements de la fin du XX$^{e}$ siècle, quelle que soit la couleur politique, avaient dû totalement abandonner leur croyance dans les vertus du modèle antérieur « keynésien de *welfare* » pour se diriger vers un modèle « libéral schumpétérien [3] ». Autant l'État providence keynésien recherche la croissance conjuguée de l'économique et du social (plein-emploi, politiques des revenus) dans le cadre strictement national, autant le modèle schumpétérien met l'accent sur la compétition et la subordination du social aux impératifs de l'économie productive (flexibilité, contreparties) dans le cadre d'une économie globalisée. Alors que le premier modèle cherche à limiter la dépendance du marché, le second cherche au contraire à éliminer tout ce qui s'oppose à son règne [4].

La « remarchandisation » de la société a pour corollaire un

---

1. H. Schwartz, « Public Choice Theory... », art. cit. ; Olov Olson, Kerstin Sahlin, « Accounting Transformation in an Advanced Welfare State : the Case of Sweden », dans O. Olson, J. Guthrie, C. Humphrey (eds), *Global Warning*, Oslo, Cappelen Akademisk Forlag, 1998, p. 241-275.

2. Les parents peuvent désormais choisir entre une école publique et une école privée. Ils reçoivent un bon (voucher) représentant 75 % des coûts éducatifs.

3. B. Jessop, « The Transition to Post-Fordism and the Schumpeterian Workfare State », dans R. Burrows, B. Loader (eds), *Towards a Post-Fordist Welfare-State ?*, Londres, Routledge, 1994.

4. Nous nous permettons de renvoyer à notre préface à Gösta Esping-Andersen, *Les trois mondes de l'État providence. Essai sur le capitalisme moderne*, Paris, PUF, 1999.

renversement complet de perspective, ou, en d'autres termes, un nouveau paradigme. Celui-ci implique le remplacement d'un système de droits objectifs par une série de dispositions visant à rendre le citoyen entièrement responsable de son sort. Cette évolution est applicable dans tous les champs traditionnels de la protection sociale : santé, retraite, chômage, assistance. C'est bien entendu dans le domaine du chômage et de l'assistance que la révolution libérale est la plus radicale. Le bénéfice des droits est progressivement diminué et conditionné par la soumission à des impératifs comportementaux. Dans tous les cas de figure, et de manière exemplaire dans le dernier cas évoqué, on passe d'une théorie « solidariste » (Ewald, 1986) [1] à une théorie individualiste de la société, conforme au credo libéral du siècle passé (Freeden, 1994) [2]. Tout se passe comme si, à chaque fois que l'individu entre dans une situation de risque social, il doit désormais faire l'évaluation de ses propres mérites et défaillances. Cela a pour résultat – prévu et accepté au nom de la libération des énergies et de l'inégalité des mérites – l'accentuation de la polarisation de la société.

Néanmoins, des orientations semblables en matière de politiques sociales ne préjugent pas d'une convergence vers un modèle libéral.

## *Divergences*

Après quinze années de réformes, des différences extrêmement profondes entre États providence continuent d'exister. La privatisation des services sociaux ou la mise en œuvre de politiques de marché dans le secteur social est très variable. Sur le plan descriptif, il est donc possible de distinguer sommairement deux trajectoires d'États providence : une trajectoire néo-libérale, d'une part, une trajectoire « sociale-européenne », d'autre part. Notre hypothèse est que ces trajectoires ne résultent jamais totalement de l'influence de la globalisation, non plus que de choix collectifs totalement libres, mais d'une combi-

1. François Ewald, *L'État providence*, Paris, Grasset, 1986.

2. Michael Freeden, « Le concept de pauvreté et le libéralisme progressiste au tournant du siècle en Grande-Bretagne », dans F.-X. Merrien (dir.), *Face à la pauvreté*, Paris, Éditions ouvrières, 1994, p. 71-98.

naison de facteurs spécifiques que l'on peut simplement tenter d'esquisser.

Les transformations des politiques sociales aux États-Unis, en Grande-Bretagne, en Australie et en Nouvelle-Zélande illustrent bien la voie néo-libérale la plus radicale. Certes, ces quatre pays appartiennent à la « famille anglo-saxonne [1] ». Le niveau des dépenses sociales est moins élevé qu'en Europe continentale ou nordique. La politique sociale est plutôt de nature résiduelle. Néanmoins, on se doit d'admettre que, par comparaison avec la période d'avant la seconde guerre mondiale et par comparaison avec les pays asiatiques et en voie de développement, ce bloc de pays représente une forme particulière d'État social mettant en œuvre, de manière fragmentaire et spécifique, une protection sociale contre les effets du marché. Dans le cas des États-Unis, l'assurance sociale vieillesse-survivants, les nombreuses lois d'assistance sociale et les déductions fiscales jouent ce rôle. En Grande-Bretagne, l'importance du service national de santé, de l'assurance et assistance vieillesse ne saurait être négligée. Quant à l'Australie et à la Nouvelle-Zélande, avec l'application de lois sociales universalistes et forfaitaires fortement redistributrices, elles apparaissent, jusqu'au milieu des années 1950, comme un modèle à suivre. Dans tous ces pays, une extension relativement lente mais nette en faveur des politiques sociales s'effectue au cours des années 1940 à 1970. Les droits sociaux se généralisent (en matière de pension, par exemple), les catégories de bénéficiaires sont toujours plus nombreuses.

La décennie 1980 marque une rupture brutale avec le cours antérieur. La volonté de détruire le socle de l'État social est clairement affirmée par les dirigeants politiques. La protection sociale, présentée comme contraire à la liberté et à la responsabilité individuelle, est dénoncée comme la cause majeure de la stagnation économique. Dans tous ces pays, les tentatives de destruction de l'État social sont nombreuses et délibérées, même si leurs succès sont inégaux [2].

---

1. Nous empruntons l'expression à Francis Castles, *Families of Nations. Pattern of public policy in Western Democracies*, Darmouth, Adershot, 1993.

2. Voir François-Xavier Merrien, « La restructuration des États providence : "sentier de dépendance", ou "tournant néo-libéral" ? Une interprétation néo-institutionnaliste », *Recherche sociologique*, 2, 2000, p. 29-44.

Dans le cas américain, l'évolution de plus en plus libérale des politiques sociales correspond davantage aux problèmes politiques et idéologiques internes qu'aux pressions économiques externes. La réforme majeure,t celle de l'assistance, résulte d'une perception toujours plus critique envers les pauvres des grandes villes (*underclass*). La nouvelle politique consiste moins à lutter contre les exclusions qu'à obliger les exclus à réintégrer la société du travail. La loi de 1988, la *Family Support Act*, et surtout la loi de 1996 (Temporary Assistance for Needy Families, TANF) symbolisent cette évolution et le passage d'une politique en faveur des pauvres à une politique punitive de remise au travail [1]. En revanche, la remise en cause du système public de retraites a échoué devant la mobilisation des associations de retraités [2]. L'adaptation au contexte international s'est réalisée par les mécanismes classiques de marché : flexibilité des salaires à la baisse, mobilité des travailleurs des régions en voie de désindustrialisation rapide et des secteurs condamnés, vers les régions et les secteurs économiques dynamiques.

Dans les cas britannique, néo-zélandais et australien, l'évolution résulte d'un choix délibéré en faveur de la voie néo-libérale en période de crise économique majeure. Le cas de figure néo-zélandais, moins connu que l'expérience thatchérienne, et qui a pour originalité d'avoir été initié par un gouvernement travailliste, fournit une illustration de ce processus [3].

## *Le tournant néo-libéral des politiques néo-zélandaises*

Dans les années 1960, sous l'action de gouvernements travaillistes (1957-1960 et 1972-1975), la Nouvelle-Zélande fait figure d'État providence avancé. En réalité, la protection sociale comme « barrière contre les méfaits du marché autorégulateur », pour reprendre les termes de Karl Polanyi, passe

1. Le professeur de droit Peter Edelman considère que cette loi constitue « the worst thing Bill Clinton has done » (*Atlantic Monthly*, mars 1997). Il a démissionné pour cette raison de son poste dans l'administration fédérale.

2. Paul Pierson, *Dismantling the Welfare State ? Reagan, Thatcher and the Politics of Retrenchment*, Cambridge, Cambridge University Press, 1994.

3. Voir F. Castles, R. Gerritsen, J. Vowles (eds), *The Great Experiment. Labour Parties and Public Policy Transformation in Australia and New-Zealand*, St Leonard, Allen and Unwin, 1996.

bien davantage par des politiques régulatrices et des politiques salariales que par des politiques de transferts sociaux. La première défense consiste en barrières protectionnistes élevées contre les produits étrangers ; la seconde, en des politiques de régulation et d'égalisation salariale ; la troisième, en une politique généreuse de subventionnement du logement, des services publics gratuits (hôpitaux, écoles, universités). Les trois instruments autorisent des salaires comparativement élevés, et, en période de croissance et de plein-emploi [1], une pression fiscale modeste.

C'est dans ce contexte de crise économique [2] et d'incertitudes sur les politiques à adopter que le Parti travailliste, revenu aux affaires en 1984, rompt avec la politique traditionnelle étatiste et protectrice, poursuivie, aussi bien par les travaillistes que par les conservateurs, depuis les années 1930. Le parti travailliste (Labour Party) entreprend de mettre en œuvre une politique d'inspiration néo-libérale, menée de manière radicale par les conservateurs à partir de 1990. Selon Jane Kelsey [3] (1995), la politique de rupture se résume en cinq points : une politique monétaire et financière libérale, une libéralisation des marchés et du commerce, une dérégulation progressive du marché du travail, une réduction et une modification de la protection sociale, une réorganisation de l'État. Dès l'arrivée au pouvoir des travaillistes, le contrôle des changes est supprimé et les marchés financiers libéralisés. Le contrôle des prix, des salaires, des taux d'intérêt et du crédit est annulé. Le gouvernement adopte une politique monétariste anti-inflationniste dans la droite ligne du consensus de Washington [4]. Cette politique est complétée par une élimination des subventions à l'exportation et la mise en place de barrières à l'importation [5]. La plupart des clauses limi-

1. De 1960 à 1974, le taux de chômage moyen s'élève à 0,17 %.

2. Durant les élections de 1984, les capitaux fuient le pays causant une vaste crise financière. Le dollar néo-zélandais doit être dévalué de 20 %.

3. J. Kelsey, *The New-Zealand Experiment. A World Model for Structural Adjustment ?*, Auckland, Auckland University Press, 1995.

4. Le « consensus de Washington » fait référence à la nouvelle orthodoxie en matière de politiques économiques qui s'impose sur le plan international dans les années 1980 avec le soutien de l'administration Reagan et du FMI.

5. Une des conséquences est la faillite des secteurs non compétitifs. Ainsi entre 1986 et 1991, le secteur industriel perd 25 % de ses effectifs, le secteur agricole 15 % (OCDE, 1996).

tant les investissements étrangers disparaissent. Sur le plan intérieur, de nouvelles lois suppriment les obstacles à la concurrence. Les entreprises publiques sont privatisées [1]. La pression fiscale est nettement réduite [2]. Les impôts directs sont diminués et les impôts indirects sur la consommation augmentés.

En matière sociale, le gouvernement entreprend de restreindre le montant des prestations sociales ou rend leur octroi plus difficile : Les jeunes de moins de 18 ans ne peuvent plus bénéficier de l'assurance-chômage, l'âge de la retraite est reporté à 67 ans, le programme de logement social est stoppé, les conditions pour bénéficier de l'assistance deviennent de plus en plus dures. Lors de la campagne électorale de 1990, le gouvernement socialiste peut se prévaloir d'avoir économisé 800 millions de dollars de dépenses sociales par an. La réforme de l'État, inspirée par les théories du *Public Choice*, est tout aussi radicale et se fonde sur une totale remise en question du modèle classique d'administration publique. Le statut des fonctionnaires est supprimé, les méthodes de management du secteur privé sont instaurées au sein des agences para-étatiques. Les secteurs respectifs de la santé, de l'éducation et des universités [3] sont modifiés dans le même sens.

En Nouvelle-Zélande, comme en Grande-Bretagne, le choc économique est le premier élément qui a conduit à la remise en question de l'héritage social. Mais, dans ces pays, à la différence de l'Amérique latine, l'influence des idées nouvelles est associée à la conquête du pouvoir politique.

À l'opposé de l'orientation radicale vers un modèle néolibéral, la trajectoire « sociale-européenne » peut être définie comme une démarche d'adaptation aux contraintes internationales dans le cadre de systèmes sociaux hérités qui déterminent les voies étroites des réformes possibles.

---

1. En proportion, la Nouvelle-Zélande travailliste privatise davantage d'entreprises publiques que la Grande-Bretagne sous le gouvernement Thatcher.

2. La réduction fiscale introduite en 1988 a pour effet que le taux maximal d'impôt sur les revenus élevés passe de 48 à 33 %, taux parmi les plus faibles des pays de l'OCDE (33 %).

3. R. McInnis, « Less Control and more Vocationalism : the Australian and New Zealand Experience », dans T. Schuller, *The Changing University*, Milton Keynes, Open University Press, 1995.

## *La trajectoire « sociale-européenne »*

Les pays européens n'ont pas seulement dû s'adapter à la nouvelle économie internationale : avec le traité de Maastricht, ils se sont à eux-mêmes imposé des conditions supplémentaires [1]. Les dérives budgétaires et les dévaluations compétitives n'étant plus possibles ; les gouvernements sont fortement enclins à chercher à limiter leurs dépenses de protection sociale. Par nécessité, les préoccupations budgétaires et microéconomiques ont pris une place beaucoup plus importante que par le passé. Dans ce cadre, il faut admettre que tous les gouvernements européens ont emprunté une partie de leurs nouvelles orientations au réservoir d'idées néolibérales : la nouvelle gestion publique, la création (ou le projet) de fonds de pensions privés, la conditionnalité plus grande en matière de droits aux indemnités d'assistance ou de chômage reflètent sans aucun doute cette influence. D'autres réformes peuvent être appréciées comme des recherches pragmatiques d'adaptation à des situations nouvelles sur fond d'emprunts réciproques et d'apprentissage collectif. La tendance générale est à la réduction du montant des pensions de retraite en modifiant les modalités du droit à pension (recul de l'âge légal, augmentation du nombre d'années prises en considération, changement du mode de calcul). Plusieurs États membres de l'Union européenne (Allemagne, Suède, France) ont aussi réduit les taux d'indemnisation en cas de chômage. Au-delà des mesures d'austérité, de très nombreux pays européens cherchent à mettre en œuvre une réorientation de leur système de protection sociale. Les pays scandinaves ont tendance à ajouter une dimension contributive afin d'obtenir, des salariés, une plus grande implication et une plus grande responsabilisation des comportements. Les salariés stables perçoivent désormais une assurance-chômage et une pension, calculées en fonction du salaire antérieur. La gestion par les organisations syndicales et patronales se généralise. Dans ces pays, le secteur associatif joue un rôle beaucoup plus important que par le passé. Le secteur purement privé commence à se développer. Les pays de tradition bismarckienne cherchent au contraire à évoluer partiellement vers un système dit de solidarité nationale (c'est-à-dire fiscalisé), destiné à couvrir les besoins sociaux dans les domaines

1. Voir Elie Cohen, *La tentation hexagonale. La souveraineté à l'épreuve de la mondialisation*, Paris, Fayard, 1996.

hors travail (santé, famille, revenu minimal, politique active de l'emploi...). Ils tendent également à mettre en œuvre des politiques sociales actives (favoriser l'insertion professionnelle et sociale) et plus seulement passives (versement d'allocations), autrefois apanage des pays nordiques. Les droits aux prestations sont plus restreints ; cependant, la notion de droits sociaux de la citoyenneté demeure incontournable. En définitive, dans ces pays, les traditions politiques et culturelles interdisent un retournement total des politiques sociales. Si l'on désagrège les évolutions européennes, il est néanmoins possible de distinguer deux formes d'évolution : une évolution d'adaptation réussie sous forme d'arrangements sociaux renouvelés et une adaptation forcée sur fond de conflits et de compromis difficiles. Suède, Hollande, Danemark symbolisent bien la première évolution. France, Belgique, Italie et Allemagne, la seconde.

### *Capacité de réformes et arrangements sociaux*

La première trajectoire est fondée sur une forte capacité de négociation collective, de réexamen des prestations de l'État social et un refus de la dualisation sociale. À cet égard, le cas hollandais est particulièrement exemplaire. En effet, au milieu des années 1980, l'expression « maladie hollandaise » est couramment employée. Les Pays-Bas sont devenus l'un des États providence les plus généreux dans le monde, le second en Europe, juste après la Suède, en matière de dépenses sociales. Mais cet État social hyper-développé se caractérise aussi par un échec économique dramatique. En 1984, plus de 14 % des Hollandais sont au chômage, un nombre équivalent de travailleurs a quitté le marché du travail au bénéfice de pré-retraites ou de pensions d'invalidité. Dans son étude nationale, l'OCDE estime que si l'on additionne les chômeurs déclarés, les personnes cherchant un travail, les bénéficiaires de pré-retraites et de pensions d'invalidité capables de travailler, le taux réel de chômage avoisine 27 % de la force de travail.

Quelques années plus tard, avec un taux de chômage passé de 12 % (1983) à moins de 4 %, des revenus réels en hausse de 3 %, des taux d'intérêt inférieurs d'un demi-point à ceux de la Bundesbank, un taux d'inflation faible et un fort excédent commercial, la Hollande est devenue un modèle. Le cœur de l'État social se maintient, les droits sociaux sont très élevés et le bien-être social est plus harmonieusement réparti que dans les autres pays européens (à l'exception des pays scandinaves). Les facteurs de ce succès sont au nombre de quatre : la mise en œuvre de la politique de modération salariale négociée et réalisée par le grand accord tripartite de 1982 (accords de Wassenaar), la réforme réussie du système de sécurité sociale au milieu des années 1990, la mise en place de politiques actives volontaristes, le partage du travail enfin. Selon Jelle Visser et Anton Hemerijk, c'est la résurgence d'un corporatisme lucide qui a seul permis « ce miracle [1] ».

L'évolution suédoise présente certaines similarités. Ayant reconquis le pouvoir en 1994, les sociaux-démocrates ont su tirer les leçons de leurs erreurs. Leur programme se présente comme un triptyque : une politique économique agressive en phase avec l'économie mondiale ; une politique de modernisation et de décentralisation des services publics en accord avec les aspirations des nouvelles couches moyennes ; une politique sociale modérée soucieuse d'éviter tout divorce avec sa base sociale. Certaines transformations introduites vont indéniablement dans le sens d'une restriction des droits sociaux, comme le développement des contrats à durée déterminée et des emplois temporaires. Les travailleurs à temps plein continuent cependant de bénéficier de lois protectrices. La Suède reste ancrée dans l'héritage social universaliste-égalitariste et, d'un point de vue international, continue de dispenser une politique sociale très généreuse [2]. Le pourcentage de pauvres est l'un des plus faibles de l'Union européenne et la persistance moyenne dans cette situation est relativement courte (5,5 mois). Dans le même temps, le taux d'occupation de la population est très élevé, le taux de chômage est descendu à 6,1 %, le budget de l'État présente un excédent.

Dans ces deux cas, la capacité à affronter avec succès la contrainte externe est fonction de la qualité et de la force de la coopération entre le capital, le travail et l'État [3]. L'aptitude du

1. Jelle Visser et Anton Hemerijk, *A Dutch Miracle. Job Growth, Welfare Reform and Corporatism in the Netherlands*, Amsterdam, Amsterdam University Press, 1997.

2. M. Kautto, M. Heikkila, B. Hvinden, S. Marklund, N. Ploug (eds), *Nordic Social Policy*, Londres, Routledge, 1999.

3. G. Garrett, *Partisan Politics in the Global Economy*, Cambridge, Cambridge University Press, 1998.

patronat, des syndicats et de l'État à forger des compromis sur les politiques à suivre est considérée comme un facteur particulièrement positif en matière de stratégie économique. Le consensus social tire sa force de ce qu'il permet une plus grande flexibilité et une plus grande efficacité pour affronter les défis économiques internationaux. La politique de consensus permet à la fois un degré élevé de justice sociale et une coopération sociale synonyme de productivité industrielle. D'un point de vue politique, ce système engendre des institutions stables, un plus faible degré de conflits sociaux et une capacité d'action collective plus grande.

## CONFLITS POLITIQUES ET CAPACITÉ DE RÉFORME DE LA PROTECTION SOCIALE

La situation des pays bénéficiant d'un système continental d'État providence, c'est-à-dire reposant avant tout sur les cotisations sociales assises sur le travail, est moins favorable, surtout lorsque, en France comme en Belgique [1], existe une culture de conflits politiques. D'une part, le système bismarckien inscrivant les prestations sociales comme un droit acquis, l'orientation radicale vers un système néo-libéral est difficilement envisageable. Les groupes de bénéficiaires de l'État providence (syndicats, salariés, retraités, agents et usagers des services publics) ont la capacité de s'opposer victorieusement à la mise en œuvre de politiques radicales. D'un autre côté, les coûts de la protection sociale deviennent une charge extrêmement élevée en raison, d'une part, d'une évolution structurelle (vieillissement de la population, augmentation des dépenses de santé), et des coûts de l'ajustement, d'autre part (coût du chômage, des mesures d'assistance, des pré-retraites). La priorité des gouvernements a été de favoriser à tout prix la compétitivité du secteur économique ouvert à la concurrence internationale. Les firmes non compétitives ont cessé

1. Le cas allemand est différent puisque les syndicats sont forts. Pourtant, l'Allemagne connaît une crise économique réelle accompagnée d'une montée importante du chômage. Certains attribuent cette crise à l'incapacité à s'engager dans la voie de l'économie post-industrielle (stratégie industrielle bloquée) ; d'autres à une raison conjoncturelle : les coûts de l'intégration trop rapide de l'Allemagne de l'Est.

d'être soutenues. Les conditions de licenciement ont été facilitées, les départs en pré-retraite des travailleurs âgés systématiquement utilisés comme moyens pour renforcer la productivité des firmes. Cela a pour résultat la profitabilité accrue et spectaculaire des firmes et des balances commerciales excédentaires d'une part, mais un chômage élevé et une pauvreté croissante, d'autre part.

Le cas français [1] illustre assez bien les dilemmes des politiques sociales soumises à la contrainte internationale lorsque la possibilité de trouver des arrangements sociaux internes est très limitée. La difficulté à restreindre les dépenses de protection sociale contraint les gouvernements à des atermoiements ou à la recherche de solutions *ad hoc*. L'impossibilité de toucher aux droits acquis du noyau dur salarié (*insiders*) a pour contrepartie une diminution rapide et significative des droits des *outsiders*. L'attachement au principe de l'État providence conduit à multiplier les politiques d'assistance sans aboutir à une véritable intégration sociale. L'ensemble débouche sur une société profondément dualisée.

Sur le front de la protection sociale des salariés, l'acceptation de la nouvelle orthodoxie économique a pour effet d'obliger les gouvernements français successifs à limiter autant que faire se peut les dépenses et les déficits des régimes de sécurité sociale. Les mesures les plus couramment employées consistent à augmenter les contributions sociales et personnelles à la charge des assurés sociaux, à rendre plus restrictives les conditions d'octroi des droits (par exemple en augmentant les conditions pour bénéficier d'une pension de retraite à taux plein). Mais les plans sociaux successifs, que ce soit en matière de santé (plan Bérégovoy de 1983, plan Séguin de 1986, plan Aubry de 1999), en matière de pensions de retraite (plan Balladur, plan Juppé, projets du gouvernement Jospin), sont insuffisants à limiter les déficits. Une autre voie passe par de nouveaux modes de financement. L'instauration de la CSG (contribution sociale généralisée) évite d'avoir à augmenter le poids des charges sociales. Mais les projets les plus audacieux succombent devant la mobilisation des salariés et des syndicats. Le cas le plus récent et le plus illustratif est celui du plan Juppé de 1995. Cette réforme du système de sécurité sociale qui, dans l'esprit, n'est pas si éloignée des propositions du Parti socialiste, est presque totale-

1. F.-X. Merrien, *Social Welfare and the Rhetoric of Solidarity in France*, Atlanta, APSA Congress, août 1999.

ment abandonnée devant les oppositions politiques et syndicales [1]. Le Parti socialiste revenu au pouvoir en 1996 répugne, depuis lors, à prendre des mesures nécessaires qui pourraient se révéler impopulaires. Sur le front des politiques d'assistance, les résultats ne sont guère plus satisfaisants. Le revenu minimum d'insertion (RMI), créé en 1988, a suscité de grands espoirs. Les résultats en sont d'autant plus décevants. Le nombre de bénéficiaires est constamment croissant, représentant plus d'un million de personnes en 1999. Les mesures d'insertion sont presque inexistantes et le nombre de RMistes ayant retrouvé un travail est très faible. En France, les politiques « actives » sont nombreuses mais, à la différence des pays scandinaves, elles sont d'une faible efficacité. Les différentes politiques poursuivies en faveur des jeunes sans emploi en sont l'illustration. Les jeunes faiblement qualifiés passent d'un « emploi-solidarité » à un autre, et souvent se retrouvent au chômage ou allocataires du RMI lorsque leurs droits sont éteints [2].

Le bilan français est loin d'être exemplaire. D'une part, les salariés du noyau dur de la force de travail continuent de bénéficier de régimes de sécurité sociale avantageux (en matière de santé, de retraites) et d'un droit du travail protecteur. À l'autre extrémité, les outsiders (jeunes sans qualification ou sans expérience professionnelle, femmes sans qualification) connaissent une détérioration rapide de leur protection. Les contrats à durée déterminée et l'intérim sont devenus la règle pour eux. Leurs conditions de travail ont des effets négatifs sur leurs droits sociaux (plus particulièrement en matière d'assurance chômage et surtout – sur le long terme – en matière d'assurance vieillesse [3]).

La France est à l'exact opposé des régimes sociaux corporatistes. Les syndicats, qui ne représentent qu'une faible partie de la société salariale [4], ont gardé une capacité de mobilisation

1. F.-X. Merrien, G. Bonoli, « Implementing Major Welfare State Reforms. A Comparison of France and Switzerland. A New-Institutionalist Approach », dans Stein Kuhnlen (ed.), *2000, Survival of the European Welfare State*, Londres, Routledge, 2000, p. 128-145.

2. DARES, *Quarante ans de politique de l'emploi*, Paris, La Documentation française, 1996.

3. Du fait de la faible durée de leurs cotisations sociales, ils n'auront droit qu'à des pensions dérisoires.

4. Le taux de syndicalisation est passé de 22 % en 1970, à 19 % en 1980, à 12 % en 1988, et finalement à 9 % en 1994. Ajoutons que les syndiqués se partagent entre quatre organisations rivales.

protestataire forte. Mais cette dernière s'exerce essentiellement au profit des salariés et des ex-salariés (retraités). La capacité à entrer en négociation sur une solution collective est inexistante. Le consensus sur certaines mesures comme le départ en pré-retraite, largement utilisé en France, est ambigu. La mesure est très populaire chez les salariés, mais elle ne crée pas d'emplois pour les jeunes. Elle permet aux entreprises de rationaliser leur production et pèse d'un poids élevé sur les dépenses de pensions. Les exclus du marché du travail subissent pour leur part une détérioration rapide de leurs droits sociaux. La seule contre-partie est le bénéfice de minima sociaux situés à un niveau extrêmement bas. En conclusion, la position française peut être définie de la manière suivante : une rationalisation difficile de la sécurité sociale par la méthode essai/retrait d'une part, une rentabilisation de la profitabilité des entreprises par le « dégraissage » des effectifs et l'amélioration générale des qualifications et des processus productifs, d'autre part, une politique d'assistance résiduelle permettant tout à la fois de maintenir la fiction de la solidarité nationale et la paix sociale, enfin. Le résultat est que si la France connaît, depuis deux ans, l'une des plus fortes croissances économiques en Europe, le taux de chômage reste supérieur à 9 % (et le double pour les jeunes) et le nombre de bénéficiaires de l'assistance supérieur à un million.

Il est difficile d'assimiler totalement l'évolution française à celle des autres États providence continentaux. Néanmoins, les problèmes auxquels ils sont confrontés sont assez similaires : en premier lieu, la nécessité de réduire les taux de prélèvement sur les salaires qui pèsent sur la compétitivité des entreprises tout en évitant les conflits sociaux majeurs que ces mesures risquent d'entraîner ; en second lieu, le besoin de maintenir un effort social important pour permettre la transition économique, la difficulté à résoudre la question de l'emploi. Le dilemme, recherche de compétitivité/maintien de la solidarité nationale, est donc particulièrement aigu.

*

Le régime économique international au sein duquel se meuvent aujourd'hui les États providence est donc profondément différent de celui des décennies suivant la seconde guerre mondiale. La transformation des conditions externes déstabilise le fondement des politiques sociales-keynésiennes antérieurement menées et rend impossible ou difficile le maintien par les décideurs politiques du cap des années de grande croissance industrielle. Dans un contexte de dérégulation internationale, toute politique expansionniste, budgétaire ou monétaire, se traduit par une crise économique. Les marges de manœuvre sont donc restreintes. Des politiques budgétaires, monétaires et fiscales restrictives associées à une politique de l'offre apparaissent, d'une certaine manière, comme la seule option possible. La résolution de la question sociale est d'autant plus délicate que les problèmes internes se posent avec acuité. Tous les États développés se trouvent confrontés à des problèmes sociaux nouveaux dérivant, soit du nouveau contexte international (désindustrialisation, chômage, pauvreté), soit d'évolutions sociologiques (vieillissement de la population, moindre stabilité des structures familiales). Le nouveau dilemme des politiques sociales est donc de savoir comment maintenir l'effort social indispensable quand les dérives budgétaires ou inflationnistes ne sont plus possibles.

Dans ce contexte, les recettes préconisées par les nouvelles communautés épistémiques néo-libérales jouissent d'une grande influence. Les solutions préconisées – privatisation des systèmes de santé et de pensions, ciblage des prestations sociales, amaigrissement de l'État providence, libération des énergies individuelles – ont pour point commun de permettre d'amoindrir le fardeau budgétaire des problèmes sociaux. Le programme est, en outre, fort apprécié des détenteurs de capitaux qui investissent plus facilement dans les pays où les impôts et les charges sociales sont faibles.

Cependant, l'analyse concrète des trajectoires d'États providence révèle qu'il existe peu de signes de transformations profondes et structurelles des États providence qui permettraient de parler globalement de la fin, ou du déclin généralisé des États providence. Bien au contraire, même lorsqu'il existe des réorientations, des remises en cause ou des adaptations des systèmes de sécurité sociale, il apparaît que, sauf dans le cas de quelques pays, peu nombreux, qui ont résolument opté pour la voie néo-libérale, la majorité des gouvernements s'efforce de maintenir le cœur de leur État social.

L'analyse permet de mettre en évidence quatre modèles de réorientation : une réorientation contrainte qui est celle des pays en développement, une réorientation choisie qui est celle des pays ayant opté en faveur des solutions néo-libérales, une réorientation consensuelle sur fonds d'arrangements concertés, une réorientation pragmatique là où les conflits sociaux ne permettent pas de trouver de solutions consensuelles. Dans chacun des cas, la globalisation n'est que l'un des facteurs de la réorientation des politiques sociales. Mieux, une comparaison des performances économiques des pays développés au cours des dix dernières années fait clairement apparaître que ceux qui ont choisi de s'orienter le plus nettement dans la voie libérale ne sont pas toujours ceux qui ont rencontré les succès les plus éclatants. Les pays qui réussissent le mieux ne sont pas nécessairement ceux dont les salaires sont les plus bas, ni ceux qui ont le plus déstructuré le marché du travail (comme la Nouvelle-Zélande ou la Grande-Bretagne), mais au contraire les pays qui ont combiné capacité de négociation collective, réexamen des prestations sociales (ce dont la France se révèle incapable faute de consensus social), effort global de solidarité et refus de la dualisation sociale (comme la Hollande, la Suède ou le Danemark).

François-Xavier MERRIEN

*CHAPITRE 4*

# LE SYSTÈME DU COMMERCE MONDIAL ET LA CLAUSE SOCIALE

« Nous sommes l'Europe de demain et nous demandons aux politiciens d'abattre tous les murs qui séparent les peuples ; les murs matériels et les murs dans les esprits. » (Discours d'une jeune Française lors des célébrations du 10e anniversaire de la destruction du mur de Berlin, 10 novembre 1999.)

L'impact de la mondialisation sur le système de protection sociale est l'objet de préoccupations croissantes pour les gouvernements et pour les groupes d'intérêts des pays développés. Le processus de mondialisation s'accélère, induit par les progrès technologiques, par la libéralisation des échanges et des investissements ainsi que par la diminution des coûts des transports et de communication. L'impact de la mondialisation s'élargit. Tandis que, par le passé, les employés des industries manufacturières étaient pratiquement les seuls à subir le contrecoup de la concurrence globale, aujourd'hui la plupart des emplois sont touchés, y compris le secteur des services. La mondialisation s'inscrit dans un contexte marqué par des craintes pour la sécurité de l'emploi et par une accentuation des inégalités. Cela conduit à s'interroger sur la viabilité politique et sociale de cette dynamique.

Est-il rationnel, dans ces circonstances, d'utiliser la politique commerciale comme instrument de promotion de la politique sociale ? En d'autres termes, les liens entre le commerce international et les conditions de travail au sein de l'Organisation mondiale du commerce (OMC) doivent-ils être renforcés ou combattus ?

Cette étude suggère qu'à mesure que l'intégration économique progresse et que l'espace économique international s'élargit, la convergence internationale des droits des travailleurs et des prestations de protection sociale apparaît comme une condition *sine qua non* d'une économie mondiale socialement juste. Il est néanmoins démontré que des engagements économiques dans le domaine de la protection sociale et des normes de travail ne doivent pas faire l'objet d'accords au sein de l'OMC. Le lien entre protection sociale et commerce doit se limiter aux exigences élémentaires concernant le processus décisionnel. La garantie d'un minimum de règles de démocratie industrielle (participation des employés aux décisions affectant leurs conditions d'emploi) encouragerait chaque membre de l'OMC à rechercher son propre optimum de protection sociale dans le respect de toutes les parties concernées.

## LA MONDIALISATION

La mondialisation est une force qui naît aussi bien de la vie scientifique et intellectuelle que des activités du commerce et des firmes multinationales. Les deux sœurs cosmopolites – la science et la technologie – intensifient leur emprise sur la vie économique et sociale [1]. L'anglais, langue internationale la plus parlée au monde, gagne encore du terrain. Les réseaux virtuels se multiplient rapidement à l'échelle mondiale. Le poids des distances diminue à mesure que les coûts des communications et des transports baissent. Durant les deux dernières décennies, la production mondiale a augmenté de 40 %, le volume des échanges internationaux a doublé et la valeur des investissements étrangers directs s'est accrue de 450 % [2]. Il y a vingt ans, les deux tiers de la main-d'œuvre étaient localisés dans des pays séparés des marchés mondiaux. Aujourd'hui, seul un emploi sur dix est localisé dans des pays en autarcie.

1. Kaku, 1999.
2. WTO, 1999 ; Henderson, 1999.

La mondialisation et l'internationalisation sont des processus qui coexistent et se renforcent mutuellement. L'internationalisation constitue un phénomène essentiellement quantitatif signifiant l'élargissement de l'espace géographique des opérations économiques. Elle se poursuit à travers des échanges internationaux entre des unités économiques indépendantes, le mouvement des capitaux financiers et une intégration économique dite « superficielle » (*shallow integration*). La mondialisation implique, en revanche, un changement qualitatif : l'intégration fonctionnelle des activités des entreprises au niveau mondial [1]. Il s'agit d'une intégration « en profondeur » (*deep integration*), c'est-à-dire l'accroissement de la coopération entre des unités de production interdépendantes localisées dans différents pays et une convergence des réglementations nationales.

Au cours des quatre premières décennies depuis la seconde guerre mondiale, la libéralisation commerciale multilatérale était centrée sur l'élimination des restrictions quantitatives et l'abaissement des droits de douane. Elle constituait donc une action en faveur d'une intégration économique dite « superficielle ». À partir de l'*Uruguay Round* (1986-1994), le système multilatéral du commerce s'est engagé sur la voie d'une harmonisation des réglementations nationales, c'est-à-dire en faveur d'une intégration économique en « profondeur ». Le développement de cette intégration laisse présager que les dispositions de protection sociale nationales échapperont difficilement à une harmonisation internationale des règles élémentaires et à une convergence des prestations sociales minimales.

Malgré ses multiples réalisations, la mondialisation n'en est qu'au terme de sa première phase de développement et semble vouée à un futur prometteur. Aujourd'hui, seuls 5 à 6 % de la main-d'œuvre des pays de l'OCDE sont engagés dans la fabrication de produits destinés aux marchés en développement. 11 % du stock du capital des pays pauvres provient du monde industriel et cela ne constitue que 2 % du stock du capital des pays riches [2]. Relevons également que mis à part certains marchés véritablement mondiaux, tels que ceux des produits électroniques, aéronautiques ou d'équipements, nombre d'industries restent ancrées dans le cadre national. En outre, la logique de la

1. Vernon, 1971.
2. Banque mondiale, 1999.

mondialisation n'a guère d'effet sur la main-d'œuvre dont la mobilité reste très limitée. Elle est en effet assujettie à d'insurmontables pressions protectionnistes et à de fortes réticences nationalistes. Le processus de mondialisation poursuit néanmoins son développement, ses acteurs principaux étant les firmes tournées vers les marchés étrangers. Les entreprises opèrent de plus en plus à l'échelle internationale, voire globale. La part de la production des filiales étrangères dans le PIB mondial, évaluée à 5 % au début des années 1980, a grimpé à presque 7 % à la fin des années 1990 [1]. Le nombre des employés de sociétés internationales a fortement augmenté au cours des deux dernières décennies. Actuellement, il se situe autour de 73 millions d'individus. 25 millions d'entre eux sont employés par des entreprises américaines à l'étranger dont 12 millions dans des pays en voie de développement [2]. La société General Electric, par exemple, est le plus grand employeur du secteur privé à Singapour, de même que Motorola en Malaisie [3].

La peur du changement, la crainte des pertes d'emplois et les réticences quant à l'intensification de la concurrence encouragent les oppositions au processus de mondialisation. Les nombreuses communautés qui vivent dans la précarité conçoivent cette évolution de façon alarmante. Les employés des pays riches, plus particulièrement le personnel non qualifié ou possédant peu de compétences polyvalentes, la perçoivent également comme préjudiciable à leur bien-être. En Europe, la mondialisation est considérée comme une menace pour les acquis sociaux de l'« État providence ». Au Japon, elle est perçue comme la raison principale du démantèlement de l'emploi à vie. Aux États-Unis enfin, comme une source de pression concurrentielle à laquelle s'opposent les syndicats. Dans la foulée des critiques relatives au libre-échangisme ou à l'internationalisation, l'OMC est également accusée de tolérer des salaires excessivement bas et des conditions de travail inhumaines. On lui reproche en conséquence une morale sociale lacunaire.

---

1. CNUCED, 1998
2. Hirst et Thompson, 1999.
3. *Financial Times*, 5 novembre 1999.

À l'aube du troisième millénaire, la mondialisation achève sa première phase de développement « sauvage ». Elle apparaît cependant comme un processus inévitable. Le véritable défi est de trouver comment faire pour que cette mondialisation soit perçue comme un avantage plutôt que comme une menace par les travailleurs et les couches les plus défavorisées de la société. Un dialogue social à l'échelle internationale semble inévitable et révèle le besoin d'une nouvelle composante éthique [1]. Afin de poursuivre ce processus, il est impératif de favoriser une convergence des réglementations nationales, non seulement en ce qui concerne les normes techniques, phytosanitaires ou la propriété intellectuelle, mais aussi dans le domaine de la protection des droits des travailleurs et des couches les plus défavorisées de la société. Reste à déterminer la rationalité économique d'une telle convergence et les modes d'application pratique d'une harmonisation internationale des conditions sociales.

## LES DIMENSIONS DE LA PROTECTION SOCIALE

Le concept de protection sociale repose sur le postulat qu'il est immoral de traiter un être humain comme un moyen pour atteindre une fin. Cette idée générale se concrétise dans le principe que tout travailleur a le droit à une dignité sociale et que les éléments les plus vulnérables de la société doivent être protégés [2]. D'Aristote à McIntyre, en 1984, les défenseurs de l'éthique sociale se sont prononcés contre un système productif dépourvu de considérations communautaires et ont affirmé la priorité de l'être humain sur le capital et le profit. Aujourd'hui comme hier, de multiples formations politiques, syndicales et religieuses reconnaissent la priorité des droits des travailleurs sur le capital. Citons, par exemple, l'encyclique *Laborem Exercens,* publiée en 1991, qui argumente en faveur de la protection sociale.

1. Kant, 1787.
2. Rawls, 1971.

Tableau 1. *La protection sociale : le processus décisionnel, les normes de travail et le niveau de revenu*

| *Processus décisionnel*<br>1 | *Normes de travail*<br>2 | *Revenu du travailleur*<br>3 |
|---|---|---|
| La liberté syndicale<br>Le droit à des négociations collectives<br>Le processus politique concernant le choix public dans le domaine de la protection sociale (la démocratie du processus décisionnel)<br>Les modes du contrôle de l'application des règles dans le domaine de la protection sociale | L'interdiction du travail forcé<br>La réglementation du travail des enfants<br>Les normes de sécurité et d'hygiène au travail<br>La réglementation sur le temps de travail<br>Le droit à la discrimination dans l'emploi<br>La réglementation de l'accès au marché du travail pour la main-d'œuvre étrangère | Le niveau des salaires et le salaire minimum<br>L'assurance maladie<br>L'assurance retraite<br>L'assurance chômage<br>L'assurance accident<br>Congés payés annuels<br>Congé maternité |

La protection sociale est une notion vaste et complexe qui recouvre des éléments tels que les normes du travail, les droits des travailleurs, la sécurité sociale ou la protection du marché du travail. Malgré les nombreuses conventions de l'OIT, la liste des normes et des engagements couverts par le concept de la « protection sociale » ou des « droits des travailleurs » varie considérablement, sans parler du niveau de protection effectivement offert. Du point de vue économique, trois dimensions essentielles d'un système national de protection sociale peuvent être considérées : le processus décisionnel ; les normes de travail ; les prestations économiques de la protection sociale. Une analyse éthique de ces trois éléments doit établir « le minimum moralement acceptable » de la protection sociale.

Le jugement éthique concernant les prestations économiques est nécessairement relatif : un salaire considéré comme acceptable au Bangladesh ne le sera pas en France ou en Allemagne. Cette relativité est moindre dans le cas des normes de travail (par exemple : la durée du travail) et encore plus faible dans le domaine de la liberté individuelle et du droit élémentaire à des négociations collectives. Cette logique nous amène à dire que la communauté internationale devrait insister sur la reconnaissance et le respect de certaines règles minimales concernant la liberté du choix du travailleur et de la démocratie industrielle. La démonstration qui suit renforcera encore une telle argumentation.

L'analyse économique se penche sur la recherche d'un optimum social pour chaque économie nationale concernée et sur l'impact de la réglementation sociale sur la position concurrentielle des entreprises du pays.

## LA MONDIALISATION NUIT-ELLE À LA PROTECTION SOCIALE ?

La relation entre la mondialisation et le niveau de protection sociale est complexe et se prête mal à une simplification réductionniste. Le schéma du tableau 2, présentant plusieurs forces souvent contradictoires intervenant et façonnant ces relations, n'est qu'une simplification mécaniste d'une interdépendance vaste et sophistiquée.

Proposition 1. *La pression concurrentielle de la mondialisation constitue une menace pour la protection sociale.*

Traditionnellement, les crises étaient perçues comme ayant des causes propres aux pays dans lesquels elles avaient lieu. Avec l'internationalisation, les influences provenant de l'extérieur sont désormais perçues comme les principales sources de difficultés économiques et sociales. Au lieu de souligner les facteurs internes affectant l'État providence, tels que le vieillissement de la population, la bureaucratisation ou l'endettement public, il est plus facile de blâmer la mondialisation lors de crises ressenties par la population [1]. La mondialisation est désormais appréhendée par l'opinion publique des pays développés comme une source de malheurs économiques et d'atteintes à l'« État providence ».

Le processus de mondialisation a, bien entendu, sa part de responsabilité dans les problèmes sociaux. En effet, la pression concurrentielle et l'ajustement structurel se traduisent par la disparition en masse d'emplois industriels dans les pays développés,

1. Esping-Andersen, 1999.

où les services deviennent dominants et laissent de nombreux travailleurs peu qualifiés sans emploi [1]. Dans ce sens, la mondialisation provoque une baisse des revenus ou une croissance du chômage. Elle contraint les pays développés à faire face à plus de pauvreté, surtout dans des zones où la main-d'œuvre est la moins qualifiée, comme c'est le cas dans l'industrie textile, l'industrie de la chaussure ou les nombreux emplois dans l'agriculture.

On notera que la situation sociale des pays émergents est bien plus affectée par les effets pervers de la mondialisation. L'exploitation extrême des bas salaires et l'utilisation abusive des enfants en tant que main-d'œuvre par certains entrepreneurs locaux et sociétés multinationales rappellent les descriptions marxiennes du capitalisme primitif au XIX^e^ siècle. Les récentes études sur l'industrie de la chaussure réalisées par l'Union des consommateurs et le département du Travail aux États-Unis offrent de bouleversantes descriptions de ces pratiques aussi bien dans les pays pauvres qu'en Amérique du Nord [2].

Soulignons néanmoins que la réalité sociale de nombreux pays en voie de développement est différente de celle des pays avancés, si l'on considère qu'une grande partie de la main-d'œuvre est employée dans le secteur informel et que celui-ci n'offre aucun accès à une protection sociale légale. En Bolivie, en Colombie, en Gambie, au Mali, en Tanzanie et en Zambie, le travail « au noir » est la plus grande source d'emploi urbain [3]. Cet état des choses appelle deux remarques : premièrement, la majeure partie des travailleurs des pays pauvres ne bénéficiera guère du renforcement des critères formels de la protection sociale ; deuxièmement, on peut soutenir que l'accroissement de la prospérité (à laquelle la libéralisation des échanges contribue de façon significative) est une condition nécessaire à l'amélioration de la protection sociale des pays pauvres.

Il n'y a aucun doute que la mondialisation est aussi à l'origine de pressions croissantes sur les entreprises de l'OCDE désirant réussir dans un marché global. Cherchant à améliorer la compétitivité de leurs firmes face à la concurrence étrangère, les entrepreneurs remettent en question certains acquis sociaux. Une

1. BIT, 1999.
2. Karpatkin, 1999.
3. ILO, 1999.

telle tendance est encouragée par le modèle du libéralisme américain tel qu'il s'est déployé aux États-Unis sous l'administration Reagan. Les travailleurs européens se méfient à juste titre d'un modèle qui laisse 20 % de la population sans protection médicale et tolère que l'espérance de vie des populations de race noire africaine soit inférieure à celle des ouvriers de l'Inde ou de la Chine, et cela dans une période de conjoncture favorable. Certains auteurs attribuent le ralentissement du taux de ratifications des conventions de l'OIT au cours des dix dernières années à la crainte d'affaiblir la position concurrentielle du pays mais aussi à la disparition de la menace communiste [1].

Proposition 2. *La mondialisation mène à l'expansion des activités efficaces et augmente le bien-être social qui, à son tour, favorise la protection sociale.*

« L'échange, écrivait Ricardo en 1817, lie entre elles toutes les nations du monde civilisé par le nœud commun de l'intérêt, par des relations amicales, et en fait une seule et grande société. » Le système de l'OMC est basé sur cette doctrine, affirmant que les échanges internationaux servent les intérêts collectifs. Lorsque chaque nation se spécialise dans des activités productrices où elle dispose d'un avantage relatif, elle bénéficie et fait bénéficier ses partenaires commerciaux d'une division salutaire du travail. La loi des avantages comparatifs conduit à estimer que, dans son ensemble, chaque pays a tout intérêt à promouvoir le processus de mondialisation et à être libre-échangiste. Des études empiriques suggèrent en effet qu'il existe une relation positive (au moins à long terme et dans la plupart des pays étudiés) entre l'ouverture d'une économie sur l'extérieur et sa croissance. Une étude récente basée sur des données comparatives entre 93 économies nationales et de multiples indicateurs d'ouverture conclut que les économies les plus ouvertes sont celles dont le rendement des facteurs de production augmente le plus rapidement [2]. Une autre étude démontre que, parmi les pays en voie de développement, ceux ayant opté pour une ouverture ont bénéficié d'un taux de croissance supérieur de 3,5 % par rapport à ceux ayant choisi la voie du protectionnisme [3]. Finalement, Ben-

1. Maupain, 1997.
2. Edwards, 1999.
3. Sachs, Warner, 1995.

David montre, dans son dernier ouvrage, que l'augmentation du taux « exportation/production » était corrélée avec l'augmentation de la croissance économique moyenne dans l'Europe de l'après-guerre. En 1999, un rapport du BIT conclut également : « [...] Aucune donnée d'observation ne vient étayer l'argument selon lequel les pays dont l'économie est relativement "ouverte" disposent de systèmes de protection sociale plus restreints ou moins onéreux que ceux qui possèdent une économie plus fermée. »

L'analyse en termes d'avantages relatifs constitue également une des argumentations essentielles en faveur du libre-échange comme facteur garantissant un niveau de protection sociale toujours plus élevé. Puisque la mondialisation contribue à augmenter le bien-être du pays, la capacité et la volonté d'allouer plus de ressources à la protection sociale ont une forte probabilité d'augmenter. Il en découle que le commerce international n'est guère l'ennemi des travailleurs. La pauvreté est le véritable problème que la protection sociale doit résoudre et les échanges internationaux peuvent apporter, dans une telle lutte, une contribution importante.

On notera néanmoins que, malgré sa participation à la prospérité, le mondialisme économique n'avantage pas toujours la protection sociale. Tout d'abord, les études empiriques suggèrent que certains pays n'ont pas su bénéficier de la mondialisation. L'absence de la convergence du revenu *par habitant* entre les pays est, par exemple, particulièrement inquiétante dans le cas des pays les moins avancés [1]. De plus, la mondialisation donne lieu à des ajustements du marché de l'emploi qui tendent, dans de nombreux cas, à accroître les inégalités de revenus, certains groupes bénéficiant du processus de mondialisation davantage que d'autres [2]. En prenant l'exemple de la Suisse, les perdants de la mondialisation se trouvent être les travailleurs non qualifiés, alors que, dans certains pays moins avancés, ce sont les citadins à bas revenus qui en sont victimes [3].

Certains auteurs soutiennent également que, dans les pays émergents, le processus de mondialisation favorise l'apparition d'une classe moyenne internationale peu portée à partager ses

1. Ben-David, 2000.
2. BIT, 1999.
3. BIT, 1999.

Tableau 2. *La mondialisation et la protection sociale : quel impact ?*

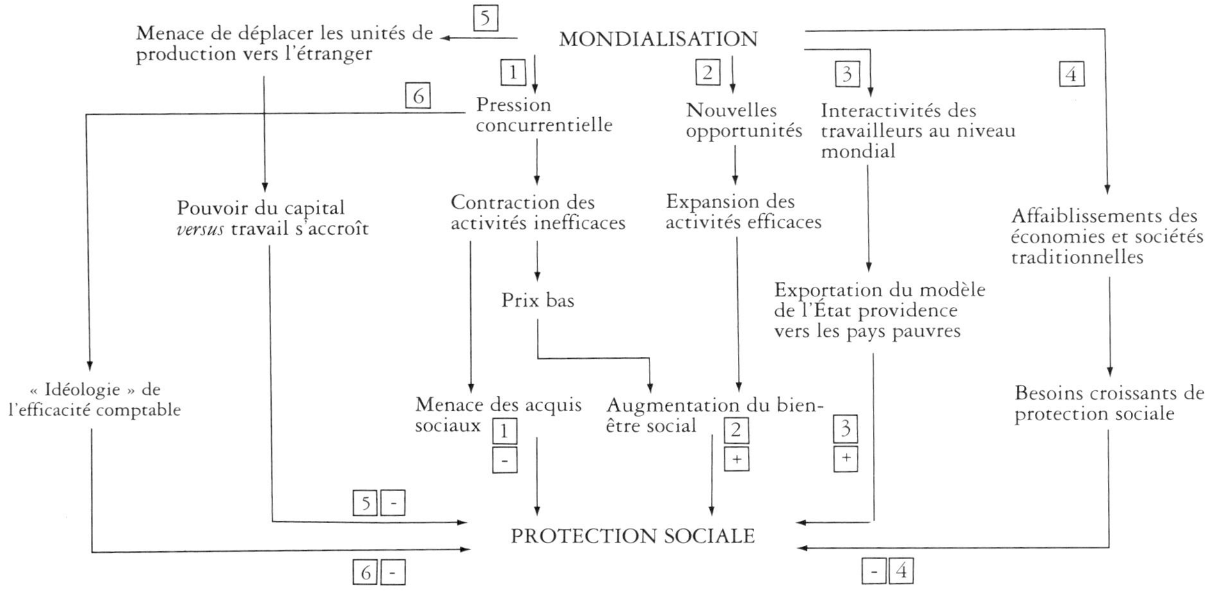

revenus avec les populations défavorisées. En 1993, John Kenneth Galbraith parle dans ce contexte de la « république des satisfaits », constituée de citoyens profitant déjà d'une prospérité relative mais qui, pour le meilleur ou pour le pire, s'opposent à tout genre de politique publique en faveur de l'assistance sociale.

Un autre argument de taille en faveur de la mondialisation comme promoteur du social est lié à son impact sur les réformes économiques et politiques. En fait, le sous-développement trouve fréquemment ses origines dans des structures de pouvoir sclérosées et dans une réglementation nationale décourageant l'entreprise et les marchés efficaces. Dans un tel contexte, la mondialisation augmente la pression sur les structures archaïques et sur les cartels nationaux. Elle crée aussi des débouchés pour les entreprises et offre du travail à de vastes couches de la population. Une pression concurrentielle de la mondialisation n'est pas non plus sans effet sur les performances sociales des États. Certains services publics sont sclérosés et doivent être profondément réformés pour satisfaire les besoins et les exigences de leur clientèle. La concurrence internationale peut favoriser ces réformes des administrations publiques [1].

Proposition 3. *La mondialisation élargit l'espace de solidarité sociale.*

La protection sociale, dans sa version traditionnelle, définit l'espace de solidarité d'une manière rigide et nationaliste. Il en résulte le protectionnisme du marché du travail et la sévérité extrême avec laquelle l'« État nation » punit toute forme d'intrusion telle que celles des clandestins et des travailleurs « au noir ».

La mondialisation peut favoriser une prise de conscience de l'opinion publique à l'égard des problèmes sociaux de la société internationale, renforçant ainsi le sentiment de responsabilité des classes sociales aisées à l'égard des gens vivant dans la précarité. En intensifiant les liens entre les travailleurs de différents pays, la mondialisation contribuerait à la promotion du modèle de l'« État providence » dans des pays faiblement portés vers le social. Cet effet de démonstration concerne surtout les normes

---

1. Osborne et Gaebler, 1992 ; Kostecki, 1994.

de travail et les processus décisionnels dans le domaine social. Elle favorise une redéfinition des frontières politiques et sociales. Elle risque, en revanche, de mettre en danger les acquis sociaux des pays les plus avancés. Il est peu crédible cependant de parler d'un nouvel espace de solidarité sans donner davantage de moyens économiques aux travailleurs les plus démunis des pays pauvres. Ces travailleurs ne demandent pas l'aumône mais un meilleur accès de leurs produits aux marchés des pays riches. Il s'agit de produits tels que les textiles, les produits agricoles, les services intensifs en main-d'œuvre ainsi que d'un assouplissement des règles de mobilité temporaire du travail favorisant ainsi l'apprentissage, le transfert du savoir-faire et l'établissement de liens de proximité entre les producteurs du Tiers Monde et les consommateurs des pays développés. (Ce dernier point semble constituer une des principales revendications des pays en voie de développement au sein de l'OMC pour les années à venir.) Il est vrai, cependant, que la mondialisation se traduit aussi par la concentration du pouvoir économique dans les mains d'une élite cosmopolite dont l'esprit de responsabilité à l'égard de l'État-nation se délite.

Proposition 4. *En affaiblissant la société traditionnelle, la mondialisation augmente le besoin de protection sociale*

La croissance, encouragée par une intégration dans une économie globale, favorise l'apparition de grands centres urbains et contribue à la disparition des sociétés fondées sur des liens de solidarité traditionnels. Elle laisse un vide social et accentue les déséquilibres. Elle participe à la renaissance du conflit entre les classes même si les lignes de division ne sont plus les mêmes que celles des décennies passées. D'une part, la mondialisation fragilise encore davantage les travailleurs peu qualifiés employés dans le secteur informel. D'autre part, elle favorise une élite éduquée, mobile, cosmopolite et entreprenante, s'exprimant en anglais et familière avec les outils informatiques. Cette élite peut être définie selon le terme anglais de *knows* auxquels l'économie globale du savoir offre toutes les opportunités, quel que soit le pays dans lequel ils sont basés.

Proposition 5. *L'option de déplacer la production vers l'étranger renforce le pouvoir du capital au détriment de celui du travail et constitue une menace pour la protection sociale.*

Dans l'économie nationale, la mondialisation a radicalement modifié le rapport du pouvoir entre le travail et le capital. La menace de délocalisation des unités de production, même en période de haute conjoncture, affaiblit les capacités de négociation salariale des travailleurs. La mondialisation facilite la mobilité des entreprises vers des pays aux charges sociales moins élevées ou offrant de meilleures conditions d'accueil pour des investisseurs étrangers [1]. L'exode des postes de travail vers des pays à bas salaires (mais à productivité relativement élevée) risque de s'intensifier encore plus si les défenseurs de l'« État providence » insistent pour lui conserver la structure donnée il y a maintenant quarante à cinquante ans. Il n'y a guère de doute que la logique de l'exploitation de la main-d'œuvre des pays en voie de développement aggrave encore cette tendance. Pendant qu'à Singapour, en Malaisie ou en Thaïlande, un employé travaille en moyenne plus de 2 300 heures par an, la durée du travail se situe à 1 500 heures en Allemagne, en France, en Norvège ou en Suède. Cette tendance ne s'améliore guère : alors que la durée du travail baisse encore dans certains pays de l'OCDE, celle-ci augmente pour les employés en Chine, au Sri Lanka, en Malaisie ou en Thaïlande [2]. Notons aussi que la mondialisation n'est pas sans effet sur l'assiette fiscale des régions et des pays : la mobilité accrue des entreprises et des individus, de même que le développement du commerce électronique contribuent en effet à la concurrence dans ce domaine [3].

Proposition 6. *La mondialisation renforce l'idéologie de l'efficacité comptable qui appréhende l'individu en fonction de sa productivité au sein de la firme.*

Le moteur de la mondialisation est la recherche de l'efficacité, principale légitimation de l'influence et du pouvoir. L'emprise de l'idéologie de l'efficacité comptable s'élargit rapidement et gagne du terrain. Tout doit se mettre en marche au rythme du plus efficace, du plus productif. La source du problème est la définition de ce que le système mesure comme production. Le fait que la performance ne soit pas définie à l'échelle de l'homme et de ses véritables besoins mais de manière mécaniste est à l'ori-

1. Brossard, 1997.
2. ILO, 1999.
3. Tanzi, 1995.

gine de la « glaciation » de notre société. L'impératif d'une valeur toujours plus grande pour l'actionnariat et la recherche du rendement gardent la primauté et causent des dégâts humains considérables. Une telle tendance se voit encore renforcée par la concurrence internationale et se propage dans des régions de plus en plus éloignées des centres financiers.

En conclusion, les individus, les groupes socio-économiques et les pays ne participent pas à la mondialisation sur un pied d'égalité. Néanmoins, il est impossible de juger de l'impact de la mondialisation sur la protection sociale sans prendre note des cas concrets et sans mesurer les variables explicatives. Les considérations telles que l'augmentation du bien-être social et l'exportation du modèle d'« État providence » contribuent à renforcer le degré de la protection sociale. La pression concurrentielle, le pouvoir accru du capital, le renforcement de l'idéologie de l'efficacité comptable et l'affaiblissement des sociétés traditionnelles semblent, en revanche, nuire au progrès social.

Dans les pays en voie de développement, les effets pervers de la mondialisation résultent, avant tout, des abus du capitalisme sauvage et des conditions de vie du prolétariat qui se situent au-dessous de ce qui est « moralement acceptable » pour les membres d'une société développée. Dans les pays riches, par contre, les préoccupations majeures se réfèrent à l'érosion de l'« État providence » plutôt qu'au seuil de pauvreté des travailleurs. Bien que les causes internes soient en grande partie responsables d'une telle érosion dans les pays développés, cette responsabilité est généreusement attribuée au *dumping* social et à la mondialisation.

Il faut pourtant bien admettre que l'avancée actuelle de l'intégration en profondeur semble contraster avec l'absence d'une harmonisation des règles de protection des travailleurs. La montée des préoccupations actuelles laisse penser que les forces en faveur du social doivent multiplier leurs actions et s'imposer davantage au niveau international. Quelle approche doivent-elles choisir ? Dans quelle sphère du social faut-il encourager la convergence ? À travers quelle mécanique et quelles structures institutionnelles ?

## QUELLE CONVERGENCE ENTRE LES SYSTÈMES NATIONAUX DE PROTECTION SOCIALE ?

La convergence internationale des salaires ne doit pas constituer une condition de la libéralisation commerciale. Les différences de salaires et autres avantages sociaux sont considérablement déterminés par les avantages comparatifs du pays. Si les échanges internationaux ont du sens et si les gains du commerce international existent, elles sont précisément dues à ces différences de coûts qui, à leur tour, sont déterminées par les divergences dans la dotation en facteurs de production et dans les capacités technologiques des partenaires commerciaux. Mis à part les situations extrêmes et contraires aux exigences éthiques, accepter que la libéralisation des échanges soit dépendante de la convergence des coûts du travail entre les nations est dépourvu de sens et constituerait un acte protectionniste pur et simple [1].

En ce qui concerne les normes du travail, il y a également peu de convergences d'opinions au niveau international. Il est relativement facile de se mettre d'accord sur certaines considérations essentielles comme l'interdiction de l'esclavage et du travail forcé ou la réglementation du travail des enfants. Il existe néanmoins des divergences d'opinions légitimes concernant bon nombre d'autres considérations. La raison à cela n'est pas difficile à identifier : même si le débat ne porte pas sur les coûts relatifs du travail *per se*, les normes du travail peuvent se traduire par une augmentation des coûts de production et affecter la situation concurrentielle des entreprises du pays qui reconnaît de telles normes.

Le lien entre les normes du travail et le coût de production des entreprises peut fortement varier selon la situation. L'impact sur la compétitivité d'une entreprise exportatrice de la limite du travail à 35 heures hebdomadaires dépendra des solutions financières dont une telle mesure est accompagnée. Si l'entreprise s'arrange pour que le coût de la réduction du temps de travail soit assumé par les travailleurs eux-mêmes, la situation concurrentielle de l'entreprise exportatrice restera inchangée.

Dans le cas où la totalité du coût d'une telle mesure ne peut pas être imposée aux travailleurs, l'augmentation des prix qui résulte de l'augmentation des coûts de production des firmes

1. Hoekman, Kostecki, 1995.

exportatrices se traduira par une pression sur le taux de change du pays concerné [1]. Cela vient du fait que, toutes choses égales par ailleurs, la demande étrangère pour les exportations risque de diminuer si les prix à l'exportation augmentent. La dépréciation de la monnaie nationale qui en résultera réduira le niveau de vie du pays qui, dorénavant, paiera plus cher pour ses importations. Dans une telle situation, le pays qui opte pour des normes de travail plus exigeantes assumera le poids de sa politique, mais la situation concurrentielle de l'entreprise exportatrice sera moins affectée grâce à une diminution du taux de change.

Les pays peuvent avoir des positions très différentes en ce qui concerne les normes du travail et les engagements économiques touchant le revenu des travailleurs. De telles disparités reflètent les différences dans le développement économique, les préférences culturelles ou une tradition politique différente. Dans le cas où les électeurs d'un pays choisissent un niveau élevé de protection sociale, il s'agira d'un choix pour une consommation non monétaire au détriment d'une consommation monétaire du pays.

Par ailleurs, si un tel choix est imposé au pays depuis l'extérieur, il est peu probable qu'il reflète les véritables préférences du pays concerné. En conséquence, dans le cadre d'un régime économique international tel que l'OMC, il n'est pas souhaitable d'introduire une clause sociale qui rendrait conditionnel l'accès au marché d'exportation en fonction de l'approbation de certaines normes de travail. Il est encore moins souhaitable qu'une telle clause soit imposée au niveau unilatéral, comme semblait le suggérer le président des États-Unis lors de la réunion ministérielle de l'OMC à Seattle en décembre 1999 [2].

La communauté internationale dispose d'autres moyens de persuasion et de pression « liée à la concurrence » que la clause sociale pour décourager les insuffisances et les abus dans le domaine des droits des travailleurs. Néanmoins, dans le cas où une clause sociale au sein de l'OMC paraîtrait indispensable à la libéralisation commerciale, elle devrait se limiter aux exigences élémentaires concernant le processus décisionnel (la démocratie industrielle) de sorte qu'elle permette à chaque pays de rechercher son propre optimum de protection sociale dans le respect de toutes les parties concernées.

---

1. Ehrenberg, 1994.
2. WTA, 1999.

## LA POLITIQUE COMMERCIALE ET LA PROTECTION SOCIALE

La clause sociale dans le domaine de la politique commerciale signifie que le pays d'importation peut faire dépendre l'accès à son marché de l'application de certaines normes de protection sociale dans le pays d'exportation ou même au sein de l'entreprise exportatrice. Le *modus operandi* d'une telle clause peut varier considérablement (tableau 3). L'application de la clause sociale peut être unilatérale (c'est le cas de l'application du système des préférences généralisées accordées par les États-Unis actuellement en vigueur) ou multilatérale, selon la proposition de certains membres de l'OMC tels que les États-Unis et la France (voir tableau 4).

La sanction commerciale incorporée à une clause sociale peut être appliquée à un produit spécifique dont le producteur ne se conforme pas à certaines exigences sociales ou à l'ensemble des exportations du pays qui ne veut pas se soumettre à une réglementation internationale dans le domaine.

Dans la majorité des cas, les politiques commerciales ne sont pas l'instrument approprié pour encourager la protection sociale dans le pays d'exportation. En effet, les sanctions commerciales ne peuvent pas contribuer efficacement à améliorer la situation des travailleurs dans le pays exportateur car elles affectent à la fois les consommateurs et les producteurs d'un bien. Elles n'ont de surcroît qu'un impact limité sur une partie de la production ou de la consommation totale. Alors que cet état de choses est largement reconnu, la politique commerciale paraît souvent être attrayante pour les adeptes de la clause sociale, car elle peut être utilisée pour inciter des pays à appliquer des mesures sociales conformes aux préférences du pays importateur.

Mis à part des considérations humanitaires et éthiques, il n'est pas justifié d'imposer à un pays un niveau donné de protection sociale. En effet, comme on l'a vu précédemment, les pays peuvent avoir des préférences assez variées à propos des droits des travailleurs, le niveau de sécurité sociale et son financement ainsi qu'en ce qui concerne le degré de protection du marché du travail. Ajoutons à cela que les retombées internationales négatives dans ce domaine sont limitées et c'est seulement dans le cas de telles retombées qu'une protection sociale faible dans un pays pourrait être considérée comme l'objet légitime d'une négociation internationale entre les États souverains.

Tableau 3. *La clause sociale et le commerce international : une typologie*

| Application des limitations | Pratiques | |
|---|---|---|
| | unilatérales | multilatérales |
| Le produit d'exportation ou la transaction qui ne satisfait pas aux exigences. | L'accès d'un produit au marché d'exportation est limité parce que le fabricant du produit utilise le travail forcé. | L'article XX de l'accord de Marrakech (cycle de l'*Uruguay*) permet de lutter contre l'importation de produits fabriqués dans les prisons. |
| L'ensemble des exportations du pays qui ne remplit pas les conditions exigées. | Un pays en voie de développement qui ne respecte pas certains critères de protection sociale peut être exclu des avantages du système généralisé des préférences (SGP) par le pays d'importation. | La proposition que les membres de l'OMC appliquent l'embargo à la totalité du commerce d'un pays qui ne remplit pas certaines conditions ayant traits à la protection sociale *. |

* Les règles de l'OMC n'autorisent pas à discriminer un produit sur la base de certaines caractéristiques de son processus de production (par exemple, le cas du thon dans le règlement des différends de l'OMC).

Le forum de l'OMC ne peut pas régler de manière appropriée le choix de la protection sociale. Des accords internationaux sur ce sujet doivent être négociés par les autorités compétentes (et non pas par le département du Commerce). La politique commerciale ne peut constituer qu'un instrument d'importance secondaire pour faire respecter les obligations minimales dans le domaine de la protection sociale comme il est stipulé dans certaines conventions internationales de l'OIT.

Aussi longtemps qu'il existera un consensus à ce sujet au sein du forum de l'OMC, aucune difficulté légale ne surgira. Par contre, dans le cas où les ressources nécessaires pour la mise en place d'une protection sociale minimale ne seraient pas disponibles, des « problèmes économiques » pourraient apparaître. L'impossibilité de l'introduction de ces règles entraînerait des sanctions commerciales rendant encore plus difficile la réalisation des améliorations dans ce domaine en réduisant le revenu du pays touché.

Céder à la pression pour un type de protection ou pour un embargo justifié par le désir d'avoir des normes de concurrence équitables (protection des travailleurs ou de l'environnement) représente un grand danger. La recherche de protection pourrait encourager les industries en concurrence avec les importations à aider dans la poursuite de leurs objectifs les groupes de pression en faveur d'une plus grande protection sociale. Cela augmente la probabilité de choisir des instruments inefficaces générant de plus grandes rentes [1].

LE DROIT DES TRAVAILLEURS ET LE BOYCOTT COMMERCIAL

Le boycott commercial est souvent perçu comme une arme qui peut être utilisée dans la lutte pour plus d'éthique sociale dans l'économie mondiale. Par exemple, nombreux sont ceux qui demandent le boycott de tapis tissés par les enfants afin de réduire l'exploitation des jeunes dans les pays en voie de développement. Les opposants d'une telle approche soulèvent que l'abolition du travail des enfants nuirait aux intérêts des enfants eux-mêmes puisqu'on pénaliserait encore plus les foyers les plus pauvres dont ces enfants font partie. Il faut donc que la lutte en faveur de la réduction du travail des enfants s'intègre dans une approche globale, en incluant la scolarisation, des mesures favorisant l'emploi pour les plus pauvres et la protection des jeunes. Il est clair que le problème ne se résoudra pas seulement par un embargo commercial des produits fabriqués par les enfants, mais surtout par des changements à l'intérieur des économies nationales concernées.

Pour illustrer ce propos, prenons un exemple hypothétique de standards de protection sociale qui s'inspire de plusieurs cas soulevés ces dernières années par le milieu syndical occidental contre les producteurs asiatiques. Supposons que le milieu syndical d'un pays européen réussisse à imposer une norme aux producteurs nationaux concernant la limitation du temps de travail à 35 heures hebdomadaires. L'industrie du pays concerné pourra alors se plaindre d'une concurrence déloyale des pays étrangers qui ne sont pas soumis à cette réglementation.

Les entreprises nationales ne s'inquiéteront pas de savoir si leurs normes de travail sont respectées dans les pays étrangers. Pour elles, ce qui compte, c'est que le « terrain de jeux » des

1. Hoekman, Leidy, 1992.

réglementations nationales accroisse les prix et qu'il existe une compensation pour cela. On peut donc s'attendre à ce que le milieu syndical insiste pour que les producteurs étrangers remplissent les mêmes conditions, pour des raisons protectionnistes, mais sous couvert de bons sentiments. Dans de telles circonstances, un droit de douane ou des quotas sur les importations ne seraient probablement pas acceptables aux yeux du syndicat. Il demandera plutôt un embargo sur les importations.

Une autre difficulté importante concerne l'application pratique de ce type de mesures. Même si l'on peut relever une volonté marquée de la part du syndicat d'exempter les sources étrangères qui prouvent le respect de la limitation du temps de travail imposée par le pays importateur, la pratique de celles-ci sera très difficile à prouver. Cela implique non seulement que l'on inspecte les entreprises étrangères, mais aussi que l'on soit assuré qu'il n'y a pas de mélange des sources. Même si cela est réalisable pour les fournisseurs étrangers, il faudra beaucoup de temps et d'argent pour certifier que leurs produits sont fabriqués dans le respect des normes du travail du pays d'importation. De ce fait, une telle politique de protection sociale rendrait le marché du pays d'importation moins avantageux et favoriserait une réorientation des exportations vers les pays tiers.

L'application uniforme de la norme du travail aurait donc comme résultat un effet important de distorsion du commerce. Elle augmenterait vraisemblablement le niveau de protection commerciale et serait difficilement applicable [1].

## LA CLAUSE SOCIALE ET L'OMC

Le débat au sujet des droits des travailleurs sur le forum international a une longue histoire. Au milieu du XIX^e^ siècle, la question principale était : « Comment améliorer les conditions de travail ? » À l'époque, les patrons de l'industrie considéraient qu'une législation restrictive dans le domaine du travail des enfants ou celui du temps de travail aurait affecté la position

1. Hoekman et al., 1996.

concurrentielle de leurs entreprises sur les marchés internationaux [1].

De telles préoccupations ont mené, en 1919, à la création d'une des plus anciennes organisations internationales – l'Organisation internationale du travail (OIT). Au seuil du XXIe siècle, l'OIT administre plus de 170 conventions se référant aux conditions de travail adoptées selon les propres préférences de chaque pays intéressé [2]. On peut ainsi observer que de nombreux gouvernements, y compris les États-Unis, n'ont adopté qu'un nombre limité de ces conventions. Il est également intéressant de noter que l'OIT ne possède pas de mécanisme de sanction dans le cas du non-respect de telles conventions, lacune dont la clause sociale de l'OMC ne saurait souffrir.

L'histoire des négociations commerciales multilatérales d'après-guerre se réfère à l'histoire du GATT et, plus récemment, à celle de l'OMC qui a repris la mission du GATT. Même si l'OMC constitue un des piliers de l'ordre économique international, elle traite à peine de la question sociale. Alors qu'en 1947 la charte de La Havane, restée lettre morte, contenait des passages symboliques relatifs aux droits des travailleurs, les textes du GATT et différents accords de l'OMC paraissent lacunaires sur ce point (tableau 4).

Notons néanmoins que rendre conditionnel l'accès aux marchés d'exportation en fonction du respect d'une norme se référant au processus de fabrication est une pratique fondamentalement opposée à l'esprit et aux règles du GATT-OMC. On peut donc en conclure que les droits des travailleurs s'inscrivent mal dans le cadre de l'OMC. On peut aussi se demander pourquoi introduire la question sociale au sein de l'OMC lorsqu'il existe d'autres organisations internationales plus compétentes dans ces domaines.

Dans les années 1950, les normes du travail sont devenues un sujet de discussion du GATT, à l'instigation des États-Unis et de différents pays développés, sans donner de résultats tangibles [3]. Le sujet a été rediscuté lors du forum du GATT à la fin des négociations de l'*Uruguay Round*, sur l'insistance des États-Unis et de la France. C'est à cette période que sont apparues de sérieuses craintes quant à la menace concurrentielle des économies émergentes. Les gouvernements des pays de l'OCDE ont eu à faire face à

1. Leary, 1994.
2. Maupain, 1996.
3. Bhagwati, 1994.

un nombre croissant de plaintes de la part des industries dont la capacité concurrentielle sur les marchés mondiaux s'était détériorée.

L'objectif des pays développés fut d'initier un débat sur une clause sociale spécifiant des normes minimales dans le domaine de la protection sociale, tenant lieu de condition préliminaire à l'ouverture des marchés.

Tableau 4. *La chronologie des événements affectant le lien entre le commerce et les conditions de travail*

1947. La charte de La Havane fait référence aux droits reconnus aux travailleurs par des accords intergouvernementaux et au maintien de normes équitables de travail en rapport avec la productivité de la main-d'œuvre. Toutefois, aucune « clause sociale » basée sur les sanctions commerciales n'est prévue. La charte n'a jamais été acceptée par le Congrès des États-Unis, et est jugée par certains trop libérale et par d'autres trop protectionniste.

1948. L'accord général sur les tarifs douaniers et le commerce (GATT) ne contient aucune disposition relative aux droits des travailleurs, hormis une vague référence dans le préambule des rapports entre la libéralisation des échanges et le plein emploi.

1986. Sur l'insistance du Congrès, la clause du travail est introduite dans le système généralisé des préférences (SGP) des États-Unis.

1995. Les États-Unis et la France essaient d'introduire la question sociale dans le système du GATT au cours des négociations de l'*Uruguay Round*. Seul l'article de l'accord de Marrakech consacré aux exceptions générales exonère les mesures restrictives se rapportant aux articles fabriqués dans les prisons.

1966. Pendant la première conférence ministérielle de l'OMC à Singapour, les discussions concernant des propositions américaines, européennes et norvégiennes ont confirmé l'absence de consensus en vue d'établir un lien entre les normes fondamentales du travail « internationalement » reconnues et le système commercial multilatéral.

1999. Dans le contexte de la réunion ministérielle de l'OMC à Seattle, la question des normes de l'emploi réapparaît sur l'initiative des États-Unis et de l'Union européenne, mais les pays en voie de développement s'opposent à la proposition d'inclure le sujet dans l'agenda des négociations.

Le clivage Nord-Sud au sein de l'OMC est clairement visible dans le débat sur la protection sociale. D'un côté, les gouvernements des pays développés, sujets à des pressions protectionnistes internes, favorisent la cause sociale. Leur stratégie vise à protéger leurs industries contre le *dumping* social et environnemental qui, selon eux, leur fait une concurrence déloyale. De l'autre côté, les pays en voie de développement, visant à garantir l'accès aux riches marchés d'Europe et des États-Unis, sont opposés au renforcement restrictif des liens entre le commerce et les conditions de travail. Ces derniers pays considèrent que l'introduction de la clause sociale au sein de l'OMC affecterait surtout leurs économies « émergentes » dont le principal avantage comparatif est le coût réduit de leur main-d'œuvre. L'introduction des clauses sociales dans l'arène de l'OMC est perçue par ces gouvernements comme un effort des pays riches pour limiter l'accès aux marchés et introduire une nouvelle option protectionniste.

L'introduction des clauses sociales dans les débats au sein de l'OMC a le soutien de plusieurs grands syndicats aux États-Unis et en Europe. La stratégie des syndicats des pays développés face à la concurrence de la main-d'œuvre des pays en voie de développement est basée sur trois éléments essentiels :

– limiter, autant que possible, l'accès des travailleurs des pays pauvres aux marchés du travail des pays développés ;

– imposer un salaire minimum et des exigences élevées en matière de sécurité sociale aux travailleurs étrangers afin de réduire l'attrait de leur mobilité ;

– réclamer que les pays pauvres renforcent leurs règles dans le domaine de la protection sociale afin de réduire la position concurrentielle de ces pays.

Évidemment, l'altruisme et la solidarité sont aussi de mise dans le milieu syndical. Mais les tendances protectionnistes sont clairement dominantes en matière de commerce. Il est donc nécessaire de veiller, au sein de l'OMC, à ce que des mesures de défense ne soient pas imposées sous couvert d'aider les pauvres dans les pays du Tiers Monde.

Aux États-Unis en particulier, les syndicats s'opposent actuellement à chaque initiative ayant trait à la libéralisation commerciale et restent favorables aux réductions des importations américaines. L'opposition à la libéralisation des échanges émane surtout de la toute-puissante organisation syndicale AFL-IO (la plus importante d'Amérique du Nord) et, plus récemment, des fédérations internationales des syndicats libres à Bruxelles. La source de l'influence des syndicats américains se trouve dans la mobilisation des voix politiques de leurs membres, dans les subventions des partis politiques et des campagnes d'élection du Parti démocrate et même du Parti républicain. Évidemment, les organisations syndicales concernées ne peuvent guère prétendre agir dans l'intérêt du bien-être social de leurs pays respectifs. Néanmoins, les décideurs politiques doivent tenir compte de l'opposition syndicale dans leurs stratégies de négociations avec l'OMC.

La clause sociale est aussi soutenue par certaines organisations non gouvernementales (ONG). Aidées par Internet et, dans certains cas, par les lobbies industriels protectionnistes, les ONG s'organisent en différentes coalitions afin de s'opposer à la libéralisation des échanges ou à celle des investissements. Le projet d'accord multilatéral sur les investissements (AMI), négocié au sein de l'OCDE en 1998, n'a finalement pas été ratifié en raison de l'opposition des ONG et de certains gouvernements. De même, une pression analogue a contribué à l'échec, en 1999, de la réunion ministérielle de l'OMC à Seattle. C'est ainsi qu'on peut observer des organisations aussi diverses que les associations d'agriculteurs, les mouvements syndicaux, les organisations d'environnementalistes (Friends of the Earth), et même les associations de consommateurs (Consumers International ou Public Citizen) faire front commun et formuler leurs revendications face à l'OMC.

Il n'y a guère de doute que les problèmes de protection sociale vont à nouveau représenter un sujet de grande importance dans l'agenda de la politique internationale et dans le contexte des futures négociations de l'OMC. L'objectif des prochains pourparlers de l'OMC est de progresser vers une ouverture des marchés en s'attaquant notamment aux obstacles tarifaires et non tarifaires. Au-delà de cet accord de principe, les divergences commencent et la « clause sociale », c'est-à-dire le respect des conditions de travail minimales dans tous les pays, constitue un des points litigieux.

La dimension sociale de la mondialisation est de plus en plus mise en avant par les gouvernements eux-mêmes, qui répondent aux pressions d'une partie de leur opinion publique. Les politiciens des pays de l'OCDE sont bien souvent conscients que le projet d'une clause sociale au sein de l'OMC manque de respectabilité intellectuelle, pour les raisons que nous avons évoquées, et qu'il rencontre l'opposition des pays en voie de développement. Ils réalisent néanmoins qu'il est politiquement irréaliste de poursuivre une libéralisation commerciale dans le cadre de l'OMC sans aborder le sujet de la protection sociale et des droits des travailleurs. La pression dans le système politique est telle que le fait de rester passif aboutirait à une réaction protectionniste pure et simple.

L'OMC est en train de vivre une importante mutation dans le contexte d'une économie en voie de globalisation. L'organisation élargit progressivement ses compétences vers de nouveaux domaines « liés au commerce » tels que l'environnement, la concurrence ou la mobilité temporaire des employés des sociétés de services. En d'autres termes, le système du GATT, qui fut traditionnellement un forum de technocrates, assume progressivement l'administration d'un système économique global. C'est ainsi qu'on a pu entendre Renato Ruggiero, premier directeur général de l'OMC, affirmer : « L'OMC est en train d'écrire la constitution d'une véritable économie globale [1]. » L'importance croissante des règles de l'OMC se référant aux politiques internes des pays membres dans des domaines tels que la propriété intellectuelle, les normes sanitaires et phytosanitaires, les standards techniques ou la reconnaissance de diplôme et de l'expérience professionnelle, témoigne de l'intérêt de l'organisation pour une intégration en profondeur. La raison principale du succès de l'organisation est son système de règlement des différends et la possibilité d'utiliser des sanctions commerciales si nécessaire. D'une certaine façon, l'OMC est victime de son succès. Dans ce contexte, il nous semble difficile que l'organisation puisse faire abstraction des questions liées aux droits des travailleurs.

Pour le moment, le débat a été officiellement renvoyé, rencontrant encore trop d'opposition, surtout de la part des pays en voie de développement souhaitant pouvoir mieux défendre leurs intérêts au sein de l'OMC. La question subsiste néanmoins de manière détournée et souvent technique dans d'autres dossiers à traiter, puisque les différences de niveau social sont un facteur évident de compétitivité commerciale.

Il est également possible que des propositions plus modestes telles que la création d'un groupe de travail au sein de l'OMC ou d'un lien informel entre la protection sociale et le commerce dans le cadre d'examens des politiques commerciales puisse

---

1. Public Citizen's, 1999.

constituer une solution de compromis et améliorer l'image de l'OMC auprès du grand public.

Quelle approche peut-on donc envisager pour traiter des droits des travailleurs « liés au commerce » au sein de l'OMC ? Nos suggestions dans ce domaine se résument à quelques propositions de principe :

– Le débat sur la « clause sociale » au sein de l'OMC doit être limité aux questions de la reconnaissance et du respect de certaines règles minimales concernant la liberté des choix des travailleurs et la démocratie industrielle. Il ne doit, en aucun cas, se référer aux questions des revenus des employés ou même aux normes de travail. Du moins aussi longtemps que ces derniers ne contredisent pas des normes éthiques élémentaires.

– Le but du mécanisme de la protection des droits des travailleurs doit viser un avancement progressif vers un objectif établi plutôt que l'adhésion immédiate aux normes élevées de la protection sociale. En d'autres termes, l'OMC doit encourager un développement croissant et graduel échelonné sur dix à vingt ans, plutôt qu'un changement immédiat.

– Le système de surveillance et de consultation retenu doit minimiser la possibilité de saisie par les syndicats ou lobbies protectionnistes des pays avancés. Dans le cas extrême où un pays exportateur est touché par des sanctions, celui-ci devrait avoir droit à une compensation.

– La sanction ne devrait pas non plus permettre de favoriser les industries locales et les revenus provenant d'une telle action commerciale devraient être utilisés pour améliorer la protection des travailleurs du pays exportateur. Comme pour beaucoup d'autres domaines, une plus grande transparence et une analyse plus objective de l'impact des politiques de protection sociale sur le commerce, et *vice versa*, sont requises et un mandat devrait être donné à un comité de l'OMC.

– Le processus de surveillance et de consultation doit prévoir un mécanisme de coopération avec les organisations internationales compétentes du domaine, telles que l'Organisation internationale du travail (OIT) et la Commission des droits de l'homme des Nations unies. De même, la participation de certaines organisations non gouvernementales (ONG) en qualité d'observateurs dans les forums de l'OMC et l'accès des ONG au processus de résolution des contentieux assurerait au monde du travail que les développements de systèmes de commerce multilatéral tiendront compte des intérêts des travailleurs [1].

*

Pour que la mondialisation réussisse, celle-ci devra adopter un « visage humain ». Elle accélère les changements structurels mais affaiblit simultanément le pouvoir des institutions et les structures nationales. Une mobilisation au niveau international est donc nécessaire afin de transformer la mondialisation des économies en une réalité constructive et socialement juste.

La logique de « l'intégration en profondeur » suggère que les normes nationales de protection sociale seront de plus en plus influencées par les forces internationales. Il est peu probable que l'OMC, telle qu'elle se présente aujourd'hui, devienne le forum approprié pour gérer cette question. L'OMC a en effet comme objectif la libéralisation, c'est-à-dire la lutte contre le protectionnisme. On voit donc mal comment la clause sociale traitant des prestations économiques ou des normes de travail et soutenue par des intérêts protectionnistes pourrait être acceptée dans le code de comportement de l'OMC.

Mis à part des situations extrêmes d'exploitation inhumaine, l'exigence d'une certaine convergence de la rémunération du travail au niveau international ne semble pas être acceptable comme condition préliminaire à la libéralisation du commerce. En effet, la logique même du commerce repose sur le principe des avantages comparatifs qui inclut les différences relatives au coût du travail. Une règle visant la convergence des salaires et de nombreuses normes de travail dont l'existence ne peut pas être défendue sur des bases purement éthiques serait justement perçue comme une mesure protectionniste surtout au désavantage des pays à bas revenus. Un ajustement des revenus vers le haut – objectif sans doute désirable – doit être la conséquence d'une augmentation de la productivité du travail concerné qui, à son tour, est encouragé par la libéralisation des échanges et le processus de globalisation dans son ensemble.

Un compromis, qui aurait pu encourager des normes sociales équitables, aurait été d'assurer le respect de la liberté

1. Esty, 1998 ; Scholte et al., 2000.

individuelle des travailleurs et leur liberté collective pour négocier les conditions d'emploi. Sous une forte pression politique, une sanction commerciale multilatérale aurait pu être éventuellement acceptable pour protéger de telles libertés en échange de l'abandon ou d'un contrôle plus strict des sanctions unilatérales comme il est fait mention dans l'accord sur la propriété intellectuelle. Cette solution comporte évidemment un risque pour le système multilatéral et il faudrait s'assurer qu'un tel mécanisme reste à l'abri des lobbies protectionnistes. Il reste aussi la voie discrète, mais efficace, de la persuasion et de la pression des membres dans un forum de l'OMC, ainsi qu'au travers des politiques du FMI et de la Banque mondiale.

Michel KOSTECKI *

### *BIBLIOGRAPHIE*

Baker (Dean), Epstein (Gerard), Polin (Robert), *Globalization and Progressive Economic Policy*, Cambridge, Cambridge University Press, 1998.

Ben-David (Dan), *Free Trade and Economic Growth*, Cambridge (Mass.), MIT Press, 2000.

Bhagwati (J.), *Labor Standards, Social Clause, and the WTO*, New York, Columbia University, *Discussion Paper*, 1994.

BIT, *Rapport final concernant les études par pays sur l'impact social de la mondialisation*, Genève, WP/SDL, 1999.

Brossard (Hubert), *Marketing d'une région et implantation des investissements internationaux*, Paris, Economica, 1997.

CNUCED, *World Investment Report*, New York, Genève, 1998.

Consumer Reports, *Running Shoes : Think Before You Run*, Washington, 63, juillet 1998, p. 28-33.

Dicken (Peter), *Global Shift : Transforming the World Economy*, Londres, Paul Chapman Publishing Ltd, 1998.

Edwards (S.), « Openness, Productivity and Growth : What do We Really Know ? », *Economic Journal*, 108, mars 1999, p. 383-398.

* Institut d'Entreprise, Faculté de droit et des sciences économiques, Université de Neuchâtel, Pierre-à-Mazel 7, 2000 Neuchâtel, Suisse, Tél. : (+4132) 718 1360 ; e-mail : 101767.153@compuserve.com.

L'auteur remercie M. Maarten de Groot pour la révision linguistique de ce texte.

Ehrenberg (R.), *Labour Markets and Integrating National Economies*, Washington DC, Brookings Institution, 1994.

Esping-Andersen (Gosta), *Les trois mondes de l'État providence*, Paris, PUF, 1999.

Esty (C.), « Non-governmental Organizations at the World Trade Organization : Cooperation, Competition or Exclusion ? », *Journal of International Economic Law*, 1 (1), mars 1998.

Galbraith (John Kenneth), *La République des satisfaits*, Paris, Seuil, 1997.

Henderson (David), *The MAI Affair, a Story and Its Lessons*, Londres, The Royal Institute of International Affairs, 1999.

Hirst (Paul), Thompson (Grahame), *Globalization in Question*, Londres, Polity Press, 1999.

Hoekman (Bernard), Kostecki (Michel) *The Political Economy of the World Trading System*, Oxford, Oxford University Press, 1995.

Hoekman (Bernard), Girardbille (Patricia), Kostecki (Michel), « Les politiques environnementales et le commerce mondial », dans Alain Haurie (dir.), *Gestion de l'environnement et l'entreprise,* Lausanne, Presses polytechniques et universitaires romandes, 1996, p. 119-128.

Hoekman (Bernard), Leidy (Mihael), « Environmental Policy Formation and a Trading Economy : A Public Choice Perspective », dans Kym Anderson, Richard Blackhurst (eds), *The Greening of World Trade Issues,* Londres, Harvester-Wheatsheaf, 1992.

ILO, *Key Indicators of the Labour Market*, Genève, BIT, 1999.

Jean-Paul II, *Laborem Exercens (Du travail de l'homme),* Vatican, 1991.

Kant (Emmanuel), *The Metaphysics of Morals*, Indianapolis, Hackett Publishing, 1787.

Karpatkin (Rhoda), « Towards a Fair and Just Marketplace for All Consumers : The Responsabilities of Marketing Professionals », *Journal of Public Policy & Marketing*, 8 (1), printemps 1999, p. 118-122.

Kostecki (Michel), « Le système commercial et les négociations multilatérales », dans B. Balassa, P. Messerlin (dir.), *Théorie de la négociation et de la coopération commerciale internationale*, Paris, Economica, 1989.

Kostecki (Michel), « Nouvelles tendances du marketing des services », *Revue française du marketing*, 149 (4), 1994.

Krasner (S.D.), « Structural Causes and Regime Consequences : Regimes as Intervening Variables », dans S.D. Krasner (ed.), *International Regimes*, Ithaca (NY), Cornell University Press, 1983.

Laczniak (Gene), « Distributive Justice, Catholic Social Teaching, and the Moral Responsibility of Marketers », *Journal of Public Policy & Marketing*, 8 (1), printemps 1999, p. 125-129.

Leary (V.), « Worker's Rights and International Trade : The Social

Clause », dans J. Bhagwati, R. Hudec (eds), *Harmonization and Fair Trade : Prerequisite for Free Trade ?*, Cambridge (Mass.), MIT Press, 1994.

Maupain (Francis), « La protection internationale des travailleurs et la libéralisation du commerce mondial : un lien ou un frein ? », *Revue générale de droit international public*, 1, janvier-février, 1996, p. 45-100.

Maupain (Francis), « Vers une dimension sociale dans la libéralisation des échanges internationaux : la dialectique OMC-OIT », *Revue française d'économie*, 12 (4), automne 1997, p. 18-34.

McIntyre (A.), *After Virtue*, Notre Dame, University de Notre Dame Press, 1984.

Osborne (David), Gaebler (Ted), *Reinventing Government*, New York, Penguin Books, 1992.

Public Citizen's, Web Page of Public Citizen's Trade Watch, 1999.

Rawls (John), *Theory of Justice*, Cambridge (Mass.), Allyn & Bacon, 1971.

Ricardo (David), *Des principes de l'économie politique et de l'impôt*, Londres, 1817.

Sachs (Jeffrey), Warner (Andrew), « Economic Reform and the Process of Global Integration », *Brookings Papers on Economic Activity*, 1, 1995.

Scholte (J.A.), O'Brien (R.), Williams (M.), « The World Trade Organization and Civil Society », dans B. Hookin et S. Mc Guire (eds), *Trade Politics*, Londres, Routledge, 1999.

Sen (Amartya), *L'économie est une science morale*, Paris, La Découverte, 1999.

Somavia (Juan), *Un travail décent*, Genève, l'OIT (rapport présenté par le directeur général de l'OIT lors de la 89e Conférence internationale du travail, Genève, juin 1999).

Tanzi (V.), *Taxation in an Integrated World*, Washington DC, FMI, 1995.

UNCTAD, *World Investment Report 1993 : Transnational Corporations and Integrated International Production*, New York, United Nations, 1993.

Vernon (Raymond), *Sovereignty at Bay*, Boston, Harvard Business School Press, 1971.

WTA, *World Trade Agenda*, Genève, décembre, 99/16, 1999.

*CHAPITRE 5*

# L'OIT DEVANT LE DÉFI DE LA MONDIALISATION

## De la réglementation à la régulation internationale du travail ?

Alors que la prolifération de la réglementation internationale à laquelle on assiste depuis quelques décennies concerne en général des problèmes ou des phénomènes qui, par leur nature, débordent les frontières ou les ignorent, tels les télécommunications, la météorologie, le commerce, les problèmes de santé, le développement de la réglementation internationale du travail depuis le début du siècle n'est lié à des phénomènes de nature intrinsèquement ou physiquement transfrontalière que de manière marginale. Le besoin d'une réglementation internationale en matière de travail a suivi de près le développement des réglementations nationales et lui est étroitement lié. Comme l'observait déjà J. Shotwell en 1934, « International labour legislation is not a substitute for domestic legislation, it grows out of it [1]. » Dans cette perspective, la création de l'OIT répondait à deux objectifs : d'une part, canaliser et encourager les efforts des États vers des objectifs communs de progrès énoncés dans le Préambule de sa Constitution ; et, d'autre part, éviter que la concurrence internationale ne vienne inhiber ou paralyser ces efforts.

Pour parvenir à ce double objectif, la Constitution de l'OIT, telle qu'elle fut incorporée dans la partie XIII du traité de Ver-

1. J.T. Shotwell (ed.), *Origins of the International Labor Organization*, New York, Columbia University Press, 1934.

sailles, opte pour une méthode réformiste. Rejetant le modèle de lutte des classes que venait récemment d'illustrer la révolution bolchevique, elle fait le pari que le progrès social peut être réalisé par la conciliation des intérêts contradictoires des employeurs et des travailleurs, sous l'arbitrage de l'État. Cette méthode réformiste s'exprime de manière tout à fait révolutionnaire – si l'on peut dire – sur le plan de la structure. L'OIT reste en effet aujourd'hui la seule organisation internationale dans laquelle les actions de la société civile directement concernées par son activité, c'est-à-dire les employeurs et les travailleurs, sont constitutionnellement représentées dans ses organes représentatifs [1].

Cette méthode réformiste est en même temps une méthode volontariste dans la double acception du terme :

– d'une part, elle suppose que les progrès vers les objectifs sociaux énoncés dans le deuxième attendu du Préambule de sa Constitution peuvent être réalisés par l'intervention volontaire de l'État, auquel il appartient de corriger les déséquilibres résultant d'un rapport de force inégal entre les patrons et les ouvriers, ou en tout cas de créer les conditions du rééquilibrage ;

– d'autre part, elle repose entièrement sur la « bonne volonté » des États, en ce sens que sa Constitution ne la dote pas de moyens coercitifs pour les contraindre à avancer sur la voie du progrès qu'elle leur trace, mais seulement de moyens de persuasion.

Ces deux dimensions du volontarisme de l'OIT s'expriment dans le moyen principal dont elle se trouve dotée pour promouvoir ses objectifs : l'action normative qui s'exerce à travers des conventions et des recommandations internationales du travail dont les destinataires sont les États. Si les conventions, qui sont des traités, créent des obligations lorsqu'elles sont ratifiées, leur ratification n'en demeure pas moins volontaire. Il en va à plus

---

1. La Conférence internationale du travail réunit des délégations de chacun des 175 États membres ; elles sont composées par des délégations tripartites composées de deux membres gouvernementaux, un membre employeur et un membre travailleur, qui disposent tous en principe du même droit de vote. Le conseil d'administration du BIT, qui est l'organe exécutif, est pareillement composé sur une base tripartite : 28 gouvernements, 14 employeurs et 14 travailleurs élus par leurs groupes respectifs à la Conférence internationale du travail, à l'exception des 10 membres représentant les États d'importance industrielle la plus considérable qui disposent d'un siège non électif au sein du groupe gouvernemental du Conseil.

forte raison des recommandations qui ne créent pas d'obligation mais qui, comme leur nom l'indique, fournissent des orientations aux États.

La mondialisation de l'économie est venue depuis plus d'une dizaine d'années modifier de manière assez radicale, mais dans des directions à première vue opposées, les perceptions en ce qui concerne les deux dimensions de cette méthode.

D'une part, en effet, ce phénomène coïncide avec l'effondrement des systèmes qui prétendaient réaliser le progrès et la justice sociale par des méthodes révolutionnaires. On pourrait à première vue penser que cette coïncidence historique vaut consécration de la philosophie réformiste de l'OIT. Il n'en est rien. La mondialisation représente, en effet, à bien des égards, le triomphe de l'efficacité économique. Or c'est au nom de l'efficacité que le volontarisme réformiste, auquel fait appel l'action de l'OIT, se trouve également battu en brèche. Face à la complexité des interactions des phénomènes économiques, à l'échelle globale, beaucoup estiment que la prétention de l'État à réaliser certains objectifs par l'exercice de sa volonté est tout à fait vaine. Le premier défi qui se pose à la réglementation internationale du travail est donc celui de la remise en cause de l'efficacité de l'intervention étatique qui est le vecteur de sa mise en œuvre.

D'autre part, et en sens inverse, l'action volontaire des États pour rapprocher leurs niveaux de protection sociale sur la base des conventions de l'OIT semble, aux yeux de certains du moins, rester désespérément à la traîne, face à une mondialisation galopante. Le second défi est donc celui de promouvoir une certaine universalité à travers la reconnaissance d'un socle minimal de protection sociale commune à travers les frontières.

## LE DÉFI DE L'EFFICACITÉ ÉCONOMIQUE

Contrairement à certaines présentations anthropomorphiques qui en sont souvent faites, la mondialisation n'est pas une force douée d'intention et de volonté. Force est cependant de reconnaître que le phénomène charrie une idéologie diffuse selon laquelle il pourrait être à lui-même sa propre fin. Évoquant cette nouvelle vision millénariste, Michel Hansenne remarquait déjà, en 1997, que, « par une curieuse ironie de l'histoire, les lendemains qui chantent ne seraient plus ceux de la fin de la lutte des classes qui aurait enfin trouvé son accomplissement dans le dépérissement de l'État ; ils seraient à attendre du dessaisissement de l'État de ses prérogatives économiques et sociales au profit d'une société civile globale soumise aux seules lois de la rationalité économique [1] ».

Dans cette perspective, la volonté de l'État, relais nécessaire de l'action de l'OIT, serait, pour les plus indulgents, déjouée en permanence par la trop grande complexité des phénomènes et de leur interaction, tandis qu'elle est, pour d'autres, tenue pour intrinsèquement perverse, dans la mesure où, venant perturber le jeu naturel du marché du travail et freiner le dynamisme de l'économie et l'expansion de l'emploi, elle aboutit, dans bien des cas, à des résultats opposés à ceux que l'on prétend atteindre.

Pendant quelques années, les faits ont pu sembler donner raison à cette vision « spontanéiste » du progrès social. La libéralisation des échanges a entraîné, pour les pays qui s'y sont engagés, un surcroît de prospérité qui n'a pas seulement bénéficié aux mieux armés mais a contribué à tirer une partie de la masse de sa pauvreté à travers la croissance du salaire et des emplois (même si ces emplois se sont développés en grande partie dans un secteur informel trop souvent laissé à l'écart de la protection fournie par les conventions internationales du travail).

Ces succès incontestables souffrent cependant de graves limites : ils intéressent une assez faible minorité de pays situés pour la plupart en Asie, tandis que la vaste majorité des pays en développement, en particulier en Afrique, reste à l'écart du mouvement. Et pour la poignée de « tigres » qui en ont le plus bénéficié, la crise asiatique a balayé en quelques semaines tous les progrès accomplis en une décennie sur le front de la pauvreté. Si la reprise se manifeste à nouveau avec une grande vigueur, l'économie mondiale offre aujourd'hui des contrastes de plus en plus inquiétants, reconnus ou dénoncés à tour de rôle par la Banque mondiale, le PNUD, la CNUCED et l'OIT. L'écart se creuse entre les pays les plus avancés et les plus pauvres, et il se creuse aussi en leur sein entre les catégories directement liées à la mon-

1. BIT, « L'action normative à l'heure de la mondialisation », rapport du directeur général à la Conférence internationale du travail, 85e session, Genève, 1997, p. 6.

dialisation, soit parce qu'elles sont à son origine, soit parce qu'elles bénéficient de manière indirecte de ses retombées (par exemple, dans le domaine des services), et les catégories sociales travaillant dans des secteurs à l'écart de ce mouvement [1]. La crise asiatique a en même temps permis d'illustrer *a contrario* le rôle qu'un minimum de protection sociale étatique peut jouer pour ralentir la propagation [2] de ses effets négatifs. Elle a aussi permis de mettre en lumière les mérites de la concertation avec les partenaires sociaux pour faire accepter par l'opinion les remèdes inévitables pour en sortir. Trois axes de réflexion complémentaires se dégagent en tout cas de cette situation contrastée : le premier porte sur l'incertitude des bases empiriques sur lesquelles certains croient instruire le procès du volontarisme étatique ; le deuxième conduira à se demander si, face aux limites de l'action étatique au service du progrès social, il est envisageable de chercher une alternative du côté de l'autorégulation ; et le troisième à s'interroger sur la question de savoir dans quelle mesure l'inefficacité supposée du volontarisme étatique n'est pas liée à des facteurs externes, et en particulier aux incohérences du système de régulation des objectifs économiques et sociaux au niveau des institutions internationales.

### *L'incertitude des données empiriques et la redécouverte de l'interdépendance du progrès économique et social dans le cadre étatique*

Les attaques relatives à l'efficacité de l'action de l'État, relais nécessaire des normes de l'OIT, sont fréquemment et fortement marquées par des *a priori* idéologiques. Le point de vue conservateur ou néo-libéral recoupe parfois, à cet égard, certaines tendances libertaires qui tendent à considérer la réglementation du travail ainsi que toute autre forme d'intervention étatique comme illégitime du point de vue des libertés individuelles.

Face à cette attaque, les réponses ne manquent pas, mais elles n'échappent pas elles-mêmes à une certaine pente idéologique.

1. Bien que cette tendance ne réponde pas à une fatalité, voir les études spéciales publiées par le BIT, sur l'île Maurice et la Corée notamment.

2. E. Lee, *La crise financière asiatique : les enjeux d'une politique sociale*, Genève, BIT, 2000.

L'argumentation la plus classique est bien sûr de justifier l'intervention de l'État par la nécessité de remédier aux faillites du marché ou de sauvegarder certains « biens publics ». Ce genre de justification ne s'applique cependant pas nécessairement de la même manière à tous les types d'intervention étatique sur le marché du travail ; elle ne devrait pas nécessairement dispenser de vérifications empiriques en ce qui concerne l'inefficacité prêtée au volontarisme étatique.

Or, jusqu'ici, très peu de travaux sérieux ont été effectués pour établir d'éventuelles corrélations entre le niveau de « ces standards » et la performance économique. Les rares efforts qui ont été tentés concernent, et cela n'est pas une surprise, les corrélations éventuelles entre le niveau des normes du travail dans différents pays et leurs « performances » respectives dans le domaine du commerce international. Jusqu'à maintenant, aucune de ces études n'a cependant permis d'établir de manière convaincante une telle corrélation [1].

La protection des droits fondamentaux fournit bien sûr l'illustration la plus évidente de la nécessité de sauvegarder un bien public ; en tant que telle, elle n'a évidemment pas besoin d'autre justification. Cela ne signifie cependant pas que le respect de ces droits fondamentaux ne puisse aussi contribuer à l'efficacité économique. Tel est le cas, bien sûr, pour le travail des enfants, dont on a pu souligner qu'il représentait un gaspillage énorme du potentiel de développement futur du pays. La même constatation peut s'appliquer en matière de discrimination et de travail forcé. En ce qui concerne la liberté syndicale et le droit à la négociation collective, qui font l'objet de réticences plus vives sur lesquelles on aura l'occasion de revenir, on perd trop souvent de vue que l'intervention de l'État vise en réalité moins à s'immiscer dans les relations entre les partenaires sociaux qu'à empêcher les interférences et les interventions de certains dans le droit légitime des autres et à permettre en définitive – avec plus ou moins de bonheur – une espèce d'autorégulation équilibrée du marché du travail par les intéressés eux-mêmes.

---

1. Voir, entre autres, D. Rodrik, « Labour Standards in International Trade : do they matter and what do we do about them ? », dans *Emergency Agenda for Global Trade : High Stakes for Developing Countries*, Washington DC, Overseas Development Council, 1996 ; ainsi que l'étude de l'OCDE, « Le commerce, l'emploi et les normes du travail », Paris, 1996 (en cours de mise à jour).

La législation en matière de sécurité et de santé au travail offre pour sa part l'exemple d'une intervention visant à remédier à une faillite du marché, c'est-à-dire au fait que les entreprises laissées à elles-mêmes ne prendraient pas les mesures nécessaires de protection des travailleurs alors que ces mesures sont finalement dans l'intérêt bien compris de la collectivité dans son ensemble et bien souvent aussi de l'efficacité des entreprises elles-mêmes. L'actualité se charge régulièrement, à travers naufrages de pétroliers ou contaminations alimentaires, de rappeler que le souci de la sécurité n'est pas la pente naturelle du marché, alors même que sa méconnaissance peut entraîner des pertes ou des gaspillages considérables pour la collectivité.

L'intervention de l'État dans le domaine des relations contractuelles entre employeurs et travailleurs pour rétablir l'équilibre entre les parties (les salaires minima, les conditions dans lesquelles l'employeur peut procéder à la résiliation unilatérale du contrat d'emploi par exemple) est sans doute celle qui suscite le plus de critiques sur le plan de l'efficacité économique et en raison des effets pervers qu'elle engendre, en particulier sur le plan de l'emploi. À nouveau, cependant, l'évidence empirique fait largement défaut. L'OCDE, qui avait été à l'avant-garde de l'offensive contre les « rigidités » de la législation du travail coupables, selon elle, d'entretenir le chômage et d'hypothéquer la capacité des États à faire face à la concurrence internationale, semble récemment prise de doutes, sinon proche d'une certaine repentance à ce sujet [1].

Au-delà de cette appréciation quelque peu kaléidoscopique, un problème plus fondamental de méthode paraît cependant se poser : l'impact global de l'ensemble de ces interventions sur le plan économique peut-il se réduire à la somme de leurs effets individuels ? Considérées dans leur ensemble, ces interventions peuvent en effet contribuer à créer un environnement institutionnel et relationnel dont la stabilité et la prédictibilité sont des éléments essentiels du développement économique. Le rôle nouveau reconnu à la société civile et en particulier aux partenaires sociaux (y compris par le FMI, lors des négociations relatives à la sortie de la crise en Indonésie, par exemple) semble aller dans ce sens. Cette constatation rejoint d'une certaine

1. Voir, à ce sujet, les critiques du *Wall Street Journal* du 6 juillet 1999 sous le titre « The OECD New Economics ».

manière l'accent que, après d'autres, la Banque mondiale place sur la notion de « capital social » pour expliquer les différences de niveau de bien-être et de développement des communautés et des nations. Même si cette notion risque de rejoindre celle de « développement humain » ou de « développement durable », au magasin du prêt-à-porter des doctrines de développement, elle a le mérite d'attirer l'attention sur l'importance de l'environnement politique et social qui permet aux normes de se développer et de donner forme à des structures sociales durables et efficaces. Elle pourrait fournir un élément d'explication au fait que les pays où le coût de la protection sociale est considéré comme très élevé n'en continuent pas moins d'attirer des flux importants d'investissement. Comme le suggèrent diverses analyses menées par la Commission européenne, et en particulier l'étude dirigée par le professeur Supiot, au bout du compte la question de la protection sociale ne doit pas être posée en termes de fardeau pour les entreprises ou d'obstacles au développement du commerce ; elle doit être posée en termes d'aptitude de la société à assumer les risques sociaux, et à se saisir des opportunités nouvelles que lui offre la mondialisation.

### *Le potentiel et les limites d'une autorégulation sous forme de « codes de conduite » et labels sociaux*

Si le respect de certaines règles, notamment en matière de sécurité, est dans l'intérêt bien compris de l'industrie, le marché n'est-il pas capable de s'organiser pour y répondre avec davantage d'efficacité que les États ? Si certaines valeurs morales ou de protection de l'environnement présentent une importance telle pour les consommateurs qu'ils sont disposés à les monnayer à travers le choix de produits ou de services plus chers, le marché n'est-il pas capable d'y répondre de manière plus souple et plus efficace, dans un contexte marqué par une atomisation individualiste ou communautariste des préférences et valeurs, en fournissant les informations mises à disposition au sujet de ces produits tout en restant parfaitement agnostique au sujet de leurs mérites respectifs ?

Le fait est, en tout cas, que les aspirations des consommateurs créent un véritable appel d'air pour le développement des « initiatives privées ». Réciproquement du reste, le développement de ces initiatives, en venant combler les interstices ou les lacunes des législations étatiques, peut, du point de vue du monde des affaires – voire aussi de certains dirigeants d'organisations internationales –, avoir l'avantage de réduire les pressions qui s'exercent en faveur d'une réglementation internationale uniforme. Doit-on pour autant voir dans le développement rapide et protéiforme des initiatives et autres engagements privés visant à garantir certaines normes de comportement ou de qualité sur le plan social ou environnemental « l'irruption de la conscience sociale sur le marché », comme certains n'ont pas hésité à le claironner. De manière plus prosaïque, d'autres constatent que l'éthique du marché a rapidement débouché sur un « marché de l'éthique » (et de l'étiquette !) sur lequel divers cabinets ou officines de conseil se pressent pour offrir leurs services – et contribuer en tout cas de ce fait à un certain progrès social sous forme de création de nouveaux emplois.

La question qui se pose ici n'est cependant pas de juger de l'authenticité des préoccupations morales de ces initiatives. Elle est de savoir dans quelle mesure elles pourraient, de manière concrète et vérifiable, contribuer à promouvoir les objectifs de progrès social énoncés par la Constitution de l'OIT. À première vue, leur potentiel est considérable. La perte d'un marché représente en effet, pour une grande entreprise, la sanction la plus redoutable. Si l'on veut répondre de manière plus spécifique à la question, deux aspects doivent cependant être examinés. Le premier est de savoir si ces initiatives offrent aux travailleurs intéressés une réelle amélioration par rapport à ce à quoi ils seraient en droit de prétendre si les règles nationales ou internationales qui leur sont applicables étaient effectivement appliquées. Sur la base des études effectuées par le BIT, on peut noter à cet égard que le contenu social des codes et labels est d'une grande hétérogénéité. En particulier, le peu de place accordé à des principes pourtant jugés fondamentaux par l'OIT, tels que précisément celui de la liberté syndicale, ne correspond pas à l'importance et à la priorité qui doivent leur être reconnues selon la *Déclaration de l'OIT relative aux principes et droits fondamentaux au travail*, adoptée en 1998.

Pour peu qu'il soit soumis à un système de mise en œuvre fiable – qui fait malheureusement souvent défaut pour l'application de la législation nationale compte tenu de la faiblesse des moyens dont dispose l'administration du travail –, un code ou un label, même s'il n'apporte, sur le plan du contenu, qu'une amélioration limitée par rapport aux conditions légales ou contractuelles de travail dans un pays déterminé, pourrait néanmoins représenter un avantage certain.

Il faut bien constater cependant que tel n'est pas vraiment le cas. Les méthodes de vérification de l'application de ces engagements ne sont encore que très rarement sujettes à des systèmes de contrôle faisant appel à des vérificateurs externes indépendants selon une méthodologie commune. De manière plus générale, il n'est pas rare, comme l'a observé le BIT, « qu'un code lancé à grand renfort de publicité dans un pays importateur soit inconnu ou introuvable notamment en langue locale sur le lieu de production ; il peut arriver aussi que le code soit disponible, mais que les travailleurs soient dans l'incapacité de le lire ou s'exposent en dénonçant des cas de non-respect de ces dispositions[1] ».

Ces constatations très schématiques ne permettent donc pas de répondre avec certitude à la question posée, celle de savoir si les travailleurs censés en bénéficier tirent un avantage concret de l'existence de ces codes par rapport aux conditions qui leur sont applicables.

Même si l'on suppose que ces codes ou labels apportent ou sont capables d'apporter un avantage concret, une deuxième question doit encore être posée, celle de savoir si cette amélioration ne risque pas de représenter un « effet d'aubaine » pour lesdits travailleurs, davantage qu'un réel progrès pour la communauté à laquelle ils appartiennent. La mise en œuvre de normes conçues et décidées de l'extérieur, en fonction de considérations ou de préférences propres aux consommateurs des pays développés, est en effet susceptible d'interférer avec la réalisation des objectifs que le pays peut s'être fixé en matière sociale. Ainsi que le relevait le document précité du BIT, des efforts d'amélioration des conditions de travail axés sur le secteur d'exportation peuvent donner naissance à un « système à deux vitesses », c'est-à-dire au creusement du fossé entre les travailleurs qui ont la chance d'être montés dans le wagon tiré par la locomotive du

---

1. « Tour d'horizon des faits nouveaux dans le monde et des activités du Bureau concernant les codes de conduite, le "label" social et d'autres initiatives émanant du seceur privé en rapport avec des questions sociales », documents du conseil d'administration, GB.273/WP/SDL/1 et GB.273/WP/SDL/1 (Add.1), 273e session, novembre 1998.

commerce international et les autres, en particulier ceux du secteur informel. Les méthodes de mise en œuvre de ces codes peuvent contribuer à aggraver ce risque. Un exemple classique est à cet égard celui du travail des enfants, dont une infime proportion du produit (5 %) est mise sur le marché international. Pour devancer la menace de boycott, certaines entreprises de produits fabriqués par les enfants ont choisi d'écarter par anticipation les enfants des lignes de production ; or, en l'absence de toute mesure d'accompagnement sur le plan scolaire ou de la réhabilitation, ces enfants, de même que leurs parents, se sont parfois retrouvés dans des situations de détresse encore plus grandes que celles où ils se trouvaient auparavant.

Tout cela confirme qu'il ne faut pas confondre avantage ou amélioration ponctuelle et « progrès » social. Les initiatives volontaires comportent sans doute un potentiel considérable par rapport à l'action étatique, mais il est plus douteux qu'elles puissent être laissées à elles-mêmes pour « produire » automatiquement un « progrès social », dont on peut estimer qu'il est indissociable du renforcement de la solidarité dans un cadre territorial donné, en même temps que d'une certaine harmonie dans les progrès individuels.

La seconde question qui doit alors être examinée est de savoir si le marché et les professionnels eux-mêmes sont capables de s'organiser en dehors des États pour surmonter les défauts ou les lacunes d'une entreprise dont il ne faut pas perdre de vue qu'elle n'en est sans doute qu'à ses balbutiements.

Le développement de l'ISO (International Organisation for Standardisation) montre qu'il est possible de répondre à la demande de normalisation des réglementations techniques dans un cadre semi-public dans de très vastes domaines qui vont bien au-delà des réglementations techniques traditionnelles et touchent en particulier aux questions de gestion et de contrôle de qualité (normes de la série 9 000) et aux problèmes de gestion de l'environnement (normes de la série 14 000) [1]. Bien qu'adoptées sur une base volontaire, ces normes peuvent s'avérer très efficaces dans la mesure en particulier où leur respect peut constituer, sinon toujours une condition d'accès au marché international, en tout cas un avantage certain comme c'est le cas des

1. Pour davantage d'informations, on peut consulter le site ISO, www.iso.ch/9000e/9k14ke.htm ; voir aussi Daniel Bennett « Beware ISO », *New Solutions*, printemps 1997.

normes ISO 9 000. Il est significatif qu'à diverses reprises il ait été ainsi question que l'ISO puisse s'intéresser aux systèmes de management de la sécurité et de la santé au travail qui font l'objet de plusieurs conventions de l'OIT. Les propositions en ce sens ont cependant rencontré certaines réticences, y compris de la part des employeurs eux-mêmes qui considèrent que la rédaction de ces normes sur une base tripartite dans le cadre de l'OIT est en définitive plus appropriée. Ces objections permettent de toucher du doigt les deux limites d'une éventuelle extension du système ISO au domaine des normes sociales et du travail. La première tient à la difficulté pour un organisme tel que l'ISO d'étendre son action au-delà des normes relatives aux procédures à appliquer pour promouvoir certains objectifs de qualité pour aborder les normes de fond dans des domaines tels que l'environnement. Cette difficulté a été illustrée par le débat qui a opposé les positions d'inspiration américaine et européenne (favorables à des normes de fond) à propos de l'adoption des normes ISO 14 000 (relatives aux systèmes de gestion de l'environnement « EMS »). Elle est elle-même liée, dans une certaine mesure, au système de représentation au sein des comités techniques (le comité 207 dans le cas de l'EMS) qui, selon certains observateurs, fait une place trop large aux intérêts proches des grandes industries globales [1]. Il est significatif, à cet égard, que le rôle important qui revient à l'ISO en raison de la place faite aux normes techniques harmonisées ait pu conduire les pays en développement à s'interroger sur le degré de représentativité du processus d'élaboration desdites normes. Le respect de ces normes réputées à ne pas constituer des obstacles techniques aux échanges peut en effet poser des problèmes à leurs industries naissantes alors qu'ils n'ont eu que très peu de part à leur élaboration.

Une autre configuration n'est-elle pas concevable ? L'OIT, elle-même, ne pourrait-elle envisager de diversifier les destinataires de son action pour s'efforcer de fédérer ces initiatives de manière cohérente autour de ses objectifs, et, le cas échéant, de patronner des systèmes de vérification fiables ? Sa structure tripartite tout comme le précédent que représente sa déclaration de principes tri-

1. Voir l'étude de Naomi Roth Arriaga, sur ISO 14 000 dans l'ouvrage collectif *Commitment and Compliance* (Dirah Sheltov, ed.), publié sous les auspices de l'American Society of International Law Oxford, Oxford University Press, 2000, p. 266-267.

partite sur les entreprises multinationales de 1976 semblent l'y prédestiner. Dans son rapport de 1997 à la Conférence internationale du travail, le directeur général du BIT a ainsi cru pouvoir avancer l'idée que l'OIT pourrait parrainer, par le truchement d'une convention internationale du travail, la création d'un « label social global » qui viserait à l'harmonisation et à la reconnaissance mutuelle d'un système de labellisation sociale que les États adhérant à ladite convention seraient appelés à introduire sur une base volontaire. Cette proposition inédite déclencha un débat tumultueux à la Conférence internationale du travail, bon nombre de pays en développement le soupçonnant de n'être que le camouflage d'une nouvelle – et potentiellement plus efficace – forme de « clauses sociales ». Sans doute, ce débat eut-il au moins le mérite de faire reconnaître que l'OIT ne pouvait se désintéresser des « initiatives privées » ; il n'en demeure pas moins que l'on reste encore assez éloigné d'un consensus quant au rôle que l'OIT pourrait jouer en la matière. Il faut, à cet égard, tenir compte des différences d'intérêts considérables qui peuvent séparer les grandes entreprises des pays développés des plus petites entreprises des pays en développement. Ces derniers craignent en effet de se voir évincer des marchés des pays développés si elles ne peuvent intégrer le réseau de sous-traitance des grandes entreprises qui, jusqu'à nouvel ordre, sont sans doute les seules à pouvoir s'offrir le luxe de systèmes coûteux de vérification. L'idée du *global compact*, c'est-à-dire d'un partenariat entre le secteur privé et les Nations unies, lancée par le Secrétaire général à Davos en 1999, manifeste sans doute l'émergence, au sein du Secrétariat, d'une certaine volonté de s'affranchir des limites et contraintes du système interétatique. Certains se sont déjà bien posé, du côté des ONG, la question de savoir qui, dans cette alliance, jouera le rôle du pot de terre. Le débat n'en est qu'à ses débuts.

## *Le décloisonnement des objectifs sociaux et économiques, condition de l'efficacité de la régulation internationale*

### Entre organisations internationales

Au-delà de l'incertitude des données statistiques et de l'absence d'alternative privée, la question se pose maintenant de savoir si la thèse de l'inefficacité du volontarisme étatique en matière sociale et du travail ne relève pas de la « prophétie à vocation autoréalisatrice (*self-fulfilling prophecy*) ». Le fort courant de pensée, qui s'est manifesté au niveau international et notamment à l'OCDE et dans les institutions de Bretton Woods en faveur d'un désengagement de l'État, postule en effet en même temps que, au niveau international, les organisations économiques et financières internationales doivent se préoccuper exclusivement de l'augmentation des richesses, « contribuant par là à relever, sur leurs territoires, la productivité, le niveau d'existence et la situation des travailleurs », comme le stipule de manière significative l'article premier des articles d'accord de la Banque mondiale. Leur répartition est dès lors censée – selon ce que certains ont non sans raison dénoncé comme la « désastreuse métaphore du partage du gâteau » – de l'appréciation des États selon les choix qui leur sont propres. De manière inéluctable cependant, cette « ségrégation » des objectifs économiques et sociaux au niveau international revient, dans les faits, à retirer aux États la possibilité de poursuivre de manière efficace des objectifs sociaux autonomes [1].

Bien sûr, le problème des liens entre la création des richesses et leur répartition équitable conformément aux principes de l'OIT n'est pas nouveau. Très tôt, avec la grande crise de 1929, les dirigeants de l'OIT se sont rendu compte qu'il était tout à fait futile de prétendre élever le niveau de vie des travailleurs par l'adoption de conventions internationales du travail si, dans le même temps, les activités de production s'effondraient. Ils sont donc parvenus à la conclusion que la réalisation des objectifs sociaux devait être étroitement intégrée à la poursuite d'une politique de création de richesses et de développement de la production au niveau international.

D'une certaine façon, la Déclaration de Philadelphie, qui fut adoptée en 1944 et incorporée par la suite à la Constitution de l'OIT, consacre cette ambition en proclamant notamment qu'il incombe à l'Organisation « d'examiner et de considérer à la

1. Le phénomène de la concurrence fiscale sur les hauts revenus, bien mise en valeur par les études du BIT consacrées à l'impact social de la mondialisation, confirme que la marge dans laquelle les États, même les plus avancés, peuvent poursuivre une vision autonome de la justice sociale est fort réduite puisqu'ils ne peuvent s'opposer aux mouvements des cadres qui sont le principal enjeu de cette concurrence.

lumière de cet objectif [social] fondamental [1] dans le domaine international tous les programmes d'action et de mesures d'ordre économique et financier ». Une chose cependant était pour les membres de l'OIT de s'accorder entre eux sur le texte d'une telle déclaration, dans l'euphorie d'une paix désormais à portée de main, et une tout autre chose pour la communauté internationale dans son ensemble de doter cette organisation, une fois la paix acquise, des moyens capables de traduire des ambitions que dès l'origine, sans doute, certains devaient, *in petto,* juger un peu démesurées. La création de l'ECOSOC offrit en tout cas une échappatoire. Non seulement l'OIT n'obtint pas les moyens dont ses dirigeants avaient rêvé, mais le mandat dont sont dotées les autres organisations de Bretton Woods établit une sorte de « cordon sanitaire » autour des objectifs sociaux (par exemple, dans l'article III, des articles d'accord de la Banque mondiale sur lequel on aura l'occasion de revenir plus loin). Il est piquant de rappeler, à cet égard, que la seule organisation économique où il fut envisager de faire place à ces préoccupations sociales, l'Organisation internationale du commerce (OIC), ne vit jamais le jour.

Pendant longtemps, cette compartimentalisation n'a pas prêté à conséquence, en raison d'une situation économique qui, à la faveur d'un système de change propice, laissait aux pays industrialisés une grande latitude pour conduire une politique sociale généreuse et faire bénéficier leurs travailleurs des gains de productivité (même si, selon certains économistes, cela revenait à exclure les populations des pays en développement de la table du festin).

Le renversement de la situation lié aux chocs pétroliers et à la transformation du système de changes à partir du début des années 1970 a radicalement modifié les perspectives pour les pays développés et plus encore sans doute pour les pays en développement. Alors qu'au début des années 1970, les dirigeants du BIT avaient ainsi cru pouvoir se réjouir de retrouver l'écho de la priorité due aux considérations sociales dans la stratégie de la deuxième décennie des Nations unies pour le développement, les réalités de cette décennie et de celle qui a suivi ont été celles d'une assez brutale réaffirmation d'un « préalable économique »,

1. Celui de réaliser des conditions permettant à tous les êtres humains, quels que soient leur race, leur croyance et leur sexe, de poursuivre leur progrès matériel et leur développement spirituel dans la liberté et la dignité, dans la sécurité économique et avec des chances égales.

qui s'est notamment exprimé à travers le « consensus de Washington » (libéralisation, stabilisation et privatisations).

Or, ce préalable implique en réalité de manière inéluctable une préséance et même une priorité de l'économique sur le social. Cette priorité se manifeste en particulier sur le plan juridique à travers l'attitude adoptée par la Banque mondiale en ce qui concerne les droits de l'homme. Une interprétation stricte de l'article III, section Vb, des articles d'accord qui demandent à la Banque de veiller à ce que les sommes provenant d'un prêt quelconque soient utilisées exclusivement aux fins en vue desquelles le prêt a été accordé « en donnant aux considérations d'économie et de rendement l'importance qui leur est due et sans tenir compte des influences ou des considérations d'ordre politique ou de toutes autres influences ou considérations qui ne sont pas d'ordre économique », l'a ainsi conduite à considérer qu'elle ne pouvait pas prendre une attitude activiste en la matière. Bien entendu, la Banque contribue de manière indirecte à la promotion des droits de l'homme à travers ses activités de développement, et il lui arrive même de le faire de manière plus directe lorsque cela rejoint les considérations d'efficacité économique. Tel est le cas de la lutte contre le travail des enfants dans la mesure où il constitue un gaspillage du potentiel de développement. Mais la situation inverse peut aussi se présenter, et c'est précisément le cas pour la liberté syndicale et la négociation collective. La Banque a manifesté ainsi des réserves persistantes dont on a pu trouver l'écho entre autres dans son rapport, *Le monde du travail dans un monde sans frontières*, de 1995. Tout en reconnaissant les effets positifs des syndicats, le rapport regrette un comportement qualifié de « monopolistique » qui se traduit par l'octroi de « primes de travail » injustifiées à certaines catégories de travailleurs et plus généralement une distorsion du marché du travail au détriment des non-syndiqués et du secteur informel et, dans certains cas, le blocage des réformes qui parfois seraient les plus nécessaires. Cette analyse comporte un certain nombre de répercussions en ce qui concerne les projets qu'elle finance, et même parfois les avis de ses experts – lesquels vont parfois à rebours de ceux du BIT quant à la direction que doit prendre la réforme de la législation du travail. Ce préalable économique s'applique bien sûr à plus forte raison à d'autres domaines que les droits fondamentaux. Les politiques d'ajustement structurel appliquées en vertu du « consensus de Washington » ont ainsi conduit, par exemple, à remettre en cause les systèmes de sécurité sociale fondés sur la répartition tels qu'ils s'étaient développés dans de nombreux pays sur la base des normes de l'OIT, pour promouvoir des systèmes faisant appel à la capitalisation.

La crise asiatique et les réactions d'opinions de plus en plus rétives ont cependant conduit à faire apparaître les limites des potions inspirées du « consensus de Washington » et semblent amorcer une conversion des institutions financières à une vision moins univoque. Cette conversion est illustrée par l'attention croissante prêtée à l'OIT par le FMI et la Banque – y compris dans le nouveau statut qui vient de lui être reconnu au comité intérimaire de la Banque et du FMI – ainsi que par le nouveau « paradigme » du développement parrainé par James Wolfensohn. Cette vision fait une part plus large aux facteurs sociaux, en particulier au rôle des mentalités et des comportements, et au « capital organisationnel » de chaque pays dans le processus de développement. Ce dernier concept recouvre les institutions et le système des relations qui permettent d'assurer les transactions et de régler les différends qui, trop souvent, se trouvent détruits plutôt que renforcés dans le processus de développement. Autrement dit, les infrastructures et les institutions sociales ne peuvent pas être traitées isolément du processus de développement, elles font partie intégrante des objectifs et de l'efficacité économiques eux-mêmes. La régulation économique à laquelle elles contribuent est un facteur essentiel d'innovation et d'adaptation. Si ce nouveau paradigme ne représente sans doute pas une révolution absolue dans la pensée [1], il a tout de même le grand mérite d'exprimer l'amorce d'une transformation durable de la vision organisationnelle d'institutions qui ont une influence prépondérante dans les stratégies de développement national.

## Dans le cadre de l'action normative de l'OIT

La « dé-ségrégation » des objectifs économiques et sociaux dans les visions du développement des organisations de Bretton

1. Voir, par exemple, les commentaires de T.N. Srinivasan de Yale University ; tout ce discours, comme du reste celui de la gouvernance, sonnait un peu creux (*buzz words*) et l'on n'avait attendu ni M. Wolfensohn ni M. Stiglitz pour saisir l'importance d'une démarche « holistique » du développement. « Variety of routes to development already known », *Financial Times*, 28 septembre 1999.

Woods devrait logiquement comporter un corollaire : la prise en considération dans l'élaboration des normes internationales du travail de leur incidence économique éventuelle. Cette problématique, que certains jugent encore sans doute un peu sulfureuse, a pourtant une base fort ancienne et tout à fait respectable. Elle fut en effet esquissée dès 1922 dans l'avis de la Cour permanente de justice internationale relatif à la compétence de l'OIT en matière agricole. La Cour y souligne que si l'Organisation n'est pas compétente pour s'occuper de production, elle ne devait pas pour autant se désintéresser « de la répercussion sur la production des mesures qu'elle tâchera de faire adopter au bénéfice des travailleurs. S'il apparaissait qu'une mesure particulière conduisait à une véritable diminution de la production, il y aurait peut-être pour elle lieu d'examiner ce côté de la question avant de décider de la mesure, toute désirable qu'elle soit sous d'autres rapports [1] ».

On se dira sans doute que la présence des représentants des employeurs au sein des organes délibératifs de l'OIT offre une garantie suffisante que les considérations de « production » et, de manière plus générale, les considérations économiques trouvent leur juste place dans l'élaboration des normes du travail. Cela est vrai mais, pour des raisons d'ordre divers, seulement jusqu'à un certain point.

La première de ces raisons tient à une pratique institutionnelle qui a creusé le hiatus entre l'adoption des conventions et leur ratification. Alors qu'à l'origine le vote d'un projet de convention était censé comporter un engagement moral de ratifier (d'où l'inclusion de clauses permettant certaines dérogations spécifiques pour certains pays nommément désignés en vue de faciliter leur ratification), la pratique subséquente a, durant la guerre froide en particulier, poussé gouvernements et employeurs à faire passer l'avantage politique qu'ils pouvaient retirer d'une attitude socialement « progressiste » avant les considérations de viabilité économique de l'instrument considéré (et ceci d'une manière d'autant plus naturelle que leur « progressisme » contribuait en même temps à rendre la ratification plus hypothétique). Il est à noter cependant qu'une attitude beaucoup plus critique quant à la viabilité des projets de convention se mani-

1. Avis n° 3 du 12 août 1922, reproduit dans le *Bulletin officiel* du BIT, VI (11), 13 septembre 1922, p. 383-387.

feste tant du côté des employeurs que de celui des gouvernements des pays industrialisés. Les tribulations de bon nombre de conventions récemment adoptées par la Conférence internationale du travail montrent en même temps que si les employeurs ont de plus en plus tendance à s'abstenir lors du vote final pour tenter de faire capoter le projet par défaut de quorum, beaucoup de gouvernements, même parmi les pays développés, hésitent à tirer les conséquences de leur scepticisme quant à la « ratifiabilité » d'un instrument au moment de cette épreuve de vérité.

La deuxième limite résulte de la « segmentation » qui caractérise l'activité normative de l'OIT. Pour différentes raisons, et en particulier la nécessité de faire en sorte que les conventions adoptées puissent obtenir un nombre de ratifications aussi élevé que possible, l'action normative a tendance à fragmenter les problèmes. Pour inévitable et très positive qu'elle soit sur un plan général, cette tendance n'est pas très favorable à la prise en compte des liens d'interdépendance qui peuvent exister entre les objectifs de protection et les objectifs de production. C'est ainsi que, pour bien marquer l'importance de l'objectif d'emploi qui est tout à la fois un objectif économique et un objectif social fondamental, on a cru devoir en faire l'objet de normes spécifiques, et en particulier de la convention n° 122. Au lieu de considérer cet objectif dans toute la complexité de ses relations d'interdépendance avec d'autres objectifs sociaux, et en particulier les objectifs de protection, cette convention se trouve, par la force des choses, réduite à énoncer des obligations de portée très générale, en l'espèce celle que chaque État qui ratifie s'applique à formuler et mettre en œuvre « comme un objectif essentiel, une politique active visant à promouvoir le plein emploi productif et librement choisi ». Il n'est pas besoin d'être prix Nobel d'économie pour entrevoir que la valeur opératoire de ce genre de maxime pour atteindre l'objectif poursuivi n'est pas très grande. Le membre gouvernemental indien du conseil d'administration observait ainsi récemment de manière quelque peu désalousée que les statistiques du chômage semblaient être restées rebelles aux efforts de son gouvernement pour donner effet à cette convention.

C'est pourquoi Michel Hansenne, dans son rapport précité à la conférence de 1997, relevait que « devant le débat qui se développe au sujet des liens entre le chômage, la création d'emplois et les garanties de stabilité de l'emploi reconnues aux travailleurs, l'action normative de l'OIT peut difficilement, si elle veut conserver sa pertinence, tenir pour acquis que tous ses objectifs peuvent être poursuivis de front. Elle doit, faits à l'appui, en apporter la démonstration ou, le cas échéant, proposer un ordre de priorités ».

D'une certaine façon, la réponse à cette exhortation est venue de son successeur, Juan Somavia. Récemment, en 1999, ce dernier a en effet proposé à la Conférence internationale du travail une vision plus synthétique des objectifs de l'Organisation [1]. Elle s'exprime à travers la stratégie du « travail décent ». Cette stratégie revient en effet à rappeler que l'objectif central de toute politique de progrès social est d'offrir à tous la possibilité d'un travail décent et productif dans des conditions de liberté, de sécurité et de dignité. La question est cependant de savoir comment cette vision synthétique peut se traduire sur le plan normatif malgré la compartimentalisation dont il vient d'être question. Deux axes de réflexion semblent, à cet égard, se dessiner.

Le premier est celui de la nécessité d'une évaluation plus systématique de l'impact que les normes individuelles peuvent avoir non seulement du point de vue de l'objectif spécifique qu'elles se fixent mais, le cas échéant, du point de vue d'autres objectifs connexes.

Il n'est pas sans intérêt de relever que la nécessité d'une telle évaluation s'inscrit dans une tendance plus générale qui s'est affirmée depuis. Ainsi, selon Jacques Chevallier, l'essor des procédures d'évaluation permet d'assurer, conformément à un souci général d'adaptabilité qui caractérise le droit dit post-moderne, « le bouclage des procédures décisionnelles au sein desquelles les phases d'élaboration/décision/exécution/évaluation rétroagissent constamment les unes sur les autres [2] ».

L'OIT est en tout cas particulièrement bien équipée sur le plan institutionnel pour s'engager dans cette voie. Par sa structure tripartite, elle permet en effet de réunir les auteurs de la réglementation, c'est-à-dire les États, ses bénéficiaires supposés qui sont les travailleurs et ceux qui, en principe, devraient être

1. BIT, « Un travail décent », rapport du directeur général à la Conférence internationale du travail, 87e session, 1999.

2. J. Chevallier, « Vers un droit postmoderne ? », dans J. Clam, G. Martin (dir.), *Les transformations de la régulation juridique*, Réseau européen Droit et société, Paris, Maison des sciences de l'homme-LGDJ, 1998.

affectés en premier par son absence alléguée d'efficacité ou par ses effets pervers, c'est-à-dire les employeurs. Par ailleurs, sa Constitution (art. 19) lui permet – et lui fait même d'une certaine manière obligation – d'évaluer l'impact des instruments qu'elle a adoptés sur les États qui ne les ont pas ratifiés. C'est pourquoi, face à l'absence de vérification empirique sur laquelle prospère le débat relatif à la « dérégulation », cette disposition pourrait offrir, comme le soulignait le rapport de 1997 précité, un outil irremplaçable pour « vider la fausse querelle de la flexibilité ». Dans la pratique actuelle cependant, les études d'ensemble effectuées sur la base de cette disposition se présentent plutôt comme des études comparatives de l'évolution des législations dans la matière couverte par l'instrument ainsi que des difficultés d'application rencontrées. Bien que très utiles, elles ne permettent donc pas vraiment d'évaluer l'impact concret des normes internationales sur l'évolution des législations et des pratiques nationales (en évitant de prendre pour preuve de cet impact ce qui n'est souvent qu'une relation de causalité inverse de « projection » des législations nationales sur les normes internationales). Elles ne donnent pas non plus d'indication quant à l'effet induit éventuel de la réglementation considérée sur des objectifs autres que ceux qu'elle vise directement. Ph. Alston a ainsi pu reprocher à l'étude d'ensemble de 1992 sur les instruments relatifs aux salaires minima de ne consacrer que deux paragraphes sur un total de 200 pages au débat très vif auquel donne lieu, dans de nombreux États membres, la question de savoir si les garanties de salaires minima ne sont pas contre-productives sur d'autres terrains, et en particulier celui de l'emploi, et de se fonder sur des raisonnements circulaires pour en minimiser la portée [1]. Rien n'empêche cependant de modifier une pratique qui pourrait aisément s'inscrire dans les logiques de « frottement » et de mimétisme évoquées ailleurs dans cet ouvrage.

Le second axe de réflexion pourrait conduire plus loin. Il ne consisterait pas simplement à procéder à une évaluation systématique de l'impact des conventions adoptées, il consisterait à modifier la conception de l'action normative. Il ne s'agirait plus de chercher à atteindre l'objectif en enjoignant les membres de

1. P. Alston, « Post-Post-Modernism and International Labour Standards : the Quest for a New Complexity », dans W. Sengenberger, D. Campbell (eds), *International Labour Standards and Interdependence*, Genève, ILO, 1994, p. 102.

suivre un ensemble de prescriptions préétablies selon le modèle réglementaire classique qui est très largement celui des conventions. Il s'agirait plutôt de leur fixer les objectifs à atteindre et de vérifier et de confronter ensuite les efforts qu'ils déploient pour y parvenir, afin de dégager les expériences qui apparaissent comme les plus fructueuses. Ce nouveau modèle existe déjà d'une certaine manière : c'est celui de la *Déclaration de l'OIT relative aux principes et droits fondamentaux au travail de 1998*. Il serait tout à fait concevable de l'étendre aux autres objectifs stratégiques du « travail décent », à savoir la promotion de l'emploi, la garantie que ces emplois soient d'une qualité acceptable, la protection contre les aléas et finalement la promotion du dialogue social, par le biais de recommandations « cadres » assorties d'une procédure de suivi permettant de confronter les résultats des différentes recettes utilisées par ses membres, et si possible d'en tirer des enseignements de portée plus générale.

Soulignons, pour conduire cette section, la convergence indiscutable qui, au niveau des dirigeants des organisations financières et de l'OIT, se manifeste sur le fait que ni les unes ni les autres ne peuvent efficacement progresser vers leurs objectifs respectifs s'ils restent cloisonnés. Cela ne veut pas dire que l'on est déjà parvenu à une identité de vision au sujet de l'axe autour duquel cette synthèse pourrait se faire. La nouvelle stratégie de lutte contre la pauvreté, à laquelle sera consacré le rapport 2000-2001 sur le développement dans le monde, devrait permettre d'ouvrir un dialogue institutionnel intéressant entre les institutions de Bretton Woods et l'OIT. Elle pose en effet la question de la place respective qui doit être faite à des projets de lutte contre la pauvreté autour desquels chaque pays serait appelé à se mobiliser avec l'aide de la Banque mondiale, et à la création d'emplois qui est au cœur de la stratégie du « travail décent » de l'OIT. Au-delà de ce débat, la question qui restera sans doute posée est de savoir si, pour être vraiment durable et efficace, cette convergence de vision ne devrait pas se traduire tôt ou tard sur le plan institutionnel, non pas sans doute par la révision difficilement concevable des chartes constitutives, mais par des « accords croisés » qui pourraient un jour porter remède à la « ségrégation » des objectifs économiques et sociaux en reconnaissant leur complémentarité indispensable et en créant ainsi les conditions dans lesquelles le volontarisme de l'action étatique pourrait s'avérer réellement efficace.

## LE DÉFI DE L'UNIVERSALITÉ DE PROTECTION

La question qui sera examinée ici touche au deuxième aspect du « volontarisme » de l'OIT : la suite qui est donnée à la réglementation internationale du travail dépend de la « bonne volonté » des membres que, sous réserve d'une obligation minimale mais significative (celle de soumettre les instruments adoptés par la Conférence internationale du travail à leur autorité compétente, c'est-à-dire en général à leur Parlement), la Constitution laisse libres de ratifier les conventions ou d'appliquer les recommandations.

Cette solution volontariste n'a pas été acquise sans tâtonnements. Les fondateurs de l'OIT avaient suffisamment le sens des réalités pour concevoir que ses objectifs humanitaires risquaient de ne pas peser lourd face aux contraintes d'une concurrence internationale déjà très vive (et d'autant plus présente sur le plan des conditions de travail qu'il n'était pas encore courant de délocaliser les lignes de production devenues trop coûteuses). Tel est le sens du fameux attendu de la Constitution selon lequel « la non-adoption par une nation quelconque d'un régime de travail réellement humain fait obstacle aux efforts des autres nations désireuses d'améliorer le sort des travailleurs dans leur propre pays ».

Pour éviter une situation qui n'est au fond que l'expression du « dilemme du prisonnier », l'avant-projet britannique de la Constitution de l'OIT avait initialement imaginé une solution audacieuse et, à vrai dire, supranationale avant la lettre : les conventions adoptées par la Conférence internationale du travail seraient censées s'appliquer directement à l'ensemble des membres sous réserve d'une clause d'*opting out* dont ils pourraient se prévaloir dans un délai d'un an. On s'est cependant rapidement rendu compte – et la constatation n'est évidemment pas dépourvue de pertinence dans le contexte du débat sur la clause sociale – que cette solution radicale risquait de se retourner contre l'objectif poursuivi. L'attribution d'un pouvoir de cette nature à la Conférence internationale du travail ne pouvait en effet qu'exercer un effet dissuasif sur les adhésions à l'OIT ou, selon le cas, sur l'adoption d'une législation sociale véritablement progressive. En conséquence, le choix d'une solution volontariste, qui, par la persuasion et la pression des pairs, devrait progressivement parvenir à réaliser les objectifs universels de l'OIT, s'est imposé. Depuis une dizaine d'années, la mondialisation a cependant conduit à relancer le débat quant au bien-fondé de ce choix.

Si l'on considère le *corpus* des 183 conventions internationales du travail et des 190 recommandations qui ont été adoptées à ce jour, sans doute ne peut-on manquer de conclure que l'universalité est devenue une réalité au moins en ce qui concerne la gamme des sujets traités. Il n'existe en effet aucun domaine ou aucun aspect de la protection des travailleurs qui ne soit, d'une manière ou d'une autre, traité par ces textes, que l'on a pris l'habitude de répartir entre trois catégories : celle des droits fondamentaux (liberté syndicale, négociation collective, travail forcé, non-discrimination) ; celle des infrastructures nécessaires à la protection des travailleurs et au progrès social (administration du travail, médecine du travail, statistiques du travail, consultations tripartites au niveau national) ; enfin, celle des normes de fond visant à assurer une protection et une prestation spécifiques dans l'ensemble des domaines pertinents (conditions de travail, hygiène et sécurité au travail, sécurité sociale, relations professionnelles).

La situation est moins satisfaisante lorsqu'on considère l'universalité sous l'angle de l'extension géographique de la protection prévue par ces différents textes. Le taux de ratification des conventions internationales du travail est en effet fort variable selon leur objet. Même dans le domaine des droits fondamentaux où le nombre des ratifications est, en règle générale, élevé [1], on est pour certaines de ces conventions encore assez éloigné de l'universalité. Or, c'est bien souvent dans les pays n'ayant pas ratifié que l'on rencontre les situations les plus problématiques. Bien que le développement des « clauses de souplesse » ait permis d'adapter, dans une certaine mesure, le niveau des obligations auxquelles l'État partie est prêt à souscrire en fonction de ses possibilités, on constate par ailleurs un certain piétinement des ratifications des conventions les plus récentes, auquel contribue sans doute une diversité de facteurs (saturation des chancelleries et contraintes d'une concurrence internationale exacerbée qui font hésiter les États à souscrire à de nouvelles

1. Voir tableau des ratifications en annexe, p. 185.

obligations, excuse de la structure fédérale ou de la compétence communautaire pour les pays d'Europe, etc.).

Tel est le contexte dans lequel, malgré les progrès considérables réalisés par l'action de l'OIT, la nécessité de dépasser le « volontarisme » de ses moyens d'action fut posée par un certain nombre d'États, et notamment les États-Unis, la France et la Belgique, lors de la conclusion de l'accord établissant la création de l'OMC à Marrakech en 1994. Face au phénomène de délocalisation et au sentiment très largement répandu d'une concurrence déloyale fondée sur l'exploitation de conditions de travail inacceptables, cette première tentative concertée visait à établir un lien contraignant entre les disciplines du système commercial multilatéral et le respect des « droits internationalement reconnus des travailleurs ». Sous une forme modifiée, cette revendication a refait surface lors de la conférence ministérielle de l'OMC à Singapour en novembre 1996. À nouveau, l'opposition déterminée de la vaste majorité de pays en développement y fit échec. Les ministres du Commerce se sont cependant accordés d'abord pour exprimer, au paragraphe 4 de leur déclaration finale, leur engagement à l'égard des « normes internationales du travail internationalement reconnues », en insistant d'abord sur le fait que l'OIT « est l'organe compétent pour établir ces normes et s'en occuper », ensuite pour rejeter « l'usage des normes du travail à des fins protectionnistes » et convenir enfin « que l'avantage comparatif des pays, en particulier des pays en développement à bas salaire, ne doit en aucune façon être remis en question ».

Ce nouveau refus d'entrer en matière au sujet de l'opportunité d'établir un lien contraignant entre le respect de certaines normes internationales du travail et la libéralisation du commerce international ne saurait évidemment surprendre étant donné le rapport des forces en présence et le fait que les décisions au sein de l'OMC sont en pratique soumises à la règle du consensus. On pourrait, en revanche, s'étonner de son retour cyclique puisque ledit rapport de force n'évolue pas de manière radicale d'une conférence ministérielle à l'autre. Force est de constater en même temps que la revendication, même si elle a peu de chance d'aboutir dans l'immédiat, entretient une dialectique finalement très féconde par la menace qu'elle fait peser, y compris la menace de mesures unilatérales.

Au-delà d'une argumentation souvent très répétitive de part et d'autre, on peut, à cet égard, voir se dégager peu à peu deux questions essentielles : la première est de savoir quels sont les droits des travailleurs dont la garantie paraît présenter une pertinence particulière du point de vue de l'économie globale ; la seconde est de savoir quelle sorte de lien peut éventuellement être établi avec le commerce international.

## *L'universalité pour quels droits ?*

Ainsi qu'on vient de l'indiquer, la préoccupation de la concurrence internationale était très présente à l'esprit des rédacteurs de la Constitution de l'OIT. Le choix des sujets abordés lors des premières conférences internationales de travail est, de ce point de vue, significatif. Le lien entre la concurrence internationale et le progrès social était en fait considéré comme si important que, dans l'une des premières demandes d'avis consultatif portées devant la Cour permanente de justice internationale, la thèse selon laquelle la compétence de l'OIT devrait être limitée aux aspects de la protection sociale susceptibles d'avoir une incidence sur le commerce international fut avancée, mais sans succès.

Il est dès lors surprenant de constater que, lorsque la question d'établir un lien entre la libéralisation du commerce et le respect de certaines normes du travail a refait surface à l'occasion de la conférence de Marrakech, on ne soit guère attaché à distinguer entre différents types de droits selon leur incidence possible sur la compétitivité internationale des entreprises. La proposition avancée par les États-Unis visait ainsi, on l'a vu, à établir un lien obligatoire entre « les droits des travailleurs internationalement reconnus » et les disciplines du commerce multilatéral, de sorte que l'universalité d'application de ces droits puisse être enfin réalisée. La notion très vague de « droits des travailleurs internationalement reconnus » soulevait cependant bien des interrogations dans la mesure où elle pouvait recouvrir l'ensemble des domaines qui font l'objet de conventions de l'OIT, y compris les salaires minima et la sécurité sociale. On peut comprendre, dans ces conditions, l'émoi des pays en développement qui dénoncèrent à l'envi les motivations protectionnistes de cette proposition. Justifié ou non, le soupçon s'explique mieux lorsqu'on se souvient que, face aux revendications d'un nouvel ordre international et du « droit au développement » chargé de connotations redistributrices, les pays développés, ou certains d'entre eux, avaient opposé la formule *Trade not aid* qui, à travers l'augmentation de la production et des richesses pour tous, promettait à chacun un accès facile à la « matière première » du progrès social interne. Établir d'emblée un tel lien relevait dès lors, aux yeux de la plupart des pays en développement, d'une espèce d'imposture. Le procès selon lequel les motivations généreuses des pays développés n'étaient que l'habillage hypocrite de préoccupations protectionnistes se trouvait renforcé par la constatation que le moyen le plus direct de faire bénéficier les travailleurs injustement exploités de conditions plus équitables, à savoir la possibilité de migrer vers ces conditions, ne leur était pas offert.

Ce débat ne pouvait pas en tout cas rester sans écho à l'OIT, mais il y prit assez vite une direction différente. C'est ainsi que, dans son rapport à la conférence de 1994 – finalisé, il faut le préciser, quelques mois avant la conférence de Marrakech –, le directeur général du BIT aborda le problème en soulignant d'emblée que la question n'était pas de réaliser une utopique péréquation de la protection sociale entre des pays situés à des niveaux de développement extrêmement différents, mais de savoir si les États en question examinaient avec suffisamment de zèle la possibilité de souscrire aux normes de l'OIT en fonction des possibilités accrues engendrées, entre autres, par la libéralisation des échanges [1]. Dans un document ultérieur de novembre 1994, il précise l'idée en observant qu'en définitive le problème n'est pas d'imposer de l'extérieur un niveau de protection déterminé mais plutôt de définir les conditions qui, sur le plan national, donneraient aux partenaires sociaux les outils nécessaires, soit pour revendiquer leur juste part des fruits du progrès économique engendrés, entre autres, par la libéralisation des échanges, soit pour se protéger des effets négatifs de cette dernière. Or, ces outils existent. Il s'agit du groupe d'instruments visant à garantir aux travailleurs leur libre détermination sur le plan individuel et collectif : la liberté syndicale et la négociation collective (consacrées par les conventions n$^{os}$ 87 et 98) ; l'interdiction du travail forcé (conventions n$^{os}$ 29 et 105) à laquelle se rattachent l'interdiction du travail des enfants

1. BIT, « Des valeurs à défendre, des changements à entreprendre », rapport du directeur général à la Conférence internationale du travail, 81$^{e}$ session, 1994.

(conventions nos 138 et 182) ainsi que l'interdiction de toute discrimination (conventions nos 100 et 111) qui constitue une atteinte à la liberté du travailleur d'obtenir avec des chances égales la juste contrepartie de son travail.

Cette vision stratégique du rôle des droits fondamentaux au travail dans la promotion du parallélisme du développement économique et social fit progressivement son chemin. Le sommet mondial pour le développement social de Copenhague, en 1995, lui apporte une contribution décisive en soulignant l'importance que revêtent ces droits pour « réaliser une croissance économique réellement soutenue et un développement véritablement durable ». Avec le renfort de l'étude précitée de l'OCDE (en 1996) sur le plan économique et, sur le plan politique, celui de la déclaration des ministres de Singapour, l'OIT parvint ainsi en un temps record à relever le défi de proposer une solution plausible en vue de réaliser l'application universelle de ces droits sans faire appel à la coercition. Cette réponse se présente sous la forme d'une *Déclaration relative aux droits et principes fondamentaux au travail* adoptée par la Conférence internationale du travail, sans opposition, à sa 86e session (1998) [1].

On aurait tort de croire cependant que cette issue fut acquise sans difficultés. Le soutien exprimé de loin à l'OIT par les ministres du Commerce à Singapour était sans doute d'autant plus chaleureux que dans l'esprit de la majorité il était voué à rester sans suite. Dès qu'il apparut que l'OIT ne l'entendait pas ainsi, de vives réticences se firent jour du côté de certains pays en développement. Dans leur vaste majorité cependant, ils se rendirent compte assez vite qu'il ne leur était pas possible sans se contredire de rejeter tout à la fois la solution d'un lien coercitif dans le cadre de l'OMC et la solution promotionnelle proposée par l'OIT en vue de réaliser l'universalité de ces droits. L'inclusion dans la Déclaration de 1998 d'une clause qui rappelle, en des termes largement inspirés de ceux de la Déclaration de Singapour, que ces droits ne peuvent être utilisés à des fins protectionnistes, a au demeurant permis de répondre à l'une de leurs préoccupations principales. Sans établir directement de lien avec la libéralisation des échanges, la Déclaration exprime cependant de manière explicite la signification particulière de ces droits, celle de donner « aux intéressés eux-mêmes la

1. Le texte de cette Déclaration ainsi que celui de sa procédure de suivi figurent en annexe, p. 186.

possibilité de revendiquer librement et avec des chances égales leur juste participation aux richesses qu'ils ont contribué à créer, ainsi que de réaliser pleinement leur potentiel humain ».

### *Universalité volontaire ou par le biais des disciplines du commerce multilatéral ?*

Dès l'instant où l'on s'accorde pour reconnaître que les droits fondamentaux sont l'instrument nécessaire (sinon suffisant) pour assurer le parallélisme entre la croissance des richesses engendrée par la libéralisation du commerce et le progrès social, il n'est certainement pas illogique d'en déduire que ces droits devraient s'appliquer de manière universelle immédiate : or, existe-t-il un meilleur moyen pour y parvenir que de les intégrer aux disciplines du commerce multilatéral ? La validité de cette conclusion soulève cependant deux questions : d'abord, celle de savoir s'il existe une alternative plausible à une solution coercitive ; ensuite, celle de savoir si le « raccourci » que représenterait l'intégration de ces droits au système multilatéral garantirait l'efficacité que l'on recherche, en tenant compte de la nature spécifique de ces droits.

Comment l'universalité de l'application des droits fondamentaux peut-elle être réalisée par l'OIT, alors que les membres de l'OIT n'ont d'obligation que dans la mesure où ils ont ratifié les conventions pertinentes de l'OIT ? La Déclaration de 1998 a permis d'apporter une double réponse à cette question.

La première se situe sur le plan juridique. La Déclaration a permis de contourner l'obstacle du volontarisme de la ratification des conventions en faisant découler de la Constitution de l'OIT elle-même l'obligation de mettre en œuvre ces droits fondamentaux. L'ensemble des membres de l'OIT, même s'ils n'ont pas accepté les obligations spécifiques résultant des conventions portant sur ces droits fondamentaux, a accepté librement les valeurs et principes fondamentaux proclamés dans la Constitution et la Déclaration de Philadelphie. La Déclaration en tire la conséquence qu'ils sont donc tenus, du simple fait de leur appartenance à l'OIT, à l'obligation de les « respecter, promouvoir et réaliser de bonne foi et conformément à la Constitution ».

Il s'agit là, bien sûr, d'un pas très significatif sur le plan du droit international mais cette avancée aurait fort bien pu rester un vœu pieux si la Déclaration ne s'était dotée d'un dispositif de suivi original. Ce dispositif comporte lui-même deux éléments : un rapport annuel dont l'objet est de passer en revue chaque année la situation des pays qui n'ont pas ratifié au regard des droits et principes fondamentaux ; un rapport global qui, tous les quatre ans, devra dégager les progrès accomplis pour chacun des droits considérés. Malgré son caractère promotionnel, ce système possède un potentiel considérable[1]. Il permettra d'abord de réunir et de discuter de manière systématique sur une base tripartite une information éparse sur des questions qui revêtent une importance fondamentale dans l'existence quotidienne de millions de personnes au travail. La composition de l'Organisation offre, à cet égard, une double garantie : d'abord, celle que les informations fournies par les gouvernements feront l'objet d'un examen critique et pourront être complétées et corrigées par les organisations représentatives d'employeurs et de travailleurs ; ensuite, celle que ces informations seront discutées sur une base tripartite universelle au conseil d'administration ou à la Conférence internationale du travail selon le cas. Souligner ce potentiel, c'est reconnaître en même temps que le système n'a pas la prétention de parvenir instantanément à ses objectifs. Ce résultat ne pourra être acquis que de manière progressive, avec le concours de l'ensemble des membres et le soutien matériel que l'Organisation s'est engagée à mobiliser. S'il est certainement encore trop tôt pour évaluer leur succès, on peut au moins espérer que les États membres accepteront de jouer le jeu et de donner sa chance à ce dispositif avant d'en envisager un autre.

Le deuxième aspect à examiner maintenant est donc de déterminer si la solution promotionnelle de la Déclaration ne pouvant prouver son efficacité qu'à long terme, la « greffe » des droits fondamentaux sur les disciplines du système commercial multilatéral n'offrirait pas un « raccourci » beaucoup plus efficace. Cette possibilité soulève des questions complexes dans le détail desquelles il n'est pas possible d'entrer. On peut cependant, de

---

1. Il est significatif que, depuis l'adaptation de la déclaration, le BIT ait enregistré une très forte progression du nombre de ratifications de conventions fondamentales. Ce mouvement peut, pour une très large part, être attribué à la perception des États concernés que le suivi de la déclaration aurait pour effet d'accroître considérablement la pression et la publicité auxquelles il serait exposé. Il valait donc mieux se plier aux contraintes de la ratification.

manière très schématique, en évoquer deux dimensions particulièrement significatives.

La première est de savoir de quelle manière cette greffe des droits fondamentaux des travailleurs peut « prendre », compte tenu de la nature particulière de ces droits.

Comme on le sait, la charte de l'OMC ne contient pas de référence spécifique aux droits des travailleurs (si ce n'est dans l'article XX, relatif au travail dans les prisons) ni même une dimension sociale explicite, alors que son préambule marque un timide progrès par rapport à celui du GATT en direction des préoccupations environnementales et de « développement durable ». La possibilité d'extrapoler diverses dispositions de l'accord (en particulier l'article VI relatif au dumping ; l'article XVI relatif aux subventions, ou encore l'article XXIII, en vue de remédier aux « distorsions » que, selon certains, les différences de niveau de protection des travailleurs engendreraient sur le plan du commerce international) a suscité pas mal de spéculations. Force est bien sûr de constater qu'en près d'un demi-siècle d'existence ces dispositions n'ont pas été évoquées à cette fin. L'accord qui s'est fait quant à la nature des droits fondamentaux considérés, et la reconnaissance du fait qu'ils ne visent à rien d'autre qu'à garantir le droit individuel et collectif du travailleur de négocier librement les conditions dans lesquelles il accepte d'offrir sa capacité de travail n'interdisent-ils cependant pas un fait nouveau ? N'est-il pas, par voie de conséquence, permis de se demander si le respect de ces droits ne pourrait offrir un critère de démarcation entre des conditions de travail pouvant, par exemple, être considérées comme « normales », selon le critère que l'article VI du GATT applique en matière de dumping économique, et des conditions « anormales » dont on peut légitimement considérer qu'au-delà de leur caractère intrinsèquement condamnable, elles sont de nature à fausser la valeur des produits ou services qui en sont issus.

Si ce genre de question n'apparaît pas illégitime, il n'en reste pas moins que la logique qui la sous-tend peut difficilement s'affirmer sans une modification de textes, qui supposerait elle-même un consensus dont on est fort éloigné. Au lieu de tenter de faire converger avec plus ou moins de bonheur la logique concurrentielle qui est celle de l'OMC et la logique des droits fondamentaux des travailleurs, une deuxième manière de concevoir la greffe consiste à rechercher plutôt leur articulation sur le système multilatéral par la voie de nouvelles exceptions qui viendraient s'ajouter à celles qui figurent déjà à l'article XX du GATT, dont l'objet est de protéger les intérêts légitimes ou fondamentaux des parties contractantes. Ces exceptions permettent notamment aux membres de l'OMC de déroger à la clause de la nation la plus favorisée et au principe du traitement national, notamment lorsque la protection de la morale publique de la vie humaine ou animale l'exige. *A priori*, il ne semblerait pas illégitime d'offrir aux travailleurs, et plus encore sans doute aux enfants qui travaillent, une protection qui ne soit pas moindre que celle que ces dispositions prévoient au bénéfice des animaux. Cette démarche soulève cependant un certain nombre de difficultés juridiques. En laissant de côté le fait qu'elle pourrait conduire à remettre en question le principe cardinal du système qui commande de faire abstraction des procédés ou processus de production qui ne sont pas liés à l'« identité » des produits, la question essentielle qui se poserait dans cette perspective est de savoir si l'application de mesures commerciales pour empêcher l'importation des produits fabriqués en violation des droits fondamentaux des travailleurs serait « nécessaire » pour parvenir à l'objectif visé. Un exemple simple permettra, mieux qu'une analyse détaillée, d'illustrer ces difficultés. Si les États membres se voyaient octroyer la possibilité d'interdire l'importation de produits fabriqués par des enfants comme contraire à leur morale publique, il est évident d'abord qu'une telle règle supposerait une définition commune de l'âge auquel un travailleur cesse d'être un enfant sous peine d'entraîner une situation chaotique ou d'aligner la pratique sur la conception la plus exigeante ; mais il est aisé de se tourner à cet égard vers les normes de l'OIT, et en particulier sur la récente convention (n° 182) sur les pires formes de travail des enfants. Cette convention établit en effet une prohibition stricte de caractère essentiellement moral qui a été approuvée à l'unanimité par la Conférence internationale du travail en 1999.

Resterait cependant une deuxième difficulté, celle de savoir si l'interdiction est « nécessaire » au sens de l'article XX pour réaliser l'objet de la protection. Or, on perçoit mieux aujourd'hui que l'interdiction du travail des enfants, à moins d'être accompagnée de mesures de vaste portée concernant notamment l'éducation, risque de leur apporter, dans bien des cas, plus d'inconvénients que d'avantages, et en particulier de les exposer aux pires formes d'exploitation telles que la prostitution ou d'autres trafics illégaux. Il faut rappeler à nouveau à cet égard que 5 % seulement des enfants travailleurs travaillent pour l'exportation.

Même s'il était possible, à travers des mesures commerciales, d'éradiquer le travail des enfants dans le secteur de l'exportation, rien ne permet de penser que cela permettrait de remédier au sort de la vaste majorité des enfants qui sont occupés dans le secteur informel ou à des produits destinés au marché interne. Il est permis tout au contraire de penser qu'en l'absence de système d'éducation approprié ou d'autres mesures d'accompagnement, les enfants qui seraient retirés de la production destinée à l'exportation se retrouveraient au mieux dans le secteur dit informel où les conditions sont, dans bien des cas encore, plus défavorables. Le lien qui serait ainsi établi entre la protection des droits fondamentaux des travailleurs et le commerce international risquerait d'aboutir à un résultat analogue à celui de certains codes de conduite appliqués sans discernement, celui du développement d'une société à « deux vitesses ».

À ces considérations s'ajoute une question relative à la « congruence » entre la nature des droits fondamentaux au travail et le type de sanction commerciale qui pourrait être appliqué si un lien était établi. Il faut en effet ne pas perdre de vue que les sanctions commerciales disponibles dans le cadre du système OMC laissent à chaque partie contractante, dont les intérêts ont été froissés par les manquements d'une autre partie, le soin de décider si elle obtiendra l'exécution par cette partie de ses obligations ou une compensation. La partie lésée n'est cependant pas tenue d'engager une action si cela ne lui paraît pas opportun du point de vue de ses intérêts bien compris, et en particulier compte tenu du poids commercial de l'État qui a commis le manquement. Cela pourrait avoir concrètement pour conséquence que, dans le cas de la violation de droits fondamentaux au travail, la petite délinquance se trouve plus sévèrement frappée que la criminalité récidiviste. Il semble essentiel cependant, pour la crédibilité du système, que les violations de ces droits soient traitées de manière égale et proportionnelle selon l'importance de l'infraction en faisant abstraction du poids commercial du pays qui a commis le manquement.

On aperçoit ainsi que la logique des disciplines du système commercial qui, à l'heure actuelle, sont fondées sur la prise en charge par chaque membre de la défense de ses intérêts individuels et celle de la protection des droits fondamentaux qui représentent un enjeu collectif d'ordre public ne convergent pas nécessairement, et qu'il ne suffit pas d'emprunter la porte dérobée des exceptions au titre de l'article XX du GATT pour échapper à la difficulté (si ce n'est peut-être dans le cas de violations particulièrement graves et avérées des droits des travailleurs, constatées par l'OIT, pour lesquelles l'exception morale de l'alinéa *a* de cet article pourrait devenir pertinente).

On ne saurait en outre se faire une appréciation exacte du problème sans évoquer au moins brièvement la greffe du côté du greffon. Il faut se souvenir en effet que « les droits des travailleurs internationalement reconnus » sont définis dans des conventions de l'OIT. Si, à première vue, il n'est pas difficile de transplanter ces définitions dans le cadre de l'OMC, cette greffe pose cependant à la réflexion deux problèmes. Le premier est que ces définitions ont été arrêtées dans un cadre où l'acceptation des obligations correspondantes est volontaire. On ne saurait donc sous-estimer le risque que ces définitions soient remises en cause dès l'instant où leur contenu déclenche des conséquences qui ne seraient plus simplement d'ordre moral mais toucheraient à des intérêts pratiques et économiques très sensibles.

Le second est que ces définitions se trouvent avoir été développées, parfois de manière très significative, dans la « jurisprudence » des organes de contrôle de l'OIT. Il suffira par exemple de rappeler que le droit de grève ne figure pas dans la convention n° 87, bien qu'il ait été considéré comme inhérent à la liberté syndicale par la commission d'experts pour l'application des conventions et recommandations de l'OIT (pour ne rien dire du droit de grève dans la fonction publique). Étant donné l'incidence que le droit de grève peut avoir sur les échanges commerciaux, il ne serait guère surprenant que l'application de cette jurisprudence se trouve battue en brèche si la liberté syndicale devait être reconnue comme inhérente à la qualité de membre de l'OMC et son respect sujet à l'application des sanctions commerciales applicables à l'ensemble des disciplines multilatérales.

Tout cela suggère en conclusion générale que, s'il n'est pas impossible d'intégrer une dimension sociale dans le cadre de l'OMC, le succès d'une telle greffe exige à la fois une réflexion approfondie et un consensus dont le moins que l'on puisse dire est qu'il n'est pas en vue. À cet égard, l'expérience de la Charte de La Havane mériterait sans doute d'être méditée. D'une part, elle établissait bien, sous une forme beaucoup plus souple, un lien explicite entre les questions de travail et d'emploi. Mais, d'autre part, l'échec de cette entreprise suggère que le consensus nécessaire pour une solution éventuellement plus ambitieuse dans le cadre d'une communauté internationale beaucoup plus large et où la diversité des intérêts est plus grande ne sera pas plus facile à atteindre. Les tribulations des propositions américaines et européennes à la conférence de Seattle en vue d'organiser une discussion ou un forum sur ces sujets en ont apporté la bruyante confirmation. Si la proposition américaine qui visait à discuter non pas du lien entre les normes et les disciplines du commerce multilatéral mais simplement des effets du système sur le niveau de vie et l'emploi se heurtait à une objection de principe dans la mesure où elle aurait abouti à « acclimater » l'existence d'une dimension sociale dans le cadre de l'OMC, la proposition de l'Union européenne qui visait seulement à établir un forum conjoint entre l'OIT et l'OMC n'a pas eu davantage de succès pour la simple raison que, selon cette formule, le forum aurait tout de même dû son existence à une décision prise dans le cadre de l'OMC.

Cela étant, on peut se demander si le lien à créer entre le commerce international et la protection des droits des travailleurs ne doit pas être recherché dans d'autres directions. Il est clair d'abord que le développement du commerce international, conjugué au progrès technologique, fournit déjà une bonne partie de la « matière première » du progrès social à travers les richesses qu'il aide à créer et à faire circuler. Il est clair également que la libéralisation des échanges exige des ajustements sociaux considérables et souvent très douloureux aussi bien dans les pays développés que dans les pays en développement. Le problème n'est cependant pas tellement de prétendre imposer par la contrainte un lien juridique entre le développement des échanges et la protection de certains droits sans tenir compte des circonstances et des possibilités pratiques du pays, au risque de provoquer certaines distorsions telles qu'elles ont été évoquées précédemment ou même de tarir la source du progrès social. Il serait peut-être plutôt de chercher à tirer du commerce international les ressources financières nécessaires pour que l'ensemble des membres puisse procéder aux ajustements nécessaires conformément aux objectifs et aux obligations qu'ils ont acceptés dans le cadre de l'OIT. Il s'agit là d'un très vaste débat qui, malheureusement, n'a pas été vraiment abordé jusqu'ici, si ce n'est de manière tout à la fois indirecte, limitée et controversée à travers la proposition relative à la taxe « Tobin » sur les mouvements de capitaux.

*

Les deux défis auxquels la réglementation internationale du travail se trouve exposée du fait de la mondialisation pouvaient, au début de ce chapitre, sembler la tirer dans deux directions contradictoires : celle d'un certain dépérissement lié à la prétendue inefficacité du volontarisme étatique qui en est le vecteur ; et celle d'un dépassement supra-étatique lié aux pressions qui s'exercent pour que l'unité du marché global trouve un certain pendant sur le plan de l'universalité de garantie d'un socle minimal universel de droits des travailleurs. Au terme des brèves réflexions qui précèdent, il semble permis de penser que, loin de se contredire, les deux défis se rejoignent autour d'une même tendance : celle du dépassement du modèle « réglementaire » fondé sur la mise en œuvre d'un schéma de dispositions préétablies, pour s'orienter vers un modèle « régulationniste » qui se propose plutôt d'atteindre les objectifs visés en laissant aux destinataires une plus grande marge d'appréciation quant aux moyens à mettre en œuvre, sous réserve de procéder à la vérification de la réalité de leurs efforts et à la confrontation des expériences, de façon à dégager les expériences ou « bonnes pratiques » les plus dignes d'être encouragées et suivies. Ce modèle peut offrir une garantie d'efficacité dans la mesure où il comporte un mécanisme autocorrecteur permettant de modifier les solutions en fonction de l'expérience. Et, à défaut de prétendre réaliser une uniformité de réglementation sur le plan des résultats et du niveau de la protection sociale, il vise à assurer une universalité vérifiable des efforts en vue de réaliser les objectifs en les adaptant aux particularismes et aux contingences propres à chaque pays. Si la reconnaissance universelle des droits fondamentaux au travail à travers la Déclaration de 1998 constitue déjà en elle-même la garantie d'un progrès universel en ce qu'elle fournit le levier sans lequel les intéressés ne peuvent obtenir leur juste part de l'accroissement des richesses engendrées par la mondialisation en tenant compte des possibilités et des préférences de leurs pays respectifs, rien n'empêche de prolonger ce mouvement en étendant le modèle de la Déclaration de 1998 aux autres « objectifs stratégiques » du travail décent, en s'appuyant sur les normes déjà existantes. Les consultations en cours sur la révision de la « politique normative » de l'OIT pourraient permettre d'avancer dans cette voie – bien qu'il soit certainement prématuré de spéculer sur leur aboutissement. Il importe de souligner en même temps que l'émergence de ce modèle n'a nullement pour vocation de se substituer au modèle « réglementaire » qui conserve toute sa validité pour résoudre certains types de problèmes, entre autres ceux pour lesquels la réciprocité est essentielle (pour ne citer qu'un exemple, la conservation des droits en matière de sécurité sociale pour les travailleurs de plus en plus nombreux qui franchissent les frontières).

L'efficacité aussi bien que l'universalité de la régulation internationale dépendent cependant aussi d'un troisième facteur que l'on ne saurait omettre de mentionner au moins brièvement pour conclure : il s'agit de sa légitimité. Les événements de Seattle ont brutalement attiré l'attention sur les revendications de la société civile à l'égard d'une régulation internationale du commerce et de l'économie dont elle a le sentiment qu'elle se développe à son insu. La force de la réglementation internationale du travail est qu'elle tire sa légitimité d'une participation directe des parties directement intéressées à son élaboration. Dans le cadre de l'OIT, on pourrait même parler de système autorégulateur dans la mesure où l'intervention de l'État, si elle est indispensable sur le plan juridique pour garantir la mise en œuvre des conventions à travers leur ratification, laisse néanmoins ouverte la possibilité qu'effet leur soit donné par la voie de la négociation collective. Et, à la différence des représentants le plus souvent autoproclamés de la société civile, la légitimité des représentants des employeurs et travailleurs chargés d'élaborer cette régulation repose sur une représentativité indiscutable, garantie pour une procédure de vérification des pouvoirs très sophistiquée.

Cette légitimité n'est cependant pas à l'abri de transformations et de remises en cause suscitées par la mondialisation. Elle subit d'abord le contrecoup de mutations profondes qui se sont produites dans le modèle du travail industriel tel qu'on pouvait l'entendre au début du XX$^{e}$ siècle et auquel la création de l'OIT était associée, celui d'une opposition tranchée entre des intérêts de deux « fonctions » (sinon de deux classes) clairement identifiées et relativement stables. Elle doit également supporter les effets en retour des ambitions de l'Organisation qui l'ont conduite à élargir son mandat bien au-delà du travail pour s'affirmer de manière plus générale comme la gardienne des exigences de la justice sociale. Un certain nombre de voix – relativement isolées, il est vrai – n'hésitent pas à lui contester cette ambition, au nom précisément des distorsions ou du « biais » liés à sa composition tripartite. C'est ainsi qu'on a pu lui reprocher de servir, dans ses instruments relatifs à la sécurité sociale, les intérêts « néo-corporatistes » de catégories de travailleurs souvent les mieux protégés en se désintéressant de la vaste majorité du secteur informel nonobstant sa prétention de défendre une conception universelle de la « justice sociale ». Ce qui a été dit plus haut au sujet du « travail décent » suffira sans doute à faire justice de ce genre de critique. Mais il faut en outre et surtout éviter d'imputer à la structure de l'OIT des pratiques qui apparaissent tout à fait contingentes. Sa Constitution offre des possibilités beaucoup plus ouvertes dont la concrétisation dépend en définitive entièrement de la conception que les organisations professionnelles se font de leur propre rôle dans la société.

Il est certain, à cet égard, que la mondialisation contribue à un phénomène de démultiplication des intérêts des travailleurs qui sont à la fois les véritables « auto-entrepreneurs » de leur carrière, des consommateurs dont le pouvoir d'achat est lié à l'abaissement du coût des produits procurés par la mondialisation et, de plus en plus souvent, à travers les investissements de leurs fonds de pension, des actionnaires. Les liens de solidarité traditionnels entre catégories et générations de travailleurs au sein d'un même pays s'en trouvent fortement ébranlés. La baisse des effectifs syndicaux que l'on constate dans bon nombre de pays et qui affecte en retour la légitimité de la régulation tripartite, y compris dans son expression internationale, en est sans doute largement l'expression. Rien ne permet de dire cependant que le phénomène soit irréversible. Son évolution dépend sans doute, entre autres, de la capacité des syndicats et des organisations patronales à adapter leur action à la diversification des intérêts de leurs membres [1]. Ainsi, selon K. Newland, les syndicats tirent bénéfice d'une conception moins étroite de leur rôle pour prendre en compte, face aux intérêts spécifiques du capital, la défense des intérêts de l'ensemble des travailleurs et même ceux de la société en général au-delà de ceux de leurs membres. L'OIT peut offrir une structure d'accueil parfaitement adaptée à une telle évolution à travers, en particulier la composition de son conseil d'administration. Cette composition suppose en effet que les représentants des travailleurs et des employeurs dépassent les intérêts immédiats des organisa-

---

1. K. Newland, « Workers of the World, Now What ? », *Foreign Policy*, 114, printemps 1999.

tions nationales auxquelles ils appartiennent pour se faire les interprètes des intérêts généraux d'un « état » professionnel. Son rôle pourrait alors le conduire au-delà de la simple conciliation d'intérêts catégoriels pour se rapprocher sinon de la position originelle du « voile de l'ignorance » dans laquelle John Rawls voit la condition nécessaire pour établir la légitimité rationnelle des principes de justice, du moins de la recherche d'un intérêt général inter-catégoriel et inter-générationel moins contingents. D'une certaine manière, la Déclaration de 1998 offre l'amorce d'une telle évolution. Elle pourrait, si elle se confirmait, contribuer à consolider la légitimité de la régulation internationale du travail bien au-delà de ses interlocuteurs étatiques normaux et offrir à l'ensemble des acteurs et de la société civile ainsi qu'aux entreprises globales des repères d'une légitimité indiscutable.

Francis MAUPAIN *

## *ANNEXE 1*

ÉTAT DES RATIFICATIONS DES CONVENTIONS FONDAMENTALES AU 5 MARS 2000 (NOMBRE TOTAL D'ÉTATS MEMBRES : 175)

| *Convention* | *Ratifications* |
|---|---|
| Convention (n° 29) sur le travail forcé, 1939 | 152 |
| Convention (n° 87) sur la liberté syndicale et la protection du droit syndical, 1948 | 128 |
| Convention (n° 98) sur le droit d'organisation et de négociation collective, 1949 | 146 |
| Convention (n° 100) sur l'égalité de rémunération, 1951 | 144 |
| Convention (n° 105) sur l'abolition du travail forcé, 1957 | 146 |
| Convention (n° 111) concernant la discrimination (emploi et profession), 1958 | 142 |
| Convention (n° 138) sur l'âge minimum, 1973 | 85 |
| Convention (n° 182) sur les pires formes de travail des enfants, 1999 | 9 |

* Les vues exprimées par l'auteur n'engagent en aucune manière le Bureau international du travail auquel il appartient.

## *ANNEXE 2*

### DÉCLARATION DE L'OIT RELATIVE AUX PRINCIPES ET DROITS FONDAMENTAUX AU TRAVAIL

86e session, Genève, juin 1998

Attendu que la création de l'OIT procédait de la conviction que la justice sociale est essentielle pour assurer une paix universelle et durable ;

Attendu que la croissance économique est essentielle mais n'est pas suffisante pour assurer l'équité, le progrès social et l'éradication de la pauvreté, et que cela confirme la nécessité pour l'OIT de promouvoir des politiques sociales solides, la justice et des institutions démocratiques ;

Attendu que l'OIT se doit donc plus que jamais de mobiliser l'ensemble de ses moyens d'action normative, de coopération technique et de recherche dans tous les domaines de sa compétence, en particulier l'emploi, la formation professionnelle et les conditions de travail, pour faire en sorte que, dans le cadre d'une stratégie globale de développement économique et social, les politiques économiques et sociales se renforcent mutuellement en vue d'instaurer un développement large et durable ;

Attendu que l'OIT doit porter une attention spéciale aux problèmes des personnes ayant des besoins sociaux particuliers, notamment les chômeurs et les travailleurs migrants, mobiliser et encourager les efforts nationaux, régionaux et internationaux tendant à résoudre leurs problèmes, et promouvoir des politiques efficaces visant à créer des emplois ;

Attendu que, dans le but d'assurer le lien entre progrès social et croissance économique, la garantie des principes et des droits fondamentaux au travail revêt une importance et une signification particulières en donnant aux intéressés eux-mêmes la possibilité de revendiquer librement et avec des chances égales leur juste participation aux richesses qu'ils ont contribué à créer, ainsi que de réaliser pleinement leur potentiel humain ;

Attendu que l'OIT est l'organisation internationale mandatée par sa Constitution, ainsi que l'organe compétent pour établir les normes internationales du travail et s'en occuper, et qu'elle bénéficie d'un appui et d'une reconnaissance universels en matière de promotion des droits fondamentaux au travail, en tant qu'expression de ses principes constitutionnels ;

Attendu que, dans une situation d'interdépendance économique croissante, il est urgent de réaffirmer la permanence des principes et droits fondamentaux inscrits dans la Constitution de l'Organisation ainsi que de promouvoir leur application universelle, La Conférence internationale du travail,

1. Rappelle :

– qu'en adhérant librement à l'OIT, l'ensemble de ses membres a accepté les principes et droits énoncés dans sa Constitution et dans la déclaration de Philadelphie, et s'est engagé à travailler à la réalisation des objectifs d'ensemble de l'Organisation, dans toute la mesure de leurs moyens et de leur spécificité ;

– que ces principes et droits ont été exprimés et développés sous forme de droits et d'obligations spécifiques dans des conventions reconnues comme fondamentales, tant à l'intérieur qu'à l'extérieur de l'Organisation.

2. Déclare que l'ensemble des membres, même lorsqu'ils n'ont pas ratifié les conventions en question, ont l'obligation, du seul fait de leur appartenance à l'Organisation, de respecter, promouvoir et réaliser, de bonne foi et conformément à la Constitution, les principes concernant les droits fondamentaux qui sont l'objet desdites conventions, à savoir :

a) la liberté d'association et la reconnaissance effective du droit de négociation collective ;

b) l'élimination de toute forme de travail forcé ou obligatoire ;

c) l'abolition effective du travail des enfants ;

d) l'élimination de la discrimination en matière d'emploi et de profession.

3. Reconnaît l'obligation qui incombe à l'Organisation d'aider ses membres, en réponse à leurs besoins établis et exprimés, de façon à atteindre ces objectifs en faisant pleinement appel à ses moyens constitutionnels, pratiques et budgétaires, y compris par la mobilisation des ressources et l'assistance extérieures, ainsi qu'en encourageant d'autres organisations internationales avec lesquelles l'OIT a établi des relations, en vertu de l'article 12 de sa Constitution, à soutenir ces efforts :

a) en offrant une coopération technique et des services de conseil destinés à promouvoir la ratification et l'application des conventions fondamentales ;

b) en assistant ceux de ses membres qui ne sont pas encore en mesure de ratifier l'ensemble ou certaines de ces conventions dans leurs efforts pour respecter, promouvoir et réaliser les principes concernant les droits fondamentaux qui sont l'objet desdites conventions ;

c) en aidant ses membres dans leurs efforts pour instaurer un climat propice au développement économique et social.

4. Décide que, pour donner plein effet à la présente déclaration, un mécanisme de suivi promotionnel, crédible et efficace sera mis en œuvre conformément aux modalités précisées dans l'annexe ci-jointe, qui sera considérée comme faisant partie intégrante de la présente déclaration.

5. Souligne que les normes du travail ne pourront servir à des fins commerciales protectionnistes et que rien dans la présente déclaration et son suivi ne pourra être invoqué ni servir à pareille fin ; en outre, l'avantage comparatif d'un quelconque pays ne pourra, en aucune façon, être mis en cause du fait de la présente déclaration et son suivi.

## *ANNEXE 3*

### SUIVI DE LA DÉCLARATION

### I. *Objectif général*

1. Le suivi décrit ci-après aura pour objet d'encourager les efforts déployés par les membres de l'Organisation en vue de promouvoir les principes et droits fondamentaux consacrés par la Constitution de l'OIT ainsi que par la déclaration de Philadelphie, et réitérés dans la présente déclaration.

2. Conformément à cet objectif strictement promotionnel, ce suivi devra permettre d'identifier les domaines où l'assistance de l'OIT, à travers ses activités de coopération technique, peut être utile à ses membres pour les aider à mettre en œuvre ces principes et droits fondamentaux. Il ne pourra se substituer aux mécanismes de contrôle établis ou entraver leur fonctionnement ; en conséquence, les situations particulières relevant desdits mécanismes ne pourront être examinées ou réexaminées dans le cadre de ce suivi.

3. Les deux volets de ce suivi, décrits ci-après, feront appel aux procédures existantes ; le suivi annuel concernant les conventions non ratifiées impliquera simplement un certain réaménagement des modalités actuelles de mise en œuvre de l'article 19, paragraphe 5, de la Constitution ; le rapport global doit permettre d'optimiser les résultats des procédures mises en œuvre conformément à la Constitution.

## II. *Suivi annuel concernant les conventions fondamentales non ratifiées*

### A. *Objet et champ d'application*

1. L'objet du suivi annuel est de donner l'occasion de suivre chaque année, par un dispositif simplifié qui se substituera au dispositif quadriennal, mis en place par le Conseil d'administration en 1995, les efforts déployés conformément à la déclaration
par les membres qui n'ont pas encore ratifié toutes les conventions fondamentales.
2. Le suivi portera chaque année sur les quatre catégories de principes et droits fondamentaux énumérés dans la déclaration.

### B. *Modalités*

1. Le suivi se fera sur la base de rapports demandés aux membres au titre de l'article 19, paragraphe 5, de la Constitution. Les formulaires de ces rapports seront conçus de manière à obtenir des gouvernements qui n'ont pas ratifié une ou plusieurs des conventions fondamentales des informations sur toutes modifications éventuelles apportées à leur législation et à leur pratique, en tenant dûment compte de l'article 23 de la Constitution et de la pratique établie.
2. Ces rapports, tels qu'ils auront été compilés par le Bureau, seront examinés par le Conseil d'administration.
3. En vue de présenter une introduction aux rapports ainsi compilés, qui pourrait appeler l'attention sur des aspects méritant éventuellement un examen plus approfondi, le Bureau pourra faire appel à un groupe d'experts désignés à cet effet par le Conseil d'administration.
4. Des aménagements devront être envisagés aux procédures en vigueur pour permettre aux membres non représentés au Conseil d'administration de lui apporter, de la manière la plus appropriée, les éclaircissements qui pourraient s'avérer nécessaires ou utiles pour compléter les informations contenues dans leurs rapports à l'occasion de ses discussions.

## III. *Rapport global*

### A. *Objet et champ d'application*

1. L'objet de ce rapport est d'offrir une image globale et dynamique relative à chaque catégorie de principes et droits fondamentaux, observée au cours de la période quadriennale écoulée, et de servir de base pour évaluer l'efficacité de l'assistance apportée par l'Organisation et déterminer des priorités pour la période suivante, sous forme de plans d'action en matière de coopération technique ayant notamment

pour objet de mobiliser les ressources internes et externes nécessaires à leur mise en œuvre.

2. Le rapport portera à tour de rôle chaque année sur l'une des quatre catégories de principes et droits fondamentaux.

B. *Modalités*

1. Le rapport sera établi sous la responsabilité du directeur général, sur la base d'informations officielles ou recueillies et vérifiées selon les procédures établies. Pour les pays qui n'ont pas ratifié les conventions fondamentales, il s'appuiera, en particulier, sur le résultat du suivi annuel susvisé. Dans le cas des membres ayant ratifié les conventions correspondantes, il s'appuiera en particulier sur les rapports traités au titre de l'article 22 de la Constitution.

2. Ce rapport sera soumis à la Conférence en vue d'une discussion tripartite, en tant que rapport du directeur général. Celle-ci pourra traiter ce rapport comme un rapport distinct des rapports visés à l'article 12 de son Règlement et en débattre dans le cadre d'une séance qui lui sera consacrée exclusivement, ou de toute autre manière appropriée. Il appartiendra ensuite au Conseil d'administration, à l'une de ses plus proches sessions, de tirer les conséquences de ce débat en ce qui concerne les priorités et plans d'action à mettre en œuvre en matière de coopération technique lors de la période quadriennale suivante.

IV. ***Il est entendu que :***

1. Le Conseil d'administration et la Conférence devront être saisis des amendements à leurs Règlements respectifs qui seraient nécessaires pour mettre en œuvre les dispositions qui précèdent.

2. La Conférence devra, le moment venu, revoir, à la lumière de l'expérience acquise, le fonctionnement de ce suivi afin de vérifier s'il a convenablement rempli l'objectif général énoncé à la partie I ci-dessus.

## *BIBLIOGRAPHIE SOMMAIRE*

Alcock (A.), *The History of the International Labour Organisation*, Londres, Macmillan, 1971.

Bhagwati (J.N.), Hudec (R.E.) (eds), *Fair Trade and Harmonization : Prerequisites for Free Trade*, Cambridge (Mass.), The MIT Press, 1996.

Bonvin (J.-M.), *L'Organisation internationale du travail. Étude sur une agence productrice de normes*, Paris, PUF, 1998.

Haas (E.), *Beyond the Nation-State – Functionalism and International Organization,* Stanford, Stanford University Press, 1964.
Maupain (F.), « L'OIT, la justice sociale et la mondialisation », *RCADI*, Académie de droit international de La Haye, 1999.
Sengenberger (W.), Campbell (D.) (eds), *International Labour Standards and Economic Interdependence. Essays in commemoration of the 75th anniversary of the International Labour Organization and the 50th anniversary of the Declaration of Philadelphia*, Genève, International Institute for Labour Studies, ILO, 1994.
Shotwell (J.T.), *Origins of the International Labor Organization*, New York, Columbia University Press, 1934.
*Transformations du travail et devenir du droit du travail en Europe*, rapport pour la Commission des Communautés européennes, sous la direction d'A. Supiot, Paris, Flammarion, 1999.
Valticos (N.), *Droit international du travail*, 2e éd., Paris, Dalloz, 1983.

DOCUMENTS DU BIT

« Un travail décent », *Rapport du directeur général à la Conférence internationale du travail*, 87e session, 1999.
« L'action normative de l'OIT à l'heure de la mondialisation », *Rapport du directeur général à la Conférence internationale du travail*, 85e session, 1997.
« Des valeurs à défendre, des changements à entreprendre », *rapport du directeur général à la Conférence internationale du travail*, 81e session, 1994.
« Études par pays sur l'impact social de la mondialisation : Rapport final », documents du conseil d'administration GB.276/WP/SDL/1 et GB.276/WP/SDL/1 (Add.1), 276e session, novembre 1999.
« Tour d'horizon des faits nouveaux dans le monde et des activités du Bureau concernant les codes de conduite, le "label" social et d'autres initiatives émanant du secteur privé en rapport avec des questions sociales », documents du conseil d'administration GB.273/WP/SDL/1 et GB.273/WP/SDL/1 (Add.1), 273e session, novembre 1998.

*CHAPITRE 6*

# BANQUE MONDIALE ET DÉVELOPPEMENT SOCIAL

## Les termes d'un partenariat

Lors de la Xe Conférence des Nations unies sur le développement (CNUCED-X), tenue à Bangkok en février 2000, les appels les plus pressants, sinon les plus alarmistes, à plus de justice sociale n'ont pas toujours émané des défenseurs traditionnels de cette cause. Ils sont aussi venus de James Wolfensohn, président de la Banque mondiale, et du directeur général du Fonds monétaire international, Michel Camdessus. Le premier a signalé que la lutte contre la pauvreté était désormais « le problème de tout le monde », et qu'elle représentait « un défi qualitatif aux proportions importantes [1] ». Pour le second, la pauvreté est l'« ultime menace à la stabilité d'un monde en processus de globa-lisation », et la « haute qualité » d'une croissance centrée sur les êtres humains constitue à cet effet une nouvelle donne indispensable [2].

Ces thèmes – lutte contre la pauvreté, participation populaire, justice sociale et bien d'autres encore – occupent désormais, il est vrai, une place importante dans les communiqués officiels et les activités au sein de la Banque mondiale, et, dans une certaine

1. P. Evans, « Le retard d'un nouveau cycle de l'OMC serait dangereux », http ://fr.news.yahoo.com/000216/2.

2. J.-C. Pomonti, « Michel Camdessus craint une nouvelle crise financière », *Le Monde*, 15 février 2000, p. 5.

mesure, du Fonds monétaire international (FMI), marquant l'avènement d'un « post-consensus de Washington ». Les institutions susmentionnées ont certes longtemps adopté une perspective purement macroéconomique, axée sur les vertus du libre-échange ou de la croissance économique soutenue, considérant dans un premier temps que les questions sociales ne relevaient pas de leur mandat. Mais la Banque mondiale [1] a ensuite accordé à celles-ci une certaine attention, pour leur attribuer enfin un rang de premier plan. Si telle considération n'est encore que balbutiante au FMI, il n'en demeure pas moins que cette organisation tend à souligner leur importance, voire à les intégrer à sa mission par le biais de la lutte contre la pauvreté [2].

Ainsi, sous couvert de développement social, une myriade de nouveaux problèmes, allant de la marginalisation aux problèmes d'éducation ou d'urbanisation, en passant par la sauvegarde des droits de l'homme, doit être appréhendée. Le développement social sera envisagé dans une large perspective, de façon à inclure ses multiples facettes, y compris notamment ses composantes politiques.

## L'INTERPRÉTATION ÉVOLUTIVE DU MANDAT DES INSTITUTIONS FINANCIÈRES

Envisagées au début des années 1940, dans un contexte de préparation de l'après-guerre, trois organisations internationales à vocation économique et financière sont appelées à jouer un rôle

1. Le « groupe de la Banque mondiale » est composé de cinq institutions, soient : la Banque internationale pour la reconstruction et le développement (BIRD), créée en 1945 ; la Société financière internationale (SFI) et l'Association internationale de développement (IDA/AID), établies respectivement en 1956 et en 1960 ; ainsi que le Centre international pour le règlement des différends relatifs aux investissements (CIRDI/ICSID) et l'Agence multilatérale de garantie des investissements (AMGI/MIGA), mis sur pied respectivement en 1965 (convention de Washington) et en 1985 (convention de Séoul).

2. Sur ce point, voir entre autres les brochures du FMI intitulées *Social Dimensions of the IMF's Policy Dialogue* (prepared by the Staff of the IMF for the *World Summit for Social Development* – Copenhague, 6-12, mars 1995), Pamphlet Series n° 47, IMF, Washington, 1995, 28 p., et *The IMF and the Poor* (Fiscal Affairs Department), Pamphlet Series n° 52, IMF, Washington, 1998, 25 p.

prépondérant dans le monde qui s'apprête à émerger du conflit : en effet, les États-Unis veulent faire de l'économie un pivot de l'ordre international en gestation. Il s'agit en l'espèce du Fonds monétaire international (FMI), de la Banque internationale pour la reconstruction et le développement (BIRD, bientôt dénommée « Banque mondiale »), et de l'Organisation internationale du commerce. Cette dernière, comme on le sait, ne verra pas le jour comme telle, n'apparaissant tout d'abord que sous une forme embryonnaire, avec le GATT. Toutefois, sa stature internationale se consolidera au cours du temps et sera « certifiée » en 1994 avec la création de l'Organisation mondiale du commerce (OMC). Les deux autres institutions, dites « de Bretton Woods », ont débuté officiellement leurs fonctions en 1946.

La dimension sociale n'occupe alors que bien peu de place au sein de ce trio, si l'on excepte les questions d'emploi et l'objectif commun de promotion du bien-être des travailleurs. La Charte de La Havane, accord international qui devait permettre la création de l'Organisation internationale du commerce, montrait quelque sensibilité à cet égard en liant les questions d'emploi et de salaire à celle du commerce international [1]. Parmi les objectifs fixés à la BIRD, à Bretton Woods, on retrouve celui de « promouvoir l'harmonieuse expansion, sur une longue période, des échanges internationaux et l'équilibre des balances des paiements, en encourageant les investissements internationaux consacrés au développement des ressources productives des États membres, contribuant par là à relever, sur leurs territoires, la productivité, le niveau d'existence et la situation des travailleurs [2] » ; quant au FMI, on lui assigne, entre autres buts, celui de « faciliter l'expansion et l'accroissement harmonieux du commerce international et de contribuer ainsi à l'instauration et au maintien de niveaux élevés d'emploi et de revenu réel et au développement des ressources productives de tous les États membres, objectifs premiers de la politique économique [3] ». Le FMI devait réaliser cela en fournissant son assistance financière pour soutenir

1. J.-C. Graz, *Aux sources de l'OMC. La charte de La Havane 1941-1950*, Genève, Droz (coll. « Publications d'histoire économique et sociale internationale », 15), 1999, 367 p.

2. Article I, alinéa (iii), *Statuts de la Banque internationale pour la reconstruction et le développement (BIRD)*.

3. Article I, alinéa (ii), *Statuts du Fonds monétaire international (FMI)*.

les balances des paiements, et la BIRD en promouvant la reconstruction et le développement. On aurait pu penser que, sous l'empire de cette dernière mission, il y avait aussi place pour une véritable politique sociale [1]. La pratique suivie pendant les premières décennies de l'après-guerre n'a toutefois pas emprunté ce chemin.

Par ailleurs, FMI et Banque mondiale allaient bientôt devenir des bastions du « monde libre » au sein d'un ordre international bipolaire, idéologiquement cloisonné durant plus de quarante ans. Leur expérience restera nécessairement marquée par cette empreinte idéologique, l'économie de marché étant utilisée comme facteur d'identité pour les pays de l'Ouest. Les institutions de Bretton Woods se font les miroirs de cette identité [2], tenant ainsi à l'écart, jusqu'à la chute du mur de Berlin en 1989, la plupart des pays du bloc de l'Est [3], à l'exception notable de la Chine communiste, que le club de Bretton Woods a accueillie en grande pompe en son sein au début des années 1980. Par ailleurs, les préceptes d'économie de marché et de libre-échange en vigueur au sein de ces organisations laissent peu de place aux considérations d'ordre social. Le développement y est avant tout conçu en termes macroéconomiques et les projets d'infrastructure doivent garantir une croissance apte à pouvoir répondre aux maux du sous-développement.

Au-delà du clivage de la guerre froide, il faut remarquer que les créateurs de la Banque mondiale avaient inclus dans la charte constitutive une mise en garde contre tout risque de politisation, en prévoyant que les décisions ne devraient être prises

---

1. Rappelons que la Charte des Nations unies, négociée à la même époque, énonce que « réaliser la coopération internationale en résolvant les problèmes internationaux d'ordre économique, social, intellectuel ou humanitaire, en développant et en encourageant le respect des droits de l'homme et des libertés fondamentales pour tous, sans distinction de race, de sexe, de langue ou de religion » compte parmi les objectifs de l'Organisation (article 1, § 3).

2. Pour certains, ce libéralisme est ancré dans les valeurs de ces sociétés. Voir, à ce propos, J.G. Ruggie, « International Regimes, Transactions and Change : Embedded Liberalism in the Postwar Economic Order », *International Organization,* 36 (2), printemps 1982, p. 379-415.

3. Bien qu'ayant participé à la conférence de Bretton Woods, l'URSS n'a pas ratifié les accords. La Pologne a quitté le FMI en 1950, et la Tchécoslovaquie en a été exclue en 1954. Seule la Yougoslavie a fait partie des membres du FMI et de la Banque mondiale depuis 1945, la Roumanie y étant, quant à elle, entrée en 1972.

qu'en fonction de critères d'efficacité économique [1] : les considérations politiques devaient de ce fait se voir bannies, la BIRD devant user sans autre interférence d'une optique de bonne économie et de saine gestion. Les statuts du FMI ne contiennent pas de disposition semblable, mais la pratique de l'organisation a néanmoins tendu à exclure de son processus de décision tout ce qui ne relevait pas de considérations économiques ou financières [2].

Sous couvert d'une prohibition d'ingérence dans les affaires intérieures des États emprunteurs, des relations ont ainsi été menées avec des États peu scrupuleux en matière de respect des droits de l'homme : les rapports avec le Portugal et l'Afrique du Sud dans les années 1960 illustrent bien les aléas attachés à cette ligne de conduite. Placées sous pression par les Nations unies, qui voulaient les voir cesser tout contact avec ces pays pour cause de pratiques discriminatoires et de domination coloniale, les institutions financières refusèrent de se plier à la requête de cesser toute assistance à titre de sanction économique [3]. Cette volonté affichée de ne pas s'ingérer dans les affaires politiques d'un pays emprunteur n'a pas été exempte de paradoxes. En effet, l'histoire montre que les institutions de Bretton Woods ont compté parmi leurs clients des pays peu soucieux de la protection des droits de l'homme pas plus que des préceptes de l'économie de marché et de l'efficacité économique : l'exemple du Zaïre de Mobutu est marquant à cet égard. D'autres pays, tel l'Iran, plaident leur bonne conduite économique pour bénéficier de certaines attentions de la part desdites organisations ; mais les principaux bailleurs de fonds

1. L'article IV, section X des statuts de la Banque mondiale, intitulé « Interdiction de toute activité politique », stipule : « La Banque et ses dirigeants n'interviendront pas dans les affaires politiques d'un État membre quelconque, ni ne se laisseront influencer dans leurs décisions par l'orientation politique de l'État membre (ou des États membres) en cause. Leurs décisions seront fondées exclusivement sur des considérations économiques, et ces considérations seront impartialement pesées afin d'atteindre les objectifs énoncées à l'article I. »

2. Voir, par exemple, J. Gold, *Interpretation : the IMF and International Law*, Centre for Commercial Law Studies (Queen Mary and Westfield College, University of London)/SMU (School of Law, Dallas, Texas), Kluwer Law International (coll. « International Banking and Finance Law », 4), Londres, 1996, 641 p., notamment p. 434 et suiv.

3. Voir P. Pierson-Mathy, « L'action des Nations unies contre l'apartheid », *Revue belge de droit international*, 1973, notamment, p. 160-177.

leur opposent leur situation politique interne pour refuser une telle assistance financière.

Récemment, la Banque mondiale est même allée jusqu'à déclarer explicitement que la situation des droits de l'homme en un pays peut n'être pas propice à un climat d'investissement économique, et demander alors à l'État de prendre des mesures de correction en ce domaine. Le cas du Myanmar (ex-Birmanie) est parlant à cet égard, bien qu'il puisse être considéré sous maints angles comme « exceptionnel » de par l'ampleur des violations commises [1]. Ayant conduit une « étude d'évaluation économique et sociale » en 1999, la Banque a souligné dans son rapport les liens entre pauvreté, violations des droits de l'homme et bonne conduite économique [2] ; qui plus est, ses recommandations portant sur les liens entre « mal développement » économique, pauvreté et atteinte à la cohésion sociale ont été reprises par le Secrétaire général des Nations unies dans son rapport à l'Assemblée générale à l'automne 1999 [3].

Devenues, à l'heure actuelle, des organisations de composition quasi universelle comptant chacune un peu plus de 180 membres, FMI et Banque mondiale tiennent un rôle important auprès d'un très grand nombre d'États en développement

---

1. Sur cette question, on consultera avec profit le document *Travail forcé au Myanmar (Birmanie). Rapport de la Commission d'enquête instituée en vertu de l'article 26 de la Constitution de l'Organisation internationale du travail pour examiner le respect par le Myanmar de la convention (nº 29) sur le travail forcé, 1930*, Organisation internationale du travail, Genève, 2 juillet 1998.

2. *Myanmar : an Economic and Social Assessment*, Document of the World Bank (Poverty Reduction and Economic Management Unit, East Asia and Pacific region), 18 août, 1999. Voir, à ce propos, la section intitulée « Civil Society » (§§ 3.39 à 3.42, p. 36-37), qui s'amorce par le prononcé suivant : « A description of the background of poverty and human development in Myanmar would be incomplete without a discussion of the human rights problems and civil conflicts that have plagued the country for many years and impeded its development. [...] More generally, civil society has not been able to fulfil its potential in Myanmar over the past four decades, up to today. »

Les auteurs ne manquent pas à cet effet de souligner les pratiques ayant suscité l'indignation de la communauté internationale et provoqué l'envoi sur place de la mission susmentionnée de l'OIT : « Two major human rights issues, which are well known to the international community, are the failure of the regime to accept the results of a multi-party election held in 1992, and forced labor practices. Progress in both respects wil be key to progress in human development in Myanmar [...]. »

3. Document des Nations unies A/54/499, en date du 27 octobre 1999.

ou dits « à économie en transition », et ce tant pour en façonner les politiques et y financer des activités opérationnelles que pour y influencer le comportement d'autres investisseurs. L'intervention des institutions de Bretton Woods peut être lourde de conséquences, faisant en sorte que leurs priorités et objectifs deviennent ceux de leurs clients. Les gouvernants peuvent, pour diverses raisons, se voir placés en position difficile, soit en devant refuser de jouer le jeu dicté au risque de voir les institutions suspendre leur relation à leur égard – comme ce fut le cas pour le Zimbabwe en 1999 –, soit en devant adopter les remèdes prescrits, pouvant de ce fait se retrouver en état de vulnérabilité par rapport à leurs concitoyens, qui leur reprocheraient les décisions prises. C'est là un autre paradoxe : ne voulant pas intervenir dans la conduite des affaires de politique interne d'un pays, Banque mondiale et FMI peuvent néanmoins, par le biais de leurs décisions, être partie prenante aux processus survenant sur la scène politique et sociale dans les pays ainsi visés.

Il peut paraître à tout le moins paradoxal que l'on ait cru en 1944 qu'une séparation quasi chirurgicale pourrait ainsi être réalisée entre le politique et l'économique. S'agissant de la Banque mondiale, les faits ont donné raison à ceux qui formulaient des doutes à cet égard. Bien que les questions de gouvernance restent encore tenues à l'écart, on entreprend toutefois, dès les années 1960, des projets revêtant des aspects qu'on ne peut qualifier de purement économiques : on traitera de questions touchant la santé, l'éducation, ou encore de lutte contre la pauvreté [1]. La première opération de ce genre est un projet visant l'éducation négocié avec les Philippines en 1961. On voit se dessiner là une lecture plus sociale du mandat et, de ce fait, des activités de la Banque. La mise en place de l'Association internationale de développement (IDA), en 1960, a progressivement affermi cette tendance, la nouvelle organisation ayant vocation à prendre en compte et à promouvoir les besoins des pays les plus désavantagés au moyen de crédits consentis en termes concessionnels, notamment ceux liés au développement social.

1. Il est intéressant de remarquer que ce dernier objectif, devenu visée première de la Banque à la fin des années 1990, n'apparaît pour la première fois dans le discours officiel qu'en 1972. Voir D. Kapur, J.P. Lewis, R. Webb (eds), *The World Bank : Its First Half Century*, vol. 1, *History*, Washington DC, Brookings Institution, 1997.

S'agissant du FMI, la première référence aux politiques sociales d'un pays membre dans les statuts de l'Organisation a été faite à l'occasion du second amendement à ces derniers [1], lors de l'adoption des dispositions de l'article IV sur la surveillance [2]. La signification et la portée de cette référence n'ont toutefois pas été clarifiées depuis.

Au cours des années 1980, on commence à aborder au sein de la Banque mondiale des questions de réforme judiciaire, de promotion de l'État de droit, de participation populaire ou encore de gouvernance. Officiellement, il est certes toujours question d'efficacité économique et de gestion saine. Pourtant, si de tels objectifs sont poursuivis, leurs promoteurs n'en manifestent pas moins la volonté de voir l'économique s'inscrire dans un contexte plus large, celui de l'institutionnel et du social, conditions de la durabilité des activités de développement. Les initiatives de l'institution financière deviennent donc plus composites, et sa conception du développement plus large. Cette évolution se renforce d'autant plus avec l'émancipation des pays d'Europe de l'Est, qui échappent progressivement au contrôle de l'URSS jusqu'à la disparition de cette dernière. L'échec des politiques conduites dans ces pays se voit ainsi mis à nu. Les remèdes prescrits feront une large part aux questions institutionnelles.

Les pas accomplis à la fin des années 1990 ouvrent encore plus aux questions sociales les portes de l'institution. Les documents

---

1. Ces modifications aux statuts du FMI, approuvées par le Conseil des gouverneurs dans sa résolution n° 31-4 du 30 avril 1976, ont pris effet le 1er avril 1978.

2. L'article IV, section III, des statuts ainsi amendés dispose en effet : « En vue de remplir les fonctions visées au paragraphe a) ci-dessus, le Fonds exerce une ferme surveillance sur les politiques de change des États membres et adopte des principes spécifiques pour guider les États membres en ce qui concerne ces politiques. Chaque État membre fournit au Fonds les informations nécessaires à cette surveillance et, à la demande du Fonds, a des consultations avec ce dernier sur ces politiques. Les principes adoptés par le Fonds sont compatibles avec les mécanismes de coopération en vertu desquels des États membres maintiennent la valeur de leurs monnaies par rapport à la valeur de la monnaie ou des monnaies d'autres États membres, ainsi qu'avec les autres régimes de change choisis par un État membre et qui sont conformes aux buts du Fonds et aux dispositions de la section I du présent article. Les principes respectent les orientations sociales et politiques intérieures des États membres, et le Fonds prend dûment en considération, pour leur application, la situation particulière de chaque État membre. »

récents de la Banque, tels le *Comprehensive Development Framework* [1], placent sur un même plan l'économie, le secteur des finances, les aspects sociaux, la culture ou le respect de la règle de droit, prônant une démarche bien plus holistique que celle suivie jusqu'à maintenant. Divers événements vont influencer les réflexions menées au sein de la Banque mondiale. Parmi ceux-ci, il faut évoquer les résultats peu satisfaisants en matière d'assistance au développement, montrant que les investissements n'ont souvent pas permis de répondre aux défis de la pauvreté, de l'analphabétisme ou encore de la malnutrition [2]. La crise financière de 1997 a, quant à elle, mis en lumière les effets très préjudiciables de la volatilité des capitaux dans des sociétés sans garde-fous institutionnels et régulateurs. Mouvements et transferts de capitaux à court terme ont ainsi entraîné des conséquences sociales graves en Corée du Sud, en Thaïlande ou encore en Indonésie. L'attention s'est alors portée sur le caractère inadéquat des institutions et des mécanismes en place dans ces pays pour répondre à de tels défis.

Cette lecture plus intégrée du mandat de la Banque mondiale n'est pas allée sans causer quelques heurts. Les rapports de force au sein de la Banque sont encore fonction du poids économique tel qu'on l'évaluait au sortir de la seconde guerre mondiale, et les souverainetés restent sensibles à cet équilibre inégalitaire. Le processus de décision politique au sein des institutions financières s'appuie en effet sur le principe du vote pondéré en fonction des parts de souscription au capital des organisations. D'autre part, le G7 prend très largement appui sur les institutions de Bretton Woods pour mettre en œuvre ses décisions, tant politiques qu'économiques. Certains pays emprunteurs résistent à cette hégémonie mal ressentie, s'opposant par exemple à ce qu'on scrute, sous couvert de gouvernance, le fonctionnement de leur système politique. Ironie du sort, on a donc tenté, à diverses reprises, de brandir l'« exclusivisme » des considérations économiques dans le cadre du mandat de la Banque mondiale, arme

1. Il s'agit d'un document élaboré par le président de la Banque mondiale, James Wolfensohn, et entériné par les administrateurs de la Banque en 1999. On peut recueillir de l'information à ce sujet sur le site de la Banque mondiale : http ://www.worldbank.org/cdf/.

2. Voir *Assessing Aid : What Works, What Doesn't, and Why*, A World Bank Policy Research Report, 1998.

forgée jadis par les pays du Nord lorsque ceux-ci, pour attirer l'URSS, ont voulu exclure de manière statutaire toute immixtion dans les affaires politiques d'un État membre [1].

Les départements juridiques des institutions de Bretton Woods ont tenté en certaines circonstances de se faire le relais de ces préoccupations en s'appuyant sur le fait que les chartes constitutives ne permettent pas de mener des activités à coloration politique, celles-ci ayant été exclues en 1944 du champ de compétence des organisations [2]. La difficulté a été de tracer les frontières entre l'économique, le politique et le social. Elle n'a toutefois pas empêché la Banque mondiale de se placer de manière de plus en plus affirmée sur ce terrain. Ainsi, par exemple, la lutte contre la corruption, fer de lance de la Banque mondiale à la fin des années 1990, était, il y a peu, considérée comme un sujet politique qui n'entrait pas dans le mandat de l'organisation [3]. Le FMI commence à faire de même en ce domaine, quoique plus timidement, en identifiant pauvreté et corruption comme maux à combattre pour parvenir à la stabilité financière.

La Banque mondiale, silencieuse sur les questions sociales durant les premières décades de son existence, est donc devenue, à la fin du XX$^{e}$ siècle, un acteur très visible en ce domaine, reconnaissant à ces questions un rang comparable à celui des questions économiques et financières. Cette quasi-mutation s'est opérée par le biais des nombreux modes d'intervention à la disposition de la Banque, ainsi qu'au moyen de rectifications que celle-ci a dû apporter à des comportements dont les effets sociaux se sont révélés néfastes. On en veut pour preuve, parmi d'autres, les pratiques correctives de « filets de sécurité sociaux » qui accompagnent les projets d'ajustement structurel. La question est alors

1. Voir *supra* « Interdiction de toute activité politique », art. cité.

2. I.F.I. Shihata, « La Banque mondiale et les droits de l'homme », *Revue belge de droit international*, (1999-1), p. 86-96. Selon l'interprétation donnée par ce dernier, conseiller juridique de la Banque pendant les quinze dernières années, si la promotion des droits économiques, sociaux et culturels s'inscrit dans le mandat de la Banque mondiale, la question de la promotion des droits civils et politiques ne relève pas de sa compétence, sauf à considérer que des violations graves et massives de ces droits pourraient être préjudiciables à l'objectif de l'efficacité économique.

3. Les appels de plus en plus nombreux de James Wolfensohn en faveur d'un régime de liberté de presse et d'information laissent penser que la promotion de tels régimes relèvera tôt ou tard du mandat de la Banque mondiale.

de voir si cette évolution opérationnelle suffit, ou si elle ne devrait pas encore aller de pair avec d'autres changements initiés au sein de l'institution, de même que dans le cadre plus général du système des Nations unies.

## L'OPÉRATIONNALISATION DU DÉVELOPPEMENT SOCIAL : LES MODES D'INTERVENTION DE LA BANQUE MONDIALE

La dimension sociale s'étant affirmée dans le champ des activités de la Banque mondiale, se pose dès lors la question du choix des actions entreprises et de leur bien-fondé. Les instruments utilisés pour donner au développement une définition large et ne se limitant pas à l'économique sont importants, car ils permettent d'apprécier ce que l'institution peut faire, ce qu'elle a fait ou encore ce qu'elle pourrait faire. Par opérationalisation, on entend ici que la Banque mondiale agit avant tout par le biais d'élaboration de projets ou par la négociation d'accords de prêt qui visent des objectifs déterminés et négociés dans le cadre de chaque opération financière.

Il n'est pas inutile dans ce contexte de rappeler que l'intervention de la Banque revêt des profils variés. En effet, originellement, la Banque mondiale ne devait être que le prêteur de dernier recours (*lender of last resort*), puisqu'on pensait que les flux financiers privés figureraient en première ligne dans le financement de la reconstruction et du développement : le concept était et demeure celui selon lequel la Banque ne doit prêter qu'aux pays ne pouvant pas attirer de capitaux privés. Dans la pratique, toutefois, la Banque mondiale a été et reste le prêteur « de première ligne », et le prêteur indispensable pour nombre de pays. Ceci est dû au fait que seuls une dizaine de pays bénéficient à l'heure actuelle des importants flux financiers privés.

Cette situation de prééminence permet ainsi de saisir le rôle important de la Banque en matière de modelage des politiques conduites par un pays, et le pouvoir qu'elle détient dans son dialogue avec les États emprunteurs. Ce pouvoir est encore plus fort si l'on tient compte de ce que la Banque assure très fréquemment la présidence des groupes de bailleurs de fonds, et se voit donc en mesure d'orienter les choix et les décisions en matière de financement public. L'institution jouant également le rôle d'intermédiaire (ou de facilitateur) dans le cadre d'opérations financières impliquant de nombreux partenaires publics et privés, elle peut ainsi peser sur les choix et les décisions des États en matière de sauvegarde environnementale et sociale [1].

On concevait à l'origine le mode privilégié d'intervention de l'organisation comme l'octroi de prêts pour des projets spécifiques ; les statuts de la Banque prévoyaient que l'institution pourrait, à titre exceptionnel, mener des actions de prêt non liées à de telles activités opérationnelles. Il est intéressant de remarquer que, dès les premières années d'existence de la Banque, ses interventions dérogèrent à ce principe, ce qui entraînera des conséquences quant au profil des activités sociales en son sein, la voie principale de leur concrétisation étant celle de projets spécifiques. Ainsi, la Banque mondiale octroie des prêts programmatoires – accords engageant d'importantes sommes et dont le décaissement se réalise en fonction de la conduite de certaines initiatives – en faveur de pays européens, comme ce fut le cas pour la France en 1947, actions entendues comme des mesures d'aide financière qui s'inscrivaient dans le cadre du plan Marshall. Les prêts visant des objectifs précis ont été octroyés par la suite. Puis, dès les années 1980, la Banque mondiale s'est placée sur le terrain des prêts d'ajustement structurel, déjà occupé par le FMI. Les crises du pétrole et le renchérissement significatif de l'or noir sur les marchés, de même que les politiques économiques menées par les pays emprunteurs fournirent aux institutions de Bretton Woods une justification pour prêcher en faveur des programmes d'ajustements structurels, à la satisfaction d'un grand nombre d'économistes travaillant pour la Banque à l'époque. Des prêts devaient ainsi être accordés aux emprunteurs pour amorcer les réformes requises en vue d'atteindre le sacro-saint équilibre extérieur. L'exception au principe du financement de projets spécifiques est ainsi devenue d'application généralisée et les divers programmes d'ajustement structurel ont été de plus en plus nombreux dans les activités de la Banque. Ce fut ensuite le tour des prêts destinés à permettre le rééchelonnement des dettes contractées par les autorités publiques à l'égard de créanciers privés, conduisant à une nou-

1. Sur l'importance de ce rôle, voir *Review of Aid Coordination and the Role of the World Bank*, Sec. M99-709, 1er novembre 1999.

velle interprétation des dispositions statutaires de l'organisation sur la notion d'investissement productif. On a considéré que de telles opérations pouvaient aussi permettre de sortir du sous-développement en attirant des placements dans les pays affectés.

La crise mexicaine de 1994-1995 et celle de 1997, dont les secousses se firent sentir en Asie puis en Russie, ainsi qu'en Amérique latine, suscitèrent un retour en force de transferts importants de fonds qui ne s'assortissaient pas toujours de contrepartie opérationnelle. Ainsi des prêts de stabilisation permirent à la Banque mondiale d'intervenir notamment pour venir en aide (*via* une assistance se chiffrant à plusieurs milliards de dollars) à la Corée du Sud, aux prises avec la défection de capitaux privés à court terme mentionnée plus haut. Cette crise a bien mis en évidence le rôle du FMI et de la Banque mondiale (quoique dans une moindre mesure pour cette dernière) comme « grands argentiers » de la mondialisation. La question se pose de savoir si les fonds publics provenant de ces institutions doivent servir, comme ils l'ont fait, à rembourser des dettes contractées par certaines élites politiques et économiques des pays concernés auprès de créanciers privés (en majorité européens et américains), tour à tour séduits par les attraits d'un marché, puis craintifs jusqu'à retirer leurs placements. Ce va-et-vient financier fait vaciller et chanceler des systèmes économiques en déroute, au détriment des ressortissants nationaux, tant dans les couches défavorisées qu'au sein de la classe moyenne, qui se voient pris dans une tourmente de licenciements, programmes d'austérité et autres mesures d'accompagnement.

Ces problèmes sont au cœur même des réflexions menées sur le rôle futur du FMI et ses relations avec la Banque mondiale dans ce qui devrait être la nouvelle architecture financière [1]. Le passage de l'« économie réelle » de production à l'« économie symbolique [2] » de la finance impose que l'on s'interroge sur les rôles d'institutions financières créées à l'époque de l'économie de production, cela notamment eu égard aux ultimes bénéficiaires des actions de développement, qui doivent être les populations des pays emprunteurs et non les créanciers, investisseurs et

1. Voir « Reforming the Financial System », *Finance & Development*, FMI, 1999.

2. Pour reprendre les termes de Robert W. Cox dans sa préface à l'ouvrage de J.-C. Graz, *Aux sources de l'OMC*..., *op. cit.*, p. XIII.

autres spéculateurs de la scène boursière internationale. Ce problème appelle une réflexion profonde sur les instruments de développement, et notamment sur le fait de savoir si l'économie symbolique peut être bénéfique à l'ensemble des populations des pays emprunteurs.

C'est dans le contexte de l'évolution des activités financées par la Banque mondiale qu'il faut situer la place faite aux considérations sociales. On peut même parler de greffe à cet égard, car ces considérations ont d'abord pris place dans un univers dominé par les tenants de considérations macroéconomiques, pour ensuite s'autonomiser (bien que demeurant dans le cadre de la pensée économique libérale). Les projets de reconstruction et de développement entrepris dans l'après-guerre visaient avant tout les infrastructures (ouvrages hydroélectriques, par exemple), avant de faire place à des projets sociaux à partir des années 1960. Par projets sociaux, il fallait surtout entendre des projets liés à la santé et à l'éducation : lesdits projets pouvaient néanmoins contenir d'importantes composantes liées au développement de l'infrastructure (construction d'hôpitaux ou d'écoles, par exemple). Ils prirent leur essor avec la « théorie des besoins essentiels » reprise par Robert McNamara, alors président de la Banque. La protection de l'environnement y a aussi trouvé progressivement place, que ce soit comme composante d'un projet de développement ou même à titre principal [1]. Les projets de réforme judiciaire et de lutte contre la corruption sont encore d'autres exemples de l'évolution tant de l'interprétation du mandat de la Banque que de celle du spectre des projets en son sein. La part des projets sociaux a ainsi beaucoup augmenté, notamment dans le cadre des activités de l'Association de développement internationale (ADI) – bras séculier du groupe de la Banque mondiale en matière de prêts concessionnels – jusqu'à représenter aujourd'hui plus de la moitié des projets financés par cette dernière. Ils occupent toutefois en termes chiffrés une importance relative au sein des activités de la BIRD [2].

1. On pense par exemple, dans le premier cas, aux études d'impact menées pour envisager les dommages potentiels causés à l'environnement lors de l'exécution d'un projet, et dans le deuxième, aux projets consacrés à la préservation de la diversité biologique.

2. *Rapport annuel de la Banque mondiale*, 1999 (v.www.worldbank.org/html/extpb/annrep), p. 107-123.

Quant aux prêts dits d'ajustement structurel, ils apparaissent au cours des années 1980, avec la mise en cause des politiques économiques des pays emprunteurs. Nombre d'entre eux durent alors passer sous les fourches caudines de cet « ajustement structurel » et des conditionnalités relatives en matière de politique fiscale, de libre-échange ou de gestion des affaires publiques. Les conséquences sociales de ces programmes (licenciement, réduction des dépenses publiques, vulnérabilité plus grande de certains secteurs de la population, etc.) furent critiquées par des institutions du système onusien, tels le Programme des Nations unies pour le développement (PNUD) ou le Fonds des Nations unies pour l'enfance (UNICEF). Elles furent aussi fortement décriées par une société civile qui commençait à s'organiser tant à l'échelon national qu'international. Les plaintes présentées par les syndicats devant le Comité de la liberté syndicale de l'Organisation internationale du travail (OIT) témoignent de cette situation : les plaintes alléguaient la responsabilité des institutions du fait de situations engendrées par ces mesures d'austérité consécutives aux programmes entrepris. Quoique n'ayant jamais établi de liens directs mettant en cause leur responsabilité dans ses recommandations, le Comité de la liberté syndicale a toujours rappelé aux États leur obligation de se conformer aux conventions conclues sous les auspices de l'OIT, confirmant la nécessaire complémentarité de l'économique et du social, le premier n'ayant pas rang de priorité sur le second.

Les années 1990 ont connu un remodelage des programmes d'ajustement structurel, dû à la fois aux échecs des initiatives précédentes et aux nécessités qui se font jour chez les « nouveaux arrivants » que sont les pays du feu bloc de l'Est. On a créé des « filets de sécurité sociaux » (*social safety nets*) qui, couplés aux mesures de correction, doivent en atténuer les effets, en s'inscrivant néanmoins dans le cadre de la rationalité libérale : des actions sont ainsi prévues pour offrir des remèdes à ceux qui souffriraient de mesures prises en application d'un programme ou dans la conduite d'une politique encouragée par la Banque mondiale.

La notion de « filets de sécurité sociaux », pour imagée qu'elle soit, n'en est pas moins énigmatique. Elle recouvre en réalité toutes les actions menées dans le domaine social pour atténuer les conséquences de mesures de redressement économique ou pour favoriser une meilleure protection sociale [1]. Une attention particulière est portée aux couches les plus défavorisées de la population, notamment par le biais de leur participation à l'élaboration de projets. Des mesures sont prises pour garantir des services de base en matière de santé et d'éducation. Des politiques de relance dans les secteurs de force de travail important (*labour-intensive*) doivent aussi être privilégiées. Des fonds sociaux (*social funds*) alimentés par des prêts de la Banque peuvent être établis à cet effet. Ces fonds doivent permettre aux États de protéger les secteurs les plus vulnérables de leur population durant la période d'ajustement.

De plus, nombre d'ajustements structurels visent à réformer les politiques publiques en matière de pensions ou de système de sécurité sociale : ils sont aussi entendus comme « filets de sécurité sociaux ». Les projets entraînant la fermeture d'usines et des licenciements en grand nombre peuvent comprendre des allocations de fonds destinés à permettre l'octroi de compensations financières ou à faciliter une réinsertion professionnelle. Ces actions pourront être accompagnées de savants montages institutionnels, pour s'assurer que les fonds alloués pour ce faire sont bien affectés à ces objectifs et atteindront efficacement leurs destinataires. En effet, dans un certain nombre de pays, le bon fonctionnement des institutions est mis en cause par ceux-là mêmes qui seront directement affectés par un programme de restructuration. On peut ainsi prévoir la constitution de fonds fiduciaires habilités à recevoir les sommes affectées dans le cadre d'un programme pour des objectifs sociaux, afin de ne pas recourir aux « circuits officiels », ces derniers ayant perdu beaucoup de crédibilité aux yeux des populations concernées. Les projets de réforme du secteur minier en Russie ou en Ukraine sont assortis de tels mécanismes sociaux. Bien qu'innovateurs et participatifs, car répondant aux doléances des populations concernées, de tels mécanismes restent

1. Voir « Managing the Social Consequences of Economic Crises », travaux du *Workshop on Social Policy Principles and The Social Development Agenda* (Carnegie Council on Ethics and International Affairs), 3-5 décembre 1999. Ce document est extrait de « Managing the Social Dimensions of Crises : Good Practices in Social Policy » (presented at the Fall 1999 meetings of the Development Committee), que l'on peut obtenir à l'adresse suivante : http ://www. worldbank. org/poverty/crises/goodprac. pdf.

quelque peu exogènes par rapport aux structures et aux institutions d'un pays, et comportent donc des aléas relatifs à leur durabilité.

Il faut en outre remarquer que la durée de vie des « filets de sécurité sociaux » et de leurs mécanismes de mise en œuvre peut parfois être éphémère, lorsqu'ils sont destinés à remplir leurs fonctions pour le seul temps alloué au programme d'ajustement auquel ils sont assortis. Mesures d'accompagnement, palliatifs, remèdes, tels sont certains des qualificatifs employés pour viser ces mesures sociales. Aux court et moyen termes, il faut opposer le long terme. Dans cette perspective, on saisit l'importance à accorder aux institutions édifiées dans le pays emprunteur, qu'il s'agisse des lois, des droits garantis ou encore du dialogue avec les différents corps constitués et représentants socioprofessionnels, gage d'une prise en compte durable du développement social.

Les stratégies de réduction de dette adoptées dans les années 1980 furent financières avant tout, visant à des rééchelonnements contractés auprès de créanciers privés, des rachats ou de nouveaux prêts. En revanche, celles mises en place à la fin des années 1990 prennent un nouveau visage, se préoccupant des dettes souscrites à l'égard de créanciers publics et incorporant une vision sociale dans le programme de réduction de dettes. Une des conditions du programme mis en place par la Banque mondiale et le FMI en 1998, visant à l'allégement du service de la dette multilatérale des pays pauvres et fortement endettés (connu sous l'acronyme anglais HIPC, *Heavily Indebted Poor Countries*), est, en effet, de consacrer à des activités de développement social une partie des sommes non utilisées à des remboursements.

Toutefois, le paradigme le plus marquant dans le domaine du développement social est sans nul doute le *Comprehensive Development Framework* [1], cité plus haut. Il appelle à une lecture d'ensemble des objectifs de développement en mettant sur le même plan l'économique, le social, la règle de droit et la culture. Il est intéressant de remarquer que la Banque et ses partenaires (ONU, institutions spécialisées, fondations, organisations non gouvernementales, secteur privé, etc.) sont appelés à mener ces

1. Voir *Assessing Aid : What Works, What Doesn't, and Why*, A World Bank Policy Research Report, 1998.

actions de concert, sans que l'on sache encore bien quelle doit être la répartition de leurs rôles respectifs. On peut aisément penser que d'aucuns seront réticents à voir leurs interventions et les modalités de celles-ci décidées par d'autres, et notamment par la Banque mondiale. S'il est question d'avantages comparatifs dans le partage des responsabilités entre les institutions et les acteurs concernés [1], ledit partage ne doit en tout cas pas être entendu de manière sectorielle. Il revient à l'État, maître d'œuvre réinvesti après avoir été « dépossédé » de ses fonctions dans les années 1980 [2], de négocier, pour une période d'une vingtaine d'années, la conduite d'un grand nombre de ses politiques et de choisir les partenaires pour ce faire. Le temps du cycle d'un projet ou d'un programme (en moyenne cinq ans) fait place à une durée plus longue (de dix à quinze ans environ), dans le cadre de laquelle les activités doivent être planifiées et évaluées les unes par rapport aux autres, qu'elles soient économiques, sociales, culturelles, juridiques ou financières. Les unes ne doivent pas être poursuivies ou accomplies au détriment des autres.

## ASPECTS NORMATIFS ET INSTITUTIONNELS : L'ESSAIMAGE DES PRÉOCCUPATIONS SOCIALES

Les activités de la Banque mondiale sont essentiellement marquées par leur caractère opérationnel : projets, programmes d'ajustement structurel, programmes de renégociation des dettes, voire de leur extinction sous couvert du respect de certaines conditions, etc. Ses initiatives dans le domaine social portent cette empreinte et prennent forme, pour la plupart, par

1. La notion d'avantages comparatifs présente des mérites pour qui voudrait réévaluer les relations entre les diverses composantes du système des Nations unies. Telle fut la formule retenue par l'*Instrument portant restructuration du Fonds pour l'environnement mondial* (1994). Voir, à ce propos, L. Boisson de Chazournes, « Le Fonds pour l'environnement mondial : recherche et conquête de son identité », *Annuaire français de droit international*, 41, 1995, p. 612 et suiv.

2. Voir *L'État dans un monde en mutation/The State in a Changing World* (Rapport sur le développement dans le monde/World Development Report 1997), Banque mondiale, Washington-Paris-New York, Oxford University Press, publication annuelle, an 1997.

l'entremise de la négociation d'accords de prêts avec des pays emprunteurs. Toutefois, même si ces aspects prédominent, certains instruments normatifs et institutionnels ont un rôle à jouer en matière de développement social.

Il faut, en premier lieu, évoquer les directives de politiques opérationnelles destinées à orienter le personnel de la Banque mondiale lors de l'élaboration, de l'évaluation et de la mise en œuvre d'un projet financé par elle. Ce sont des documents d'ordre interne et, dans leur grande majorité, obligatoires pour le personnel de la Banque, qui doit en suivre les prescriptions dans son dialogue avec les pays emprunteurs. Ces directives peuvent porter sur des sujets à coloration sociale, telles la conduite d'étude d'impact, l'indemnisation des personnes déplacées à l'occasion d'un projet, la protection des populations autochtones ou encore la lutte contre la pauvreté. Elles n'en produisent pas moins des effets externes, car elles forgent à la fois le comportement de la Banque et celui de ses partenaires dans le cadre de leurs relations. Elles sont en outre de plus en plus fréquemment utilisées comme critères d'évaluation des projets de la Banque par une société civile avide de voir les acteurs internationaux rendre des comptes (revendication aussi connue sous le nom d'*accountability*), et deviennent de ce fait des paramètres de bonne conduite. Cela est d'autant plus important si on garde à l'esprit que la Banque mondiale agit de plus en plus souvent comme facilitateur réunissant financiers publics et privés : ses politiques opérationnelles peuvent dès lors influencer les comportements d'autres créditeurs.

En outre, les projets de construction d'ouvrages hydroélectriques de *Narmada* en Inde et *Arun Valley* au Népal (lequel n'a pas fait l'objet d'un financement, la Banque mondiale ayant décidé de se retirer de l'opération avant la négociation d'un accord de prêt), et les contestations auxquelles ils ont donné lieu, ont bien montré que la Banque mondiale ne pouvait pas échapper à un débat avec des partenaires qui sont, pour elle, non traditionnels, telles les ONG et les populations locales. Les concepts de participation populaire et d'*empowerment* ont, depuis la fin des années 1980, progressivement trouvé droit de cité dans le cadre des activités de préparation et de mise en œuvre des projets financés par la Banque mondiale, permettant aux populations concernées de faire entendre leur voix lors de leur élaboration, voire même d'être partie prenante à leur exécution. Il existe aussi des programmes de dons destinés à des ONG, poussant de ce fait la Banque mondiale à entretenir des relations directes avec des acteurs autres que les seuls États.

Une des réponses apportées aux doléances de ceux qui voulaient voir la Banque plus engagée auprès de ces partenaires a consisté en l'établissement en son sein d'un panel d'inspection. Ce mécanisme, institué en 1994, permet à des groupes de personnes affectées par un projet financé par la Banque de saisir un panel pour demander à l'institution financière de rendre des comptes, voire d'ajuster son comportement. Il faut pour ce faire que les plaignants démontrent qu'ils subissent ou risquent de subir un dommage issu d'un manquement par la Banque à ses propres politiques opérationnelles. Le panel décidera de l'opportunité de demander ou non aux administrateurs l'autorisation de conduire une enquête portant sur le comportement de la Banque au regard de ses politiques opérationnelles. En cas d'inspection, la Banque peut être amenée à mettre en œuvre un plan d'action pour remédier aux situations litigieuses. C'est un procédé novateur, voire précurseur, car il offre à la société civile une place au cœur du cénacle des décideurs internationaux, et permet de demander à ces derniers de rendre compte de leurs décisions. Cette procédure joue également le rôle de passerelle entre l'instance exécutive de la Banque mondiale et les ultimes bénéficiaires des projets qu'elle finance.

La mise en place en 1998, par la Banque mondiale et l'Union internationale de la conservation de la nature (IUCN), de la Commission mondiale des barrages constitue un autre exemple de « passerelle institutionnelle » entre partenaires de stature internationale différente. Ce forum doit permettre l'élaboration de bonnes pratiques pour la construction de telles méga-structures, pratiques qui devront notamment traiter des déplacements de populations occasionnés par la construction de grands barrages et de réservoirs. Cette forme de partenariat est innovatrice et démontre, si besoin en était, que les aspects sociaux investissent le processus décisionnel par divers canaux, tant opérationnels qu'institutionnels ou normatifs.

D'autres documents, relevant des politiques générales (telles les pratiques sur la dimension sociale des crises économiques [1]),

1. Voir *Principles and Good Practice in Social Policy* (Note for Discussion by the Development Committee), 14 avril 1999, www.worldbank.org/poverty/crises/principles.pdf.

ont été élaborés pour guider des opérateurs que l'on voudrait voir suivre de bonnes pratiques en matière sociale, ainsi que pour donner aux populations concernées la possibilité de faire état de leurs priorités et choix. Ces normes sont les composantes d'un « bouquet » qui comprend également des normes sur la transparence, la surveillance (*audit*) ou encore d'autres règles de conduite (dites de *corporate governance*) ou de saine gestion financière élaborées dans le cadre du FMI, de la Banque des règlements internationaux (BRI) ou d'autres enceintes. La technique juridique utilisée est celle du code de bonne conduite adopté par des organisations internationales, laissant penser que c'est le moyen idoine pour corriger les inefficacités du système international. On peut, à cet effet, se demander si l'on ne devrait pas davantage faire cas des normes sociales existantes, telles celles adoptées au sein de l'Organisation internationale du travail et négociées par tous les partenaires concernés, États et syndicats notamment.

L'élaboration par la Banque mondiale de ses propres instruments ne témoigne-t-elle pas d'un comportement quelque peu « isolationniste » ? Il n'est pas là question de prétendre que la Banque ne consulte pas les ONG concernées, bien au contraire. On vise plutôt la tentation de l'institution à produire ses propres normes, sans tirer profit des normes et des politiques élaborées dans d'autres enceintes. Cette tendance est notamment renforcée par le rappel du principe de l'exclusivisme des considérations économiques, laissant de côté les considérations politiques. La liberté d'association et le principe de la négociation collective sont encore, de ce fait, considérés à l'heure actuelle, au sein de la Banque mondiale, comme des questions essentiellement politiques.

Ainsi, par exemple, les dernières crises financières ayant mis en évidence les plaies sociales qui les accompagnent, le G7 a été sensibilisé à cette cause et a demandé à la Banque mondiale d'élaborer des lignes directrices afin de prévenir ces maux, ce qui fut fait, comme on l'a mentionné plus haut. Toutefois, s'il est question de participation populaire, il n'est pas encore question de négociations par les entités représentatives et habilitées à cet effet que sont notamment les syndicats : si une consultation avec de tels groupes a lieu, c'est sur une base purement informelle. Et pourtant, n'est-ce pas là une garantie d'expression des préférences, des différences et un gage de stabilité dans la durée ?

L'ouverture affichée et de plus en plus affirmée de la Banque mondiale aux questions sociales devrait permettre de corriger ce comportement, d'ailleurs principalement un problème de culture de l'organisation. La préparation du sommet de Copenhague +5, à Genève en juin 2000, a donné ainsi l'occasion à la Banque mondiale de discuter de ses politiques. Les stigmates sociaux du « mal développement » et des crises financières démontrent, à n'en pas douter, qu'il y a place pour une réflexion véritable entre tous les partenaires. La conduite d'opérations ne doit pas exclure qu'une réflexion d'ensemble soit menée sur les stratégies et politiques à mettre en place, ce qui n'exclut pas qu'elle puisse l'être en fonction des compétences de chacun.

*

Si l'on peut parler d'une intégration du développement social dans les activités de la Banque mondiale, la question est de savoir si les instruments déployés sont appropriés pour combattre le fléau de la pauvreté et pour satisfaire les besoins des populations. Les moyens d'intervention se sont diversifiés et ne sont plus seulement de facture économique. Qui plus est, les aspects sociaux ont progressivement pris leur place pour gagner aujourd'hui une position de premier plan, tentant de coexister avec les activités traditionnelles de la Banque. Toutefois, il apparaît de plus en plus que la condition *sine qua non* du développement est qu'il soit véritablement participatif et que les institutions du pays puissent l'accueillir et le soutenir de manière durable, et non au gré du cycle de vie de projets. Joseph Stiglitz, ex-économiste en chef de la Banque [1], a martelé ce credo dont il s'est fait l'apôtre, credo par ailleurs partagé par un grand nombre d'acteurs. Mais cette prise de position, remise en cause trop ouverte du « consensus de Washington », a participé au départ précipité de Joseph Stiglitz dudit poste au sein de l'institution.

En outre, une institution financière comme la Banque mondiale, dont les emprunts sur les marchés financiers sont suivis de près par nombre de décideurs, est-elle véritablement apte à pouvoir poursuivre des objectifs sociaux, telle la lutte contre la pauvreté, lesquels sont diffus de par leur nature et difficilement quantifiables dans leur résultat ?

1. On peut lire les discours de Joseph Stiglitz tenus lors de son mandat à la Banque mondiale, à l'adresse suivante : http://www.worldbank.org/html/extdr/extme/speech. htm.

Les institutions sont certes importantes à l'échelle nationale, mais elles ne le sont pas moins au plan international. Des questions se posent ainsi au sujet des modes et des processus de décision mis en place à l'échelle globale, notamment pour ce qui est de satisfaire la nécessité que toutes les voix soient entendues. Le même Joseph Stiglitz a souligné qu'il eût été bon que les personnes directement affectées par la crise financière de 1997 – non pas ceux qui ont contracté les dettes somptuaires, mais ceux qui en ont pâti du point de vue social et économique – et les mesures de redressement qui s'en sont ensuivies, puissent faire valoir leur point de vue au sein des institutions financières, et que la thérapeutique ne soit pas uniquement décidée par des représentants des ministères des Finances et de l'économie des bailleurs de fonds [1].

On remarquera enfin que les institutions financières mises en place à Bretton Woods restent marquées du sceau de l'époque où elles furent conçues et se sont développées. Elles inscrivent leurs actions dans un mode de pensée inspiré de l'économie libérale, s'assujettissant ainsi aux critères qui y sont associés. De plus, le problème du développement social dépasse le cadre des compétences de chacune des institutions du système des Nations unies. Les contingences de la globalisation et de l'interdépendance accrue appellent en effet à une relecture d'ensemble du système international pour permettre une action plus intégrée. Sur les traces du concept de *Comprehensive Development Framework*, ou encore de celui de *Plan-cadre des Nations unies pour l'aide au développement* proposé en 1997 par Kofi Annan, Secrétaire général des Nations unies [2], ne faudrait-il pas repenser le système international dans une optique fédératrice, sans duplications ni conflits d'intérêts entre ses composantes [3] ?

Laurence BOISSON DE CHAZOURNES

1. De telles mesures étaient, selon Joseph Stiglitz, notamment souhaitables au sein du FMI (*La Tribune*, 1er février 2000).

2. Voir, à ce sujet, les propos du Secrétaire général dans son rapport en vue du Sommet du millénaire, intitulé *Nous, les peuples... Le rôle des Nations unies au XXIe siècle*, ONU, 3 avril 2000, 80 p., notamment au chapitre III (« Vivre à l'abri du besoin »), encadré 6, p. 40. Cette publication officielle des Nations unies est également disponible sur le site internet de l'ONU, à l'adresse suivante : http ://www.un.org/french/millenaire/sg/report/full.htm.

3. On devra alors se demander si ce système devrait se construire autour d'un ensemble de valeurs et d'objectifs définis par tous, et quelle devrait être son architecture institutionnelle.

*CHAPITRE 7*

# LA RÉGULATION SOCIALE DANS LA CONSTRUCTION EUROPÉENNE

D'un point de vue historique, on peut, en schématisant, envisager plusieurs phases dans la dimension sociale de la construction européenne.

– Une phase *d'absence de politiques sociales communautaires* : de 1957 jusqu'aux années 1970, l'Europe est essentiellement un marché commun, la politique sociale reste essentiellement du domaine des souverainetés nationales.

– La fin de la période de croissance et la première grande crise marquent la deuxième phase, celle de *l'émergence des politiques sociales* [1].

– Avec l'Acte unique (1987) et la présidence de Jacques Delors, l'Europe sociale enregistre quelques progrès : renforcement des politiques de « cohésion sociale » (fonds structurels), l'élaboration de la Charte des droits sociaux (1989) et incitation à négociation sociale européenne (dialogue de Val-Duchesse). Mais cela n'est que *l'accompagnement de la relance du marché européen*.

Enfin, la phase actuelle peut être qualifiée de *phase d'invocation politique*. La fin des années 1990 est marquée par un besoin d'affirmation politique et ce, pour différentes raisons : le traité de Maastricht et la monnaie unique opèrent des transferts de

1. Patrick Venturini, *Un espace social à l'horizon 1992,* Commission des Communautés européennes, 1988.

souveraineté qui créent une dynamique politique ; les opinions publiques consultées sur la construction européenne ne se satisfont plus d'une Europe des marchés et de la finance ; l'arrivée, pour la première fois, d'une large majorité de gouvernements sociaux-démocrates en Europe crée un contexte favorable à la relance d'une politique sociale, d'autant que les institutions et la politique étrangère ne paraissent pas être des lieux viables de définition d'une Europe politique.

Mais, en dépit du traité d'Amsterdam, qui marque un léger progrès avec la création des « lignes directrices en matière d'emploi », les divergences entre les gouvernements européens empêchent tout progrès net de l'Europe sociale.

La question de la régulation sociale dans le cadre de l'intégration européenne peut donc faire l'objet d'interprétations contradictoires. D'un côté, l'analyse optimiste : l'Europe communautaire est l'exemple d'intégration régionale le plus accompli et réalisé dans une région du monde qui a été un précurseur, non seulement en termes de droits de l'homme, mais aussi en termes de droits des travailleurs et de droits sociaux [1] ; dès lors, la manière dont la régulation sociale s'inscrit dans la construction européenne peut servir, au niveau mondial, de modèle, voire de matrice. D'un autre côté, cette vision optimiste peut être nettement nuancée : l'édification d'une Europe sociale se heurte à de grandes difficultés et enregistre aussi de nets reculs ; surtout, elle s'inscrit dans un sous-ensemble de l'économie mondiale riche, en termes relatifs, et qui, d'une certaine façon, peut s'offrir des avantages sociaux non généralisables à des régions moins développées.

La question de la régulation sociale est, aujourd'hui comme par le passé, l'objet d'interprétations et de recommandations contradictoires : certes, les libéraux ne demandent pas aujourd'hui la disparition de toute forme d'Europe sociale et les plus farouches défenseurs de l'Europe sociale ne remettent pas en cause l'économie de marché. Mais la ligne de démarcation perdure entre ceux qui comptent sur le libre jeu du marché et ceux qui considèrent que l'intervention doit venir réguler, contrebalancer le jeu du marché. C'est la raison pour laquelle ce texte repose sur le clivage entre conception libérale et conception régulatrice de l'Europe sociale.

---

1. Martine Aubry, *Pour une Europe sociale*, Paris, La Documentation française, 1989.

Dans un premier temps, on met en évidence la prégnance d'une conception libérale de l'Europe sociale : certes, le libéralisme en matière d'Europe sociale n'est pas homogène et différentes problématiques peuvent être distinguées, mais il constitue la toile de fond d'une Europe qui s'est construite autour du marché commun, du marché intérieur (« unique ») et de la monnaie unique. Dans un deuxième temps, on analyse les différents composants de la timide construction d'une Europe sociale autour de trois logiques, de redistribution, de réglementation et de concertation et de relance. Dans un troisième temps, on envisage les rapports entre régulation sociale et régulation macroéconomique. Dans un quatrième temps, on s'interroge sur les possibilités d'étendre ce modèle de régulation sociale.

## LA PRÉGNANCE D'UNE CONCEPTION LIBÉRALE DE L'EUROPE SOCIALE

### *Trois conceptions libérales de l'Europe sociale*

De 1957 à nos jours, le libéralisme a fortement influencé une construction européenne qui s'est forgée autour et sur des marchés. Il est possible de distinguer trois couches, trois degrés dans les conceptions libérales de l'Europe sociale.

La première privilégie le développement économique et considère l'Europe sociale comme simple sous-produit d'une Europe économique réussie ; selon cette conception, il n'existe pas de place spécifique pour la création d'une Europe sociale.

La deuxième considère que l'Europe sociale est une composante de la réalisation de l'Europe économique, la mobilité des travailleurs permettant la réalisation d'un marché du travail unifié. Dans cette approche, l'Europe sociale a un objet spécifique, et strictement limité, celui de la liberté de circulation effective du travail.

La troisième est beaucoup plus offensive : partant de l'idée que les réglementations sociales nationales constituent des entraves à la croissance, elle voit dans l'Europe sociale une mise en concurrence des réglementations sociales et une élimination de celles qui sont contre-productives.

L'Europe sociale, sous-produit d'une intégration économique réussie : une première forme de libéralisme en matière sociale considère que les performances économiques sont le meilleur moyen de progrès social : c'est l'Europe sociale comme simple sous-produit d'une intégration économique réussie. Cette proposition comporte un volet positif et un volet négatif. D'un côté, positivement, on attend de la croissance des créations d'emplois et des gains de pouvoir d'achat : les deux aspects se cumulent lorsque le plein emploi, ou le quasi-plein emploi, créent un rapport de force favorable aux travailleurs qui les met en position d'obtenir des améliorations, en termes de rémunération et de conditions de travail. D'un autre côté, négativement, les mesures sociales ne doivent pas peser sur le développement des firmes et sur la croissance. Dans cette perspective, l'Europe sociale n'a pas à se constituer comme espace de politique publique autonome.

L'Europe sociale comme réalisation d'un marché du travail unifié : une deuxième conception libérale de la construction européenne réduit le social à la mobilité du travail : c'est l'Europe sociale comme réalisation d'un marché du travail unifié. Selon les analyses traditionnelles du marché du travail, la mobilité du travail permet de concilier gains individuels et gains collectifs. La mobilité des travailleurs résulte de comportements rationnels de recherche d'augmentation des avantages monétaires et extra-monétaires des emplois : la force de travail tend à quitter les zones de fort chômage et de salaires relativement faibles pour rejoindre les zones à taux de chômage plus faible et aux rémunérations supérieures, en termes relatifs. Conformément au principe de la « main invisible », au moment même où le travailleur recherche son intérêt individuel, il contribue à une plus grande efficacité du système économique. En premier lieu, il contribue à un équilibre sur les marchés du travail : dans le pays de départ, le taux de chômage tend à baisser ; dans le pays d'accueil, l'afflux de main-d'œuvre affaiblit la tension sur les salaires. En deuxième lieu, les pénuries de travail localisées ou générales qui créent des goulets d'étranglement sont atténuées par cette mobilité. En troisième et dernier lieu, l'efficacité globale est accrue : la théorie néo-classique considère que le salaire est égal à la productivité marginale : dès lors, lorsque le travailleur quitte un emploi pour un emploi mieux rémunéré, il occupe un emploi dans lequel sa productivité marginale est supérieure. L'efficacité globale en est accrue puisque la force de travail est allouée à un emploi où sa contribution à la production est plus élevée.

L'Europe sociale, une mise en concurrence des réglementations sociales : une troisième conception libérale voit dans *l'Europe sociale un espace de mise en concurrence et de réduction, voire d'élimination, des réglementations sociales jugées contre-productives* ; la concurrence entre les différents espaces étatiques, qui s'exprime dans la délocalisation des firmes et la concurrence entre produits, exerce une pression sur les règles les plus contraignantes pour les entreprises. Si la deuxième conception considère que l'Europe sociale doit être réalisée, ne serait-ce que par la mise en œuvre d'une mobilité effective des salariés, cette troisième conception, qui cherche une forme de sélection des règles sociales les moins contraignantes, en revient à recommander, comme dans le premier cas, une abstention en matière sociale. Toutefois, elle s'inscrit dans une problématique différente à un double point de vue.

D'une part, elle se réfère moins au monde de Walras qu'à celui de Hayek, moins à une vision abstraite d'un marché parfait qu'à celui d'une société construite sur des institutions périssables.

D'autre part, cette approche s'inscrit dans un projet libéral radical de remise en cause des interventions publiques : il s'agit moins de recommander l'abstention sociale que d'impulser un processus de dérégulation. En effet, pour des auteurs tels que Pascal Salin [1], le grand marché n'est pas seulement un espace privilégié pour aiguiser la concurrence entre firmes et les pousser à des gains de productivité et de compétitivité : c'est aussi le lieu privilégié de concurrence entre les réglementations, le jeu du marché opérant une sélection au sein des réglementations en éliminant celles qui pèsent le plus sur les coûts des entreprises. Les acteurs de ce jeu sont les consommateurs, qui choisissent les biens les moins chers et les entreprises, lorsqu'elles choisissent la localisation qui leur est la plus avantageuse ; les travailleurs sont, quant à eux, essentiellement passifs, à moins qu'ils adhèrent à la remise en cause de leurs acquis qui sont autant de désavantages compétitifs.

1. Pascal Salin, « Un saut dans l'inconnu », *Géopolitique*, printemps 1996.

### *La traduction de ces différentes conceptions libérales*

La première conception, *l'Europe sociale comme simple sous-produit d'une Europe économique réussie*, a trouvé une traduction dans les quinze premières années de la construction européenne, au cours desquelles l'intervention en matière sociale est réduite au minimum. Deux facteurs, l'un d'ordre économique, l'autre de nature politique, y contribuent largement. La croissance, à un rythme très élevé dans les années 1960, engendre effectivement des gains de pouvoir d'achat et des progrès en matière sociale d'autant plus nets que le plein emploi est pratiquement réalisé. Par ailleurs, le contexte politique est peu favorable à la mise en œuvre de politiques communes : la France du général de Gaulle est jalouse de sa souveraineté et tolère la construction européenne, à condition que celle-ci n'empiète pas sur les prérogatives nationales.

Toutefois, la deuxième conception libérale de l'Europe sociale comme *réalisation d'un marché du travail intégré* est présente dès le début de cette première période. Rappelons que le projet affiché est un projet de « marché commun » : le marché va au-delà de l'union douanière, puisqu'il vise à compléter la libre circulation des marchandises, impliquée par l'union douanière, par une liberté de circulation des « facteurs de production », travail et capital. Cette volonté de créer un marché du travail unifié se retrouve tout au long de la construction européenne : trois types de réalisations se chevauchent.

Il s'agit tout d'abord d'éliminer les obstacles à la libre circulation des travailleurs, que ces obstacles tiennent aux discriminations juridiques à l'embauche ou dans l'emploi ou qu'il s'agisse des droits acquis dans le cadre de systèmes de protection sociale.

Mais l'absence d'entraves est insuffisante pour assurer la mobilité effective des salariés, si les travailleurs détenteurs d'une qualification sont dans l'incapacité de voir cette qualification reconnue et d'exercer leur profession d'origine. Un deuxième type de réalisation consiste donc dans la fixation de règles d'équivalence des conditions d'accès à des professions spécifiques (médecin, architecte, vétérinaire...) ou des niveaux de diplômes généraux (bac plus 2, bac plus 3).

L'Acte unique a impulsé une problématique innovante en matière de mobilité en stimulant la mobilité des étudiants (programme *Erasmus* puis *Socrates*) : l'innovation tient à ce que la mobilité n'est plus seulement possible, elle est aussi encouragée, par le biais d'incitations financières ; de plus, la mobilité concerne des travailleurs en puissance, elle déborde la simple mobilité des salariés et s'inscrit dans une conception plus large de l'Europe sociale qui s'ancre sur une citoyenneté européenne.

Il faut noter que cette liberté de circulation est réalisée dans un espace, celui de l'Europe communautaire, à un moment particulier, celui du tarissement des flux migratoires unilatéraux intra-européens. On peut en effet distinguer, à la suite de Krugman [1], deux types de flux de main-d'œuvre, les flux unilatéraux ou à dominante unilatérale, qui drainent la main-d'œuvre des zones d'excédent vers les zones de pénurie et qui concernent une main-d'œuvre peu ou pas qualifiée, et les flux croisés entre régions de niveaux de développement similaires et qui impliquent des travailleurs dotés d'une qualification. À la fin des années 1960, les grandes migrations du Sud de l'Europe (Italie, Espagne, Portugal) vers le Nord ont pratiquement disparu. La libre circulation des travailleurs s'inscrit dans une Europe suffisamment homogène pour ne pas susciter de grands mouvements de main-d'œuvre. *A contrario*, on voit que ce type de réalisation a un sens totalement différent lorsqu'elle concerne des zones de développement très inégal : c'est ainsi que l'ALENA n'instaure pas de libre circulation des travailleurs, les Nord-Américains attendant au contraire de cette intégration régionale une moindre tentation de la migration vers le Nord pour les Mexicains ; de même, l'élargissement aux PECO, tout particulièrement à la Turquie, pays exportateur de main-d'œuvre et... de culture musulmane, pose la question de la libre circulation du travail en des termes différents. La liberté de circulation des travailleurs, et des hommes, au sein de l'Europe, est établie dans un contexte économique et social relativement homogène.

La troisième conception, l'Europe sociale *moteur d'une concurrence des réglementations sociales* et donc d'une forme de dérégulation, s'est traduite essentiellement par des discours et par une opposition aux formes de réglementation commune, opposition dans laquelle les Britanniques, en particulier au cours de la période *tory*, ont joué un rôle leader.

---

1. Paul Krugman, « L'intégration économique en Europe : problèmes conceptuels », dans T. Padoa-Schioppa (dir.), *Efficacité, stabilité et équité*, Paris, Economica, 1987.

## LES DIFFÉRENTS COMPOSANTS DE LA TIMIDE CONSTRUCTION D'UNE EUROPE SOCIALE

En dépit du poids de conceptions libérales, l'Europe s'est dotée d'un certain nombre d'outils qui contribuent à la réalisation d'une Europe sociale. Ils trouvent leurs fondements dans quatre types de logiques différentes, une logique de redistribution, une logique de réglementation, une logique d'incitation à la régulation non étatique, une logique de relance macroéconomique.

La *logique de redistribution* constitue une forme classique d'intervention en matière sociale ; depuis le début du XIXe siècle, toute une tradition, pour une part portée par la pensée socialiste non marxiste, puis par des courants libéraux, considère que l'État ne doit pas intervenir en amont, au niveau de la production des richesses et de la formation des prix, mais en aval, par une redistribution des richesses qui vienne corriger les injustices de la répartition primaire des revenus, le budget – budget de l'État et budget social – constituant des instruments privilégiés de la politique sociale. Cette logique s'incarne aujourd'hui dans les fonds structurels.

La *logique de réglementation* dans le domaine du travail s'est développée en France dès la fin du XIXe siècle. Une vision éthérée, et naïve, de l'agent économique et du fonctionnement du marché, conduit certains économistes à s'interroger sur la légitimité d'une réglementation sociale : les meilleures règles seraient définies dans le cadre d'un contrat librement établi entre deux acteurs également consentants et éclairés. La réalité de la conclusion du contrat de travail est fortement éloignée de cette présentation idyllique. Le travailleur, lorsqu'il offre le travail, n'a le plus souvent qu'une liberté toute théorique de négocier le contrat de travail : d'ailleurs, comme le fait remarquer Guerrien [1], le modèle d'équilibre général repose sur l'idée que les agents économiques disposent d'une « dotation de survie » qui leur permet de ne pas être obligés de contracter. Cette inégalité dans les rapports de forces économiques, que notait déjà Adam Smith [2] se double de ce que l'on appelle aujourd'hui une « asymétrie d'information » : les règles sur le marché du travail ont ainsi pour fonction de protéger le

1. Bernard Guerrien, *La théorie néo-classique*, Paris, Economica, 1986.
2. Adam Smith, *La richesse des nations*, 1776.

faible (analyse traditionnelle) ou de contribuer à réduire le caractère « incomplet » du contrat de travail [1].

Cette fonction de réglementation s'incarne naturellement dans les directives et règlements communautaires.

La *logique de concertation* a une tout autre inspiration. Elle trouve davantage sa justification dans les analyses des relations professionnelles que dans l'économie du travail. Elle part de l'idée que les règles sociales ne sont pas toujours étatiques et que des règles établies entre les acteurs, entre représentants des employeurs et représentants des salariés, présentent *a priori* le double avantage de la plus grande efficacité (une meilleure connaissance du terrain permettant une meilleure adéquation de la règle à la réalité) et d'une plus grande légitimité.

La *logique de relance macroéconomique* repose sur une priorité politique, une explication du chômage et un constat de politique économique. D'une part, on considère que le chômage est le principal problème social, non seulement par ses conséquences directes sur la population des chômeurs, mais aussi par ses conséquences sur le système de protection sociale – dont le financement et donc les prestations sont rendus plus difficiles par la réduction du nombre des cotisants – et par ses effets macroéconomiques, les concessions des employeurs aux salariés sont d'autant plus fortes que le taux de chômage est faible ; comme l'exprime la courbe de Phillips et... l'armée industrielle de Marx. D'autre part, si l'on se situe du point de vue de l'analyse du chômage, on considère que le chômage est d'origine « keynésienne », – en ce sens qu'il est dû à une insuffisance de la demande globale et non à un excès des coûts comme dans la théorie du chômage classique – et donc susceptible d'être réduit par une politique volontariste de stimulation de la demande globale. Enfin, le constat de l'inefficacité relative des politiques de relance isolées dans des économies ouvertes incite à mettre en œuvre des politiques de relance européennes.

Trois questions se posent ainsi [2] :

– Quelle redistribution est opérée par l'Europe ?

– Existe-t-il une réglementation commune de nature à créer un véritable « espace social européen » ?

– Peut-on parler de négociation européenne ?

1. Bénédicte Reynaud, « Le contrat de travail dans le paradigme standard », *Revue française d'économie*, automne 1988.

2. On envisage la politique de relance plus loin.

## *Fonds structurels et logique de redistribution*

Les fonds structurels ont émergé nettement à partir des années 1970 mais leur relance dans le cadre de l'Acte unique est très significative : l'augmentation, le doublement des dotations et leur redéploiement dans le cadre du « paquet Delors » révèlent un changement qualitatif ; il s'agit moins de réduire des inégalités régionales que d'accompagner des ajustements structurels. Les justifications de cette politique d'accompagnement sont de deux types.

D'une part, la redistribution doit compenser les « coûts de l'intégration » : l'analyse du commerce international montre que le libre-échange et, par voie de conséquence, l'intégration régionale engendrent à la fois des gains et des pertes [1], mais, comme les gains l'emportent sur les pertes, il est logique d'accepter les conséquences de l'intégration régionale, à condition que les gagnants indemnisent les perdants.

D'autre part, la prise en charge des coûts de réallocation (Ricardo) et de restructuration [2] s'impose pour des raisons d'efficacité politique : comme le souligne, avec un réalisme cru, le rapport Cecchini [3], il importe, par le biais d'une politique de cohésion sociale, de lever les obstacles qui pourraient être mis par les victimes des processus de restructuration [4].

Malgré les critiques qui leur ont été apportées, les fonds structurels (FSE, FEDER, FEOGA) constituent une forme très poussée de solidarité européenne et de redistribution au bénéfice des régions les moins favorisées.

---

1. À l'inverse du cas de figure décrit par l'optimum de Pareto, dans lequel l'amélioration des uns n'entraîne aucune dégradation pour les autres.

2. Paul Krugman, « L'intégration économique en Europe : problèmes conceptuels », dans T. Padoa-Schioppa (dir.), *Efficacité stabilité et équité*, *op. cit.*

3. « 1992 : la nouvelle économie européenne », *Économie européenne*, 35, mars 1988.

4. « La concrétisation des effets [du marché intérieur] suppose des changements dans les comportements des acteurs. Or ces changements créent d'importants coûts d'ajustement aux nouvelles conditions. [...] Les restructurations du tissu productif, les déplacements des bassins d'emploi, la mobilité et la requalification de la main-d'œuvre, les effets redistributifs régionaux sont autant d'aspects qui rendent socialement et politiquement coûteux les ajustements aux nouvelles conditions. Ils sont autant de freins potentiels. Pour les relâcher, il importe de mettre en place une série de politiques microéconomiques et macroéconomiques d'accompagnement et d'assurer une mise en œuvre politique crédible. » (*Économie européenne*, 1988, p. 177.)

Toutefois, la perspective de l'élargissement aux PECO fait peser de lourdes menaces sur le système : à réglementation inchangée, le budget exploserait, ce qui incite à trouver des solutions de différentes natures : réduction des avantages pour les nouveaux entrants, réduction des avantages pour les anciens bénéficiaires, augmentation des contributions, avec des risques de différenciation entre les États membres et de tensions politiques [1].

## *Création d'un « espace social européen » et logique de réglementation*

L'essor d'une réglementation européenne reste, somme toute, très timide. En dehors de la réglementation sur l'égalité professionnelle entre les hommes et les femmes, le développement d'une Europe sociale est relativement récent. La Charte sociale, adoptée en 1989, constitue un cap important. Certes, elle n'a pas de force obligatoire, mais elle pose un certain nombre de droits. Toutefois, le refus de signature du Royaume-Uni, qui se prolonge au moment de l'adoption du traité de Maastricht, engendre un conflit aigu : les partenaires des Britanniques doivent accepter de reléguer le volet social à un « protocole » annexé au traité et signé par onze pays sur douze. La dimension sociale de la construction européenne n'est pas partie intégrante de l'acquis collectif et une forme d'« Europe à géométrie variable » est ainsi adoptée, donnant un double avantage au pays qui fait cavalier seul : il bénéficie, à la fois, du marché unique et des contraintes sociales qui pèsent sur ses partenaires et dont il est exempté.

Les directives sont très peu contraignantes et constituent un « socle commun a minima [2] ». Avant 1987, trois grands thèmes principaux avaient fait l'objet d'une réglementation communautaire : la liberté de circulation des travailleurs, le licenciement économique et l'égalité entre hommes et femmes. Après

1. Voir Jacques Le Cacheux (dir.), *Europe : la nouvelle vague. Perspectives économiques de l'élargissement*, Paris, Presses de Sciences Po, 1996 ; Sandrine Cazes et al., « Scénario pour un élargissement à l'Est de l'UE », *Économie rurale,* repris dans *Problèmes économiques*, 7-8, 1997 ; Commission de l'UE, « Agenda 2000, Pour une union plus forte et plus large », *Bulletin de l'Union européenne*, supplément 5 (978), Communautés européennes, 1997.

2. Philippe Baverel, « Le droit social européen : un socle commun *a minima* », *Le Monde*, 16 avril 1997.

l'Acte unique, la santé et la sécurité au travail constituent un des domaines dans lesquels les aspects sociaux du marché unique ont enregistré le plus de progrès : une directive générale a été mise en œuvre au début de l'année 1993 qui pose un ensemble de principes concernant la sécurité et la protection des travailleurs. D'autres directives portent, en particulier, sur l'information des travailleurs sur le contrat de travail à l'embauche, la protection de la femme enceinte, le temps de travail (1993), la protection des jeunes de moins de 15 ans (1994), les comités d'entreprise européens en 1994, le congé parental (1996).

Le débat sur la légitimité d'une réglementation commune de haut niveau s'est déroulé sur trois niveaux : le *dumping social*, les inégalités entre « Nord » et « Sud » et sa légitimité politique.

Les retentissantes affaires de Hoover, délocalisant son usine de France en Écosse, et de Renault, abandonnant son établissement belge de Vilvorde, ont exacerbé le débat sur le *dumping social*. Sur le marché unique, les marchandises se déplacent librement et, au coût de transport près, la localisation de la production a peu d'importance, et les entreprises ont tendance à réduire le nombre de leurs sites de production. Sur le marché unique, les capitaux se déplacent librement et les entreprises peuvent investir à leur guise et récupérer les profits réalisés en toute liberté. Sur le marché unique, en théorie, la liberté de circulation des travailleurs est totale ; en fait, la mobilité du travail est sans commune mesure avec celles du capital et des marchandises, d'où résultent des différences de coûts du travail et de contraintes qui pèsent sur les employeurs. Dans un tel contexte, dans un monde où la mobilité des capitaux et des marchandises est extrêmement forte, les entreprises sont fortement incitées à se délocaliser ou à exercer un chantage à la délocalisation. Dans ce jeu, les entreprises ne sont pas les seuls acteurs : la tentation est grande pour les pouvoirs publics et pour les partenaires sociaux (comme ce fut le cas pour Hoover, où les syndicats ouvriers négocièrent un accord de nature à favoriser l'installation de l'entreprise américaine) d'abaisser le coût du travail et rendre le marché du travail plus flexible pour attirer les entreprises. Les conséquences néfastes du *dumping social* sont évidentes : risque d'ajustement systématique vers le bas, vers le « moins disant », affaiblissement des catégories les plus vulnérables, mise en concurrence des travailleurs et accentuation des rivalités nationales ou régionales, affaiblissement du pouvoir collectif des salariés. Les partisans de l'espace social européen en tirent un argument fort : une réglementation commune de haut niveau est le seul moyen de lutter contre la dérégulation du marché du travail induite par le *dumping social*.

En sens inverse, les adversaires libéraux de la création d'un espace social européen voient dans la confrontation des réglementations sociales un moyen efficace de remettre en cause les règles les plus protectrices des salariés et les plus contraignantes pour les entreprises. Ce plaidoyer en faveur de la mise en concurrence des réglementations se double d'un discours axé sur *l'opposition Nord/Sud* au sein de l'Europe. Une réglementation protectrice de haut niveau est, selon eux, le moyen, pour les travailleurs des pays relativement plus avancés et leurs représentants, de défendre leurs « acquis ». En revanche, une réglementation sociale de haut niveau se retournerait en fait contre les travailleurs des pays moins avancés : en effet, les régions dont les conditions de travail et les salaires sont les moins contraignants pour les employeurs disposent d'un avantage comparatif, celui de leur pauvreté [1]. En effet, les industries de main-d'œuvre sont fortement incitées à se localiser sur les territoires sur lesquels le coût de la main-d'œuvre est minimal et la flexibilité maximale. Dans cette optique, l'Europe sociale serait néfaste pour les travailleurs des pays les plus pauvres d'Europe. Cet argument doit être doublement nuancé : d'une part, l'harmonisation des réglementations européennes comporte des limites fortes : c'est ainsi que la fixation des rémunérations (et donc la fixation d'un salaire minimum commun) n'est pas de la compétence de l'Union européenne ; d'autre part, la préservation de l'avantage comparatif des pays les moins développés d'Europe risque d'être illusoire face aux coûts et aux contraintes qui pèsent sur les pays les moins développés en dehors de l'Union européenne. Néanmoins, la question du *dumping social* se posera avec une nouvelle vigueur avec l'entrée des PECO dont les coûts salariaux sont beaucoup plus faibles que ceux de l'Europe de l'Ouest.

Au-delà de ces argumentations économiques contradictoires, il est indéniable que la création d'un espace social européen

---

1. Au sens de Hecksher, Ohlin, Samuelson, chaque pays a intérêt à se spécialiser dans la production qui utilise intensivement les facteurs de production relativement les moins chers.

trouve des *arguments politiques* forts : une réglementation protectrice est de nature à donner une forme de solidarité, une cohésion à l'Europe, et une finalité politique qui échappent à une construction strictement économique.

### *Politique contractuelle et incitation à la négociation européenne*

L'Europe sociale s'est traduite, non seulement par des mesures substantielles mais aussi par des mesures procédurales, par une incitation au développement des procédures contractuelles entre représentants des employeurs et représentants des salariés et ce, à deux niveaux : celui des groupes multinationaux et le niveau interprofessionnel. Impulsés à l'origine, au début des années 1980, par de grandes entreprises françaises, les comités d'entreprise européens ont été institués par une directive de 1994 obligeant les entreprises de plus de 1 000 salariés à mettre en place un comité d'entreprise européen ou une procédure d'information et de consultation des travailleurs.

En outre, il a été créé une structure de concertation, au niveau interprofessionnel, entre les représentants européens des partenaires sociaux, l'Union des confédérations de l'industrie et des employeurs d'Europe (UNICE) et la Confédération européenne des syndicats (CES). Créées par les « rencontres de Val-Duchesse », puis organisées dans le protocole social du traité de Maastricht, ces dispositions sont intégrées dans le traité instituant la Communauté par le traité d'Amsterdam.

## RÉGULATION SOCIALE ET RÉGULATION ÉCONOMIQUE : LE POIDS DES DISCIPLINES MACROÉCONOMIQUES

Les formes de régulation sociale décrites précédemment se situent dans le domaine social envisagé strictement (redistribution par le biais du budget communautaire, réglementation du travail, européanisation des relations professionnelles), mais la régulation sociale est, pour une large part, une régulation macroéconomique. Une première manière de poser la question consiste à se demander si les règles de fonctionnement macroéconomiques de l'Union européenne laissent un espace à la mise en œuvre de politiques de relance de type keynésien de nature à faire reculer le chômage. De façon plus brutale, se pose la question de l'effet des politiques macroéconomiques européennes dominantes sur le marché du travail, sur l'emploi et le chômage : on peut défendre la thèse selon laquelle le système monétaire européen (SME), puis les critères de convergence et enfin, mais dans une moindre mesure, la monnaie unique, créent un contexte favorable à une croissance lente, aux effets néfastes sur le niveau de l'emploi.

### *Le biais déflationniste du* SME

Le SME a comporté, de 1979 à 1998, ce qui a été appelé un « biais inflationniste » : dans un système de parités stables, chaque pays se doit de défendre son taux de change, en intervenant par le biais d'une hausse des taux d'intérêt. Si un pays, surtout s'il s'agit du pays qui a le poids économique et financier le plus important, l'Allemagne en l'occurrence, mène une politique de taux d'intérêt élevés, les autres sont obligés de s'aligner par des taux d'intérêt forts, avec les risques que cela fait peser sur l'activité, l'investissement et l'emploi. Non seulement, en période de crise, la libre circulation des capitaux impose des interventions sur le marché des changes qui peuvent se révéler très coûteuses, mais elle s'accompagne, de façon permanente, d'une pression sur les taux d'intérêt. L'Allemagne a privilégié les taux d'intérêt élevés : son aversion profonde et structurelle de l'inflation s'est conjuguée, au début des années 1990, à un déficit public accru du fait des conséquences de la réunification allemande. Les autorités monétaires des autres pays dont les monnaies appartiennent au mécanisme de change interviennent par le biais des taux d'intérêt sur le marché monétaire pour retenir, ou attirer, les capitaux et soutenir le taux de change. Mais si chacun élève les taux d'intérêt pour des raisons de change, tous les pays se retrouvent avec des taux d'intérêt plus élevés, sans effet manifeste sur les taux de change : la hausse des taux d'intérêt, qui peut avoir des effets bénéfiques dans un pays pris isolément, a des effets néfastes si elle devient la règle commune. Le SME, du moins tel qu'il a fonctionné dans les années 1980 et 1990, a produit de façon tendancielle une pression sur la politique monétaire avec trois conséquences : l'autonomie nationale des politiques conjoncturelles est réduite, l'activité et l'investissement sont découragés par le niveau des taux d'intérêt élevés, toute politique de relance par le déficit budgétaire est rendue plus coûteuse et donc plus difficile à mettre en œuvre.

Dans le SME, les effets externes des politiques macroéconomiques n'incitent pas à adopter une politique de relance ; ceux qui mènent les politiques de relance sont pénalisés au profit de ceux qui mettent en œuvre une politique de rigueur [1]. En effet, le pays qui adopte une politique de relance stimule, de façon non négligeable, les exportations des partenaires ; en revanche, s'il mène une politique de rigueur, par contraction de la demande interne et appréciation monétaire, il rend les exportations des partenaires plus difficiles et tend à exporter son inflation : dans un pays à monnaie forte, l'inflation est freinée par les importations et, dans un pays à monnaie faible, l'inflation est attisée par la hausse des prix des importations. Au total, un pays qui relance exporte les bénéfices de la relance, alors qu'un pays qui mène une politique de rigueur tend à en exporter les coûts. Le choix d'une politique de relance dans un seul pays relève de l'aveuglement, de l'abnégation ou de l'héroïsme...

Le SME engendre ainsi une préférence de fait pour stabilité des prix et la force de la monnaie, avec des conséquences négatives en termes de croissance et d'emploi. La priorité donnée à la stabilité des prix implique une rigueur budgétaire, monétaire et salariale qui restreint la demande globale et donc affecte encore la croissance et l'emploi. Plus fondamentalement, les entreprises ne peuvent plus compter sur une dépréciation de la monnaie pour améliorer la compétitivité-prix. Dès lors, elles sont contraintes de faire pression sur les coûts de la main-d'œuvre par une politique salariale rigoureuse associée à la recherche de la productivité. Ces deux moyens ont des effets négatifs sur l'emploi, le premier parce qu'il fait pression sur la demande des

---

1. G. Oudiz et J. Sachs, « Macroeconomic Policy Coordination among the Industrial Economies », *Brookings Papers on Economics Activity,* 1, 1984 ; Catherine Mathieu et Henri Sterdyniak, « La coordination des politiques économiques », *Cahiers français*, 245, 1990 ; Mathieu et Sterdyniak, 1990, Muet, 1995a.

ménages et donc la demande globale et le deuxième parce que les gains de productivité passent par la diminution de la quantité de travail mobilisée par la production [1].

## *Les effets récessifs des critères de convergence*

L'accès à la monnaie unique décidé en 1998 a été subordonné au respect, par les pays, de « critères de convergence » : faibles niveaux d'inflation et de taux d'intérêt, maintien du taux de change à l'intérieur des marges « normales » du SME et, pour ce qui est des finances publiques, un déficit de moins de 3 % du PIB et une dette publique de moins de 60 % [2]. Le critère de faible taux d'inflation (pas plus de 1,5 % au-dessus du taux d'inflation des trois meilleurs en matière de hausse de prix) implique une convergence vers les taux d'inflation les plus faibles (et non vers la moyenne), ce qui a favorisé l'adoption de politiques économiques de lutte contre l'inflation peu favorables, au moins à court terme, à l'emploi et à la croissance.

Le critère de déficit public (moins de 3 % du PIB) présente l'inconvénient extrêmement grave d'être très dépendant de la conjoncture, le numérateur du ratio étant négativement lié à la croissance : un ralentissement de l'activité augmente les dépenses et, surtout, diminue les recettes publiques, les impôts indirects et les cotisations sociales étant particulièrement sensibles aux variations de la production et de l'emploi. Les mauvaises performances européennes en matière de croissance ont eu pour résultat, contre toute attente, de rendre, dans les années 1995-1996, ce critère difficilement accessible pour nombre de pays et non des moindres, l'Allemagne (3,3 % et 3,4 % en 1995 et 1996) et la France (qui passe de 3,8 % en 1992 à 5,8 % en 1993, et à 4,1 % en 1996).

De plus, les critères de convergence définissent des priorités de politiques économiques pour partie contradictoires : la lutte contre l'inflation, qui peut se traduire, à court terme, par une

1. Jean-Paul Fitoussi, *Le débat interdit*, Paris, Arléa, 1995.
2. Patrick Artus, « Les critères de convergences avant l'Union monétaire : perspectives et problématiques », *Revue d'économie financière*, 36, printemps, 1996.

hausse des taux d'intérêt, rend la réduction des déficits publics plus difficile [1].

Les critères de convergence ont largement influencé les politiques nationales et favorisé l'adoption de politiques d'austérité, en donnant la priorité à la lutte contre l'inflation et à la réduction des déficits publics, et en interdisant les dévaluations compétitives, la discipline du SME poussant par ailleurs les taux d'intérêt vers le haut. La lutte contre l'inflation et la réduction des déficits publics ont constitué, de façon indéniable, des facteurs favorables au ralentissement de la croissance. Toutefois, les « primes de risque » exigées par les marchés ont diminué, au fur et à mesure que la poursuite de politiques monétaires rigoureuses a renforcé la crédibilité des monnaies du SME.

## *Les effets ambivalents de la monnaie unique*

Onze pays sont entrés dès 1999 dans l'union monétaire organisée autour de la monnaie unique ; les effets macroéconomiques de la monnaie unique sur le niveau de l'activité et de l'emploi sont loin d'être univoques. Trois effets de la monnaie unique peuvent être dégagés : d'une part, la contrainte extérieure qui pesait sur les politiques de relance nationales est déplacée et atténuée ; d'autre part, le dispositif de Maastricht impose des priorités de politique économiques qui peuvent ne pas être favorables à l'emploi ; toutefois, il existe des possibilités limitées de mise en œuvre des politiques de relance.

L'union monétaire tend à faire disparaître une forme de « contrainte extérieure » : pour un pays disposant d'une monnaie propre, comme la France dans les années 1980, une politique de relance risque d'aboutir à une dégradation du solde commercial et, partant, à une dépréciation de la monnaie, à une spéculation sur le marché des changes et, éventuellement, à une dévaluation imposée par les marchés. Dans le cadre de l'union monétaire disparaissent les balances de paiements nationales, les

1. Jean-Paul Fitoussi, Pierre-Alain Muet, Henri Sterdyniak, Pierre Villa, « Régimes de change et coordination des politiques économiques en Europe », *Observations et diagnostics économiques*, 43, janvier 1993 ; Giorgio La Malfa et Franco Modigliani, « Attention l'eurochômage pourrait tuer l'euro », *Le Monde*, 7 mars 1998.

marchés des changes nationaux et donc une forme de contrainte extérieure. Une politique de relance, menée dans un pays, ne pourrait se heurter, comme en France en 1982, à une contrainte extérieure ; elle serait limitée toutefois par une contrainte financière, d'autant plus forte que la monétisation des déficits publics est pratiquement impossible. De plus, la contrainte extérieure ne disparaît pas, elle se déplace de l'économie nationale à la zone euro, et ce déplacement l'atténue doublement : d'une part, le degré d'ouverture de la zone euro est beaucoup plus faible que celle de chaque pays pris séparément (de l'ordre de 10 % au lieu de 25 à 30 %), ce qui diminue donc, dans le cadre d'une relance par la demande, le transfert d'une partie de la demande créée en importations de biens en provenance du reste du monde ; d'autre part, l'euro est une monnaie qui flotte par rapport aux monnaies tierces (dollar et yen principalement) et dispose ainsi d'un degré de liberté supplémentaire. Indubitablement, la création de la zone euro redonne, en principe, une légitimité aux politiques de relance.

Mais la dimension sociale de la construction européenne est singulièrement bornée par la conception dominante de la politique de régulation macroéconomique. Rappelons tout d'abord que le traité de Maastricht relève beaucoup plus d'une problématique monétariste que d'une problématique keynésienne. L'indépendance des autorités monétaires, la priorité absolue donnée à la lutte contre l'inflation et la surveillance des déficits publics forment trois piliers d'une conception peu favorable aux politiques de relance de type keynésien.

La relance keynésienne s'appuie en effet sur le budget, qu'il s'agisse d'une action sur la demande par les dépenses ou par l'allégement de l'impôt. Or, les règles du jeu européennes interdisent les « déficits publics excessifs ». Non seulement, pour accéder à l'union monétaire, les pays ont dû, malgré un contexte très défavorable de ralentissement de l'activité économique, respecter la fameuse règle du 3 % du PIB de déficit budgétaire, mais une fois l'union monétaire réalisée, chaque pays doit continuer à respecter cette norme, sous peine de subir différentes sanctions, qui s'échelonnent de la remontrance privée à la remontrance publique (de nature à faire intervenir les marchés financiers comme relais de la puissance publique) puis aux sanctions financières. Enfin, le « pacte de stabilité de croissance et d'emploi », adopté à Amsterdam en 1997, a durci la contrainte : seules les graves récessions autorisent une transgression de la règle.

Cette norme de déficits publics excessifs interdits limite fortement la possibilité de politique de relance. Certes, elle est beaucoup plus contraignante dans les périodes de longues récessions, qui, de façon mécanique, creusent les déficits publics, que dans les périodes de récession consécutives à une période de longue croissance : le traité est mieux adapté à la croissance qu'à la crise !

Plus fondamentalement, ce n'est pas seulement la norme de 3 % de déficit budgétaire qui est en jeu mais c'est l'ensemble du dispositif macroéconomique du traité. En effet, une relance budgétaire de type keynésien suppose un relâchement monétaire, dans la mesure où, en sens inverse, un déficit budgétaire entièrement financé par le recours à l'épargne pompe des liquidités au moment même où il en injecte et fait reporter sur les budgets à venir le poids de la dette actuelle. Or, le traité interdit le financement monétaire des déficits (ils doivent être financés par le recours à l'épargne et donc des taux d'intérêt réels élevés) et donne la priorité à la stabilité des prix, ce qui pousse les taux d'intérêt réels et donc la charge de la dette vers le haut. Autrement dit, certains économistes et hommes politiques accordent aujourd'hui trop de vertus (keynésiennes) aux déficits publics : si un déficit public financé par la création de monnaie a des effets expansionnistes, un déficit financé par une épargne rémunérée à de forts taux n'a que des effets modérément positifs sur l'activité et l'emploi.

Malgré sa culture plus monétariste que keynésienne, le traité laisse une possibilité de relance coordonnée. Selon l'article 99 « les États membres considèrent leurs politiques économiques comme une question d'intérêt commun et les coordonnent au sein du conseil », ce qui justifie la possibilité de définition d'orientations macroéconomiques communes et la mise en place d'un dispositif de surveillance mutuelle. Mais la coordination des politiques de relance, recommandation principale des analyses keynésiennes, de nature à relancer le niveau d'activité et d'emploi sans se heurter aux impasses de la relance dans un seul pays, est, certes, une possibilité offerte par le traité, mais elle reste pour une grande part virtuelle, dans la mesure où elle n'a pas le caractère contraignant des politiques de lutte contre l'inflation et d'élimination des déficits excessifs. Il est extrêmement significatif, et pour partie regrettable, que le traité de Maastricht soit aussi gravement déséquilibré. Alors qu'il se donne les moyens d'imposer aux États les contraintes de rigueur budgétaire, d'inspiration monétariste et qui ont des effets plutôt négatifs sur la croissance et l'emploi, il ne donne pas la même forme contraignante à une coordination des politiques conjoncturelles, d'inspiration keynésienne, qui s'imposerait aux États nationaux et permettrait d'atteindre un niveau plus élevé de croissance et d'emploi. Néanmoins, le traité n'exclut par une coordination des politiques macroéconomiques, mais elle supposerait une volonté politique forte.

## LA RÉGULATION SOCIALE EUROPÉENNE, UN MODÈLE TRANSPOSABLE ?

Deux principales séries questions peuvent être posées. D'une part, il faut s'interroger sur le niveau optimal de définition de la politique sociale : la politique sociale doit-elle être nationale ou communautaire ? L'intégration économique passe-t-elle par une intégration sociale ? D'autre part, on peut se demander si l'Europe sociale n'est pas un modèle s'intégrant dans un contexte très particulier, celui d'une homogénéité, certes relative, entre les États membres.

### *Subsidiarité et légitimité des politiques sociales nationales*

Une question fondamentale est celle du niveau optimal d'intervention en matière sociale. Le principe de subsidiarité [1], principe selon lequel une décision doit être prise au plus bas niveau, à moins que la preuve soit faite qu'une décision prise à un niveau plus élevé est plus efficace, est défini par le traité de l'Union européenne de la façon suivante : « La Communauté n'intervient que si et dans la mesure où les objectifs de l'action envisagée ne peuvent être réalisés de manière suffisante par les

1. Charles Wyplosz, « Le principe de subsidiarité », *Économie internationale*, 58, 2e trimestre 1994.

États membres et peuvent donc, en raison des dimensions ou des effets de l'action envisagée, être mieux réalisés au niveau communautaire » ; clairement, ce sont les économies d'échelle et les externalités qui justifient un transfert de compétence au niveau communautaire.

Trois grands types d'arguments économiques tendent à légitimer les transferts de compétence en matière sociale au niveau européen : l'argument de la contagion macroéconomique, l'argument de l'entrave à la dérégulation sociale et l'argument de l'espace de redistribution.

Comme cela a été rappelé plus haut, l'analyse macroéconomique récente montre combien, en économie ouverte, les effets de contagion des politiques de relance et des politiques de rigueur sont forts. Une analyse classique, reprise par la Commission, tend à montrer que la relance exporte ses bienfaits (la politique de relance dans un pays a des effets positifs sur les exportations et donc le niveau de production de ses partenaires), tandis que la politique de rigueur exporte ses coûts (le pays qui jugule la demande diminue ses importations et pousse, par des prix plus faibles, ses exportations). Dans ce contexte, la relance dans un pays isolé relève de l'ignorance ou d'un masochisme déplacé et la relance coordonnée est le moyen de mutualiser les effets bénéfiques des politiques de relance. De façon claire, les politiques de lutte contre le chômage par la demande globale doivent être européanisées.

Selon l'argument de l'entrave à la dérégulation sociale, la communautarisation de la politique sociale est le seul moyen de lutter contre les effets néfastes du *dumping social* qui crée une course au moins disant, exacerbe la concurrence entre les travailleurs et provoque un ajustement vers le bas.

Enfin, l'argument de la distribution sur une large échelle souligne qu'une redistribution est plus facile sur un espace élargi.

En sens inverse, il existe de solides arguments économiques en faveur de politiques sociales nationales : le constat de différences profondes et la nécessité de régulations sociales nationales.

Le premier type d'argument est de nature historique : les pays européens ont des structures sociales extrêmement variées, qu'il s'agisse de la forme de l'action syndicale, de la nature des rapports employeurs/salariés, de l'origine et du contenu du droit du travail... Spéculer sur une disparition de ses différences ne serait ni réaliste ni légitime, dans la mesure où les différences sociales et politiques s'expriment pour une grande part dans les rapports sociaux propres à une nation.

Le deuxième type d'argument est de nature macro-économique : en union monétaire, les économies nationales sont privées de l'outil de régulation que représente la politique monétaire. En cas de problème économique collectif (la théorie les qualifie de « chocs symétriques »), une politique monétaire et une politique de change uniques sont, en principe, de nature à lutter contre la récession. En revanche, en cas de choc touchant une partie de l'union monétaire (un choc dit « asymétrique »), les pays sont nettement plus démunis que dans le cas d'une politique monétaire et d'une politique de change nationales ; certes, ils disposent de l'outil budgétaire, mais celui-ci est sévèrement encadré par le mécanisme de surveillance et de pénalisation des déficits publics excessifs. On peut donc se demander si les systèmes sociaux, au sens large, ne sont pas, dans le cadre de l'union monétaire, un moyen de contribuer à la relance d'une économie confrontée à la récession : mise en œuvre d'une politique salariale consensuelle permettant de peser sur les coûts tout en assurant une forme d'équité, baisse des cotisations sociales ayant des effets analogues à une dévaluation, constitution de « cagnottes sociales » en période de croissance destinée à injecter des fonds dans les périodes de récession, etc. Dans tous les cas, c'est la différence de pratiques en matière sociale qui est de nature à permettre une forme de régulation.

Face à ces deux séries d'arguments économiques, on peut se demander si l'argument le plus fort n'est pas politique et s'il ne joue pas à double sens : d'un côté, la politique sociale est le moyen pour un pays de s'exprimer en fonction de sa trajectoire propre et de ses choix politiques nationaux ; d'un autre côté, l'émergence d'une Europe sociale est le moyen de faire émerger une véritable Europe politique.

Le débat politique de 1997, aux sommets d'Amsterdam puis de Luxembourg, ouvre en effet de nouvelles perspectives et pose de nouvelles questions. Rappelons que le gouvernement socialiste français, élu par surprise, souhaite marquer sa première intervention dans le champ européen par une initiative spectaculaire. Il est dans l'incapacité de remettre en cause l'adhésion de la France au Pacte de stabilité qui a été validé à Dublin par le chef de l'État, il n'arrive pas à convaincre ses partenaires de l'opportunité de politiques de relance coordonnées. Sa position de repli consiste à faire adopter et intégrer dans le traité l'idée de « lignes directrices en matière de politique de l'emploi » : chaque année, les États membres s'engagent à définir des objectifs communs et pour partie chiffrés en matière de politique de l'emploi. On aurait du mal à justifier ce dispositif par le recours au concept de subsidiarité : les effets externes des politiques de l'emploi sont faibles : par exemple, la lutte contre le chômage des jeunes dans un État membre n'a pas d'effets suffisants chez les partenaires pour justifier une communautarisation de ce type de politiques publiques. On doit en déduire que cette européanisation des politiques publiques de l'emploi n'a de justification que politique : c'est une manière de construire une Europe plus proche des préoccupations des citoyens ; c'est le moyen de construire un projet commun.

### *L'ambiguïté du modèle social européen : modèle universel ou club de riches ?*

Le modèle social européen est foncièrement ambigu. D'un côté, il se prétend universaliste et donc exportable ; d'un autre côté, il est unique et non transposable.

La prétention à l'universalité est très développée dans le texte de Martine Aubry [1]. La démonstration consiste à montrer, dans un premier temps, qu'il existe, au-delà de la diversité, un socle de principes et de droits communs, un « modèle » européen et, dans un deuxième temps, que ce modèle peut être pris pour norme, pour « modèle » par les autres pays. L'Europe, après avoir offert au monde son modèle politique des droits de l'homme, se devrait de transmettre son modèle qui consiste à reconnaître des droits de l'homme au travail ou de l'homme sans travail.

On peut se demander toutefois s'il ne s'agit pas d'un modèle propre aux pays riches et donc difficilement transposable. D'une part, on a vu que la solidarité budgétaire par le biais des fonds structurels se heurte à de gros obstacles, lorsqu'il s'agit de prendre en charge, avec les PECO, des pays ayant un niveau de revenu par tête plus faible. D'autre part, l'adoption d'un niveau

1. Martine Aubry, *Pour une Europe sociale*, *op. cit.*

de réglementation élevée déjà difficile à mettre en œuvre se conçoit difficilement au-delà d'un ensemble relativement homogène. En effet, ce modèle s'inscrit dans le cadre d'une économie mondiale marquée par un clivage entre les pays à faibles coûts du travail, dont les économies sont orientées dans les industries de main-d'œuvre, et les pays qui peuvent se permettre des coûts de travail élevés parce qu'ils ont la capacité de mettre en œuvre des processus de production. Les pays à bas coûts de main-d'œuvre n'ont pas le plus souvent les technologies et le savoir-faire qui leur permettraient de développer une forme de compétitivité qui s'impose plus par la qualité que par les prix et qui s'accommode alors d'une harmonisation sociale vers le haut.

*

En conclusion, on peut dire que le modèle de régulation sociale européenne comporte une réussite incontestable, – les fonds structurels qui assurent une véritable solidarité européenne – une demi-réussite – l'ébauche très partielle d'une réglementation sociale commune –, et une grave lacune – un cadre pour la mise en œuvre de politiques de relance, nationales ou européennes. D'où résultent trois interrogations majeures pour l'avenir. L'élargissement aux PECO ne risque-t-il pas de remettre en cause deux des acquis communautaires, les politiques de cohésion organisées autour des fonds structurels, et une forme de réglementation de nature à limiter les effets du *dumping social* ? Si l'Europe est confrontée à l'avenir, dans sa totalité ou dans certaines de ses composantes, à une forte récession, sera-t-elle armée pour ne pas être piégée par des objectifs de rigueur monétaire et dans l'incapacité d'impulser des politiques de relance ? Enfin, l'Europe saura-t-elle trouver une volonté politique suffisante pour réaliser, aux yeux des citoyens comme par rapport au reste du monde, un projet social cohérent ?

Jean-Pierre FAUGÈRE

# *BIBLIOGRAPHIE*


Aglietta (Michel), Boissieu (Christian de), « La responsabilité de la future banque centrale européenne », dans « Coordination européenne des politiques économiques », *Conseil d'analyse économique*, 5, 1998.

Aubry (Martine), *Pour une Europe sociale,* Paris, La Documentation française, 1989.

Bellon (Bertrand), Caire (Guy), Cartelier (Lysiane), Faugère (Jean-Pierre), Voisin (Colette) (dir.), *L'État et le marché,* Paris, Adis-Economica, 1994.

Cartelier (Lysiane), Fournier (Jacques), Monnier (Lionel) (dir.), *Critique de la raison communautaire. Utilité publique et concurrence dans l'Union européenne*, Paris, Ciriec-Economica, 1996.

Cohen (Daniel), « Coordination des politiques économiques et système monétaire international », *Cahiers économiques et monétaires de la Banque de France*, 1988.

Commission de l'UE, « Agenda 2000, Pour une union plus forte et plus large », *Bulletin de l'Union européenne*, supplément 5 (978), 1997.

Drèze (Jacques) et al., « Croissance et emploi : l'ambition d'une initiative européenne », *Revue de l'OFCE*, avril 1994.

Faugère (Jean-Pierre), « Les règles monétaires génératrices de crédibilité. Éléments de critique des thèses des "nouveaux classiques" », *Revue française d'économie*, 6 (4), automne 1991.

Faugère (Jean-Pierre), « Europe sociale et Europe monétaire : l'intervention publique bridée » dans Cartelier (Lysiane) et al. (dir.), *Critique de la raison communautaire.* Paris, Ciriec-Economica, 1996.

Faugère (Jean-Pierre), « La redéfinition de l'intervention publique : aspects historiques et théoriques », dans Soldatos (P.), Masclet (J.-C.) (dir.), *L'État nation au tournant du siècle*, Québec, Université de Montréal, 1997b.

Faugère (Jean-Pierre), « L'État et la formation des salaires en Europe : logique de marché et logique politique », *Revue française d'économie*, printemps, 1994b.

Faugère (Jean-Pierre), Caire (Guy), Bellon (Bertrand), Chavance (Bernard), Voisin (Colette) (dir.), *Convergence et diversité à l'heure de la mondialisation*, Paris, Adis-Economica, 1997.

Faugère (Jean-Pierre), *Économie européenne*, Paris, Presses de Sciences Po-Dalloz, 1999.

Fayolle (Jacky), Le Cacheux (Jacques), « L'intégration des PECO à l'Union européenne : un processus à construire », dans Le Cacheux (J.), *Europe la nouvelle vague*, Paris, Presses de Sciences Po, 1996.

Fitoussi (Jean-Paul), *Le débat interdit*, Paris, Arléa, 1995.

Fitoussi (Jean-Paul), Muet (Pierre-Alain), « Les enjeux de l'Europe », *Observations et diagnostics économiques,* 43, janvier 1993.

Krugman (P.), « L'intégration économique en Europe : problèmes conceptuels », dans Padoa-Schioppa (T.) dir., *Efficacité, stabilité et équité*, Paris, Economica, 1987.

Krugman (P.), Obstfeld (M.), *Économie internationale*, Bruxelles, De Boeck, 1992.

Lafay (Gérard), *L'euro contre l'Europe,* Paris, Arléa, 1997.

Muet (Pierre-Alain), « Union monétaire et fédéralisme », *Revue de l'OFCE*, 1995b.

Muet (Pierre-Alain), « Ajustements macroéconomiques, stabilisation et coordination en union monétaire », *Revue d'économie politique,* septembre-octobre, 1995a ; repris dans *Problèmes économiques*, 2461.

Padoa-Schioppa (Tomaso) dir., *Efficacité, stabilité et équité,* Paris, Economica, 1987.

Pelkmans (Jacques), *European Integration : Methods and Economic Analysis*, Londres, Longman, 1997.

Pisani-Ferry (Jean), « L'Europe à géométrie variable », *Politique étrangère,* 10, janvier 1996.

Rollet (Philippe), Huart (Florence), *Du grand marché à l'union économique et monétaire,* Paris, Cujas, 1995.

Salesse (Yves), *Propositions pour une autre Europe*, Paris, Édition du Félin, 1997.

Silguy (Yves-Thibault de), *L'euro*, Paris, Livre de poche, 1998.

Silguy (Yves-Thibault de), *L'économie, fil d'Ariane de l'Europe*, Paris, Presses de Sciences Po, 2000.

Soldatos (Panayotis), Masclet (Jean-Claude) (dir.), *L'État nation au tournant du siècle : les enseignements de l'expérience canadienne et européenne*, Québec, Université de Montréal, 1997.

*Transcodé et achevé d'imprimer
par l'Imprimerie Floch
à Mayenne, en novembre 2000.
Dépôt légal : novembre 2000.
Numéro d'imprimeur : 49606.
Imprimé en France.*